销售冠军的
成长与战斗笔记

夏凯◎著

中国人民大学出版社
·北京·

序言　企业销售无捷径

做过企业级销售，每个细节都会读懂。

将做企业级销售，每个细节都会面对。

天生销售只是极少数，很多人生来并非销售。

不同于对专业销售技巧、解决方案销售、价值销售和行业营销等典型理论方法的讲解，我们跳出理论的生涩框架，以一线销售人的职场经历、成长过程和心路历程为主线，从头到尾完整讲述一位性格内向、不善言辞、毫无经验、对销售工作略带鄙夷、内心深处充满恐惧的销售新人偶然走上销售之路，亦步亦趋成长，最终成为销售精英的实战故事。

在这里，能看到外人对销售这个职业的不解和偏见。在他们看来，这份职业的从业者是左右逢源、八面玲珑、油光水滑、从别人兜里挣钱的人，销售是一种特殊人群所从事的特殊职业，非一般人所能为。

在这里，能看到销售新人刚入行时的迷茫无助。不知道怎么找客户，不知道怎么拜访客户，不知道怎么跟人打交道，不知道怎么推进成交，那是每位销售人都曾走过的路。

在这里，能看到销售大神的云山雾罩。销售大神和销售精英都是过来人，他们出口成单，说什么听上去都非常有道理。但是我们作为销售新人，想学习、模仿、借鉴时却屡屡碰壁。

在这里，能看到真正有效的销售启蒙方式。不仅有基础销售理论的生动讲解，有现身说法的实战培训，更有受训后的实战践行，不断体会、理解、反思、总结如何真正将方法应用到销售实战中。

在这里，能看到销售读懂客户业务的方法。从行业趋势洞察分析，到客户战略与举措理解，到典型业务场景分析与解决方案匹配，再到理想场景和应用价值表述，这些为企业级销售立足之本。

在这里，能看到解决方案销售的实战应用。从目标客户分析与陌生拜访兴趣激发，到业务交流与客户目标探索，到需求调研与方案呈现，再到报价策略与商务谈判，种种方法工具的应用和一个个精彩打单实战案例在本书中详细呈现。

在这里，能看到行业市场的规模销售打法。在销售人员成长到特定阶段时，他们将会负责区域和行业市场，进行分析布局。如何分析规划区域市场机会，进行市场策划，发起战役，本书中的思路、策略、方法、工具尽显威力。

这些将帮助销售人历练成长、勇敢前行。

我们处在一个数字化转型的大时代。

这是一个客户战略与业务驱动、应用场景驱动、融合创新驱动的创新解决方案销售时代。

随着5G、物联网、人工智能、大数据中心，以及数字政府、智慧城市、工业互联网作为新基础设施迎来建设浪潮，政府和企业数字化转型也迎来了重要机遇，企业级销售将发挥更加重要的作用。

与传统抢单销售不同，当今的销售或许不再单独跑业务、搞关系，而带有明显的技术驱动、大数据驱动、网络驱动、人工智能驱动等特征，表现为数字化的技术升级解决方案、数字技术与业务场景的融合创新，这就更需要理解客户业务场景，理解多部门业务目标和需求，针对客户需求提供解决方案。

与传统采购模式不同，通过当今的在线招标、电子招标、远程评标等手段，采购将更加流程化、数据化、网络化。对技术驱动场景需求和方案的反复论证研讨、对技术参数的不断论证评估、对施工方和供应商的考察验证，或将通过网络平台和大数据技术开展，这需要对客户行业和业务有更加深刻的洞察理解。

与传统营销规划不同，一家公司的细分市场在哪里、目标客户在哪里、对接的部门是哪个，如何分析目标客户特征和需求，如何建立联系并获取商机，以什么方式进行场景理解、需求调研、方案呈现、标准确认以及招投标商务谈判等转化动作，成了销售的核心能力。

从市场机会分析到项目目标客户定位，从清单客户梳理到沟通对接，从商机获取到推进转化，这些都需要以客户场景驱动、客户价值导向、解决方案销售为中心的经营推广，而不仅仅是争夺一纸订单。

这样一份职业，遇到了这样一个伟大的时代，必将承载着更多销售人和即将成为销售人的新人的梦想，助他们走向成功的彼岸。

希望你可以在本书中读到过去的你、现在的你和将来的你。

希望本书能助销售精英们追忆逝去的青春，助征战者洞察销售的奥秘，为销售新人铺就通往成功的路径。

这是我们共同的期待。

人物表（按出场顺序）

邱　柏：君和软件服务转大客户销售的客户经理

厚　哥：君和软件天州市代理商同昌电子副总经理

慈　总：君和软件天州市代理商同昌电子总经理

师　姐：君和软件天州市代理商同昌电子技术元老

小　吉：君和软件天州市代理商同昌电子出色业务员

冯科长：天门省某单位的一位科长

兰　总：君和软件天门省分公司首任总经理

憨　哥：君和软件天门省分公司经理

胖　兄：君和软件天门省分公司员工

宋科长：北康集团科长

福　哥：君和软件总部专家，后任君和软件天门省分公司总经理

挺　哥：君和软件天门省分公司经理

徐科长：新阳集团财务处某科科长

唐副处长：新阳集团财务处副处长

温　姐：天门省某厅的科员

黄中远：君和软件总裁、职业经理人

大师（师总）：君和软件副总裁、顾问式销售大师

眯　哥：远胜集团信息主管

欧阳总：君和软件北方大区总经理

侠　姐：君和软件天门省分公司销售，销售状元

刘德来：喜力家具公司总经理

谢处长：朝旭集团财务处处长

Nick： 顾问式销售培训师

曹　总：新阳集团财务总监

分头哥：君和软件北方大区咨询顾问

老　肖：君和软件北方大区售前经理

魏　处：新阳集团信息化处处长

唐　军：天全公司信息部部长

老　安：君和软件黄辰市代理商

裴部长：天全公司财务部部长

吴　总：天全公司董事长

郑　艳：君和软件天门省分公司实施顾问

卢处长：顺安公司财务处处长

任　总：顺安公司总经理

杨　总：金泉公司董事长

胡　总：金泉公司副总经理

目　录

第 1 章　那些销售 / 1

作为职场新人，邱柏都不知道单子该怎么签下来！厚哥和小吉是天生的销售，能使演示砸了的单子扭转乾坤，还会"那种事儿"。邱柏为人实在、性格内向，适合做销售吗？

1. 随梦启航 / 3
2. 意外收获 / 7
3. 天生销售 / 10
4. 那种事儿 / 13
5. 莫名成交 / 19

第 2 章　懵懂碰壁 / 27

销售可以成就客户，转型也能成就自己！可销售不是找商机、联系客户、做关系那么简单。不知道其中的规律和道道，盲兵瞎马蒙头乱撞，即便有了机会，销售也只是误打误撞，备受煎熬！

6. 初遇打单 / 29
7. 椰城绽放 / 33

8. 门朝哪开 / 37

9. 蒙头乱撞 / 40

10. 天降福星 / 45

11. 神秘油哥 / 49

12. 无知无畏 / 52

13. 水深火热 / 57

第3章 乱石穿空 / 67

接触了业内真正的高人老手，邱柏才知道销售是有章法、有套路的！"老江湖"多年来已把那些套路融会贯通，岂是新人能在一朝一夕间学会的？听的时候感觉血脉偾张，回到现实一做，是那么回事吗？

14. 玄之又玄 / 69

15. 他山之石 / 76

16. 塞满漏斗 / 85

17. 有商无机 / 91

18. 竭尽所能 / 98

第4章 历经磨炼 / 107

经过正规的系统训练，加上身心投入地理解感悟，才发现生活无处不销售！从客户战略和业务目标出发，深刻理解客户的业务处境，提供高度匹配和高价值的解决方案——真正做到这些，能没回报吗？

19. 大师传经 / 109

20. 日常悟道 / 117

21. 方案销售 / 126

22. 沙场点兵 / 132

23. 小试牛刀 / 140

24. 现学现用 / 144

25. 组团调研 / 153

26. 水滴石穿 / 159

27. 深入现场 / 165

28. 角逐冲刺 / 170

29. 秘密武器 / 175

30. 朝花夕拾 / 183

第5章　铁骑闯关 / 193

　　成交一单难免靠运气，能复制成功才能屡战屡胜。面对所谓业内"行规"和客户对产品、价格的传统认知，不盲从，在提供高价值解决方案、为自己赢取高价格订单的路上，真正的对手是自己。

31. 巧挖商机 / 195

32. 初闯黄辰 / 200

33. 险出奇兵 / 207

34. 细致诊断 / 217

35. 酒桌较量 / 223

36. 隔空博弈 / 229

37. 报价释疑 / 235

38. 自陷绝境 / 241

39. 缘来如此 / 249

40. 资本积累 / 258

第 6 章　驰骋沙场 / 265

销售高手搞定大单、打赢战斗，顶尖销售则擅长策划市场活动、发动战役！面对行业区域市场，怎么分析行业趋势、策划市场活动？如何从战略角度影响高层、面向未来推动变革？调研、方案、报价、谈判要怎么做？

　41. 变革之下 / 267

　42. 圈地运动 / 274

　43. 市场轰炸 / 285

　44. 影响高层 / 292

　45. 免费讲座 / 303

　46. 险触暗礁 / 309

　47. 报价艺术 / 313

　48. 商务推进 / 320

　49. 长途奔波 / 327

　50. 竞争谈判 / 340

　51. 典型策略 / 348

第 7 章　诸法归宗 / 355

做销售久了，搞了多张大单之后，八月十五的一顿豪饮酒醉，才使邱柏明白赢单不是结束而是开始、"成就客户"才是正道、"人"才是销售的核心。在纷繁复杂的大单销售中，邱柏寻到了哪些真经？

52. 苦酒有泪 / 357

53. 成单图谱 / 365

54. 激情燃烧 / 375

55. 人在江湖 / 383

56. 临行赠宝 / 391

附录　销售成长曲线 / 401

第 1 章
那些销售

作为职场新人,邱柏都不知道单子该怎么签下来!厚哥和小吉是天生的销售,能使演示砸了的单子扭转乾坤,还会"那种事儿"。邱柏为人实在、性格内向,适合做销售吗?

1. 随梦启航

邱柏生在北方。

登上山丘，向东是一望无际的华北平原，向西是连绵不绝的太行山脉。夕阳西下，远峰缥缈，炊烟笼罩着大地。一切随着自然，动静生息。

邱柏大学毕业，进了一家制造企业。当时，那家制造企业还没投产，学经济的邱柏被分配到企业规划部，做企业业务流程梳理。学校的专业知识派不上太大用场，他就不断找采购员、库管员聊天，问采购是怎么回事、过程是怎样的、有什么手续，用了一个多月，画出了企业的采购和仓储流程。

一个偶然的机会，邱柏看到了一本宣传册。宣传册来自当时知名的软件公司——君和，讲到了经济环境、企业发展，讲到了业务流程和存在的管理问题，还讲到了如何借助数字化手段解决这些问题。他觉得这些问题说得很准，反复看了好几遍，勾勾画画做了很多笔记。

邱柏越来越感觉这是个朝阳产业，一定大有可为！如果能帮企业规划建立这样的系统，如果能借助自己积累的经验成为别人眼中的"咨询师""医生"，那是多有成就感的事情！越琢磨，越是思绪起伏，心里也越发不安分。

他非常想进入这个行业。最理想的就是进入君和。他从宣传册上抄好了君和代理商同昌电子的联系电话，但没有贸然联系。刚好，春节后的天州市大型人才招聘会是个机会。

邱柏没准备厚厚的简历，甚至连毕业证、奖学金证书、学生会先进工作者奖状那些都没复印，而是把心思全放在了研究君和的公司和产品上，分析君和的业务主要是什么、可能需要什么样的人。经过深入分析提炼后，邱柏的简历只有一页纸。

那页纸上，先列了姓名、性别、年龄、学校、专业等基本情况；然后是工作经历、内容和成果，包括帮企业设计了什么流程、制定了什么制度等；最后列了自己的优势，包括熟悉什么、擅长什么、提交过什么方案、研究过哪些软件、对软件行业和各家公司有什么了解与认识等。邱柏力求每一条都是对方最迫切需要的！

箴言：切忌盲目入行或跳槽，谨慎分析、精准定位，有针对性地准备简历。

思考：1. 回想你之前换工作的原因是什么？

2. 跳槽前进行了哪些思考和准备？

3. 在简历和面试准备上下了多大工夫？

人才交流会那天，邱柏到得很早，进门不久，就看到了君和代理商同昌电子的招聘台！邱柏径直走过去，拿着简历说："您好，是同昌电子吧？"招聘台处坐着的那位老兄抬头看了一眼说："是，你来应聘？"这位老兄长相敦厚，邱柏觉得他看上去有些亲切和善，便在心里称其为"厚哥"。"是，我慕名贵公司已久，了解过君和公司的产品，觉得这个行业是个朝阳产业，很有前景，所以来看看有没有机会？"邱柏把那一页简历递过去。

厚哥接过简历，一边看一边点头"嗯"，快速看完后，马上说："这样吧，你直接到公司谈吧！给你一张我的名片，明天给我打电话！"厚哥打开名片夹说："按道理，我一般不给名片的！"

邱柏接过名片，看到上面印着"副总经理"。

第二天，邱柏主动与厚哥联系，对方说让他下午去公司面谈。

公司在天州市中心一座写字楼里，楼下是最繁华的商场和街道。

同昌电子在顶层，有相连的两个单间，外间有几个隔断的工位，里间是总经理和副总经理的办公室。

厚哥和总经理都在。厚哥把邱柏介绍给了总经理。总经理看上去非常和蔼，说话声调低且柔和，让人感觉是一位慈善的老总，就叫"慈总"吧。

慈总捏着那页简历，随便问了些，然后讲了基本工资水平。邱柏"哦"了一声，也没多问。慈总说："明天来上班吧！"

就这样，邱柏进了君和！

上班才知道，远没那么简单！

第一天，有家客户单位说软件使用有些问题，需要上门服务。慈总让邱柏跟着资深的小胖师傅去学学，邱柏就一起去了。小胖师傅推开门，客气地点头问好。问明情况之后，小胖师傅用鼠标在电脑上左点右点，几下就解决了。客户很感谢他。邱柏觉得小胖师傅很厉害。

接下来的事，让邱柏感到惊愕。

那是一家很牛的省级单位，下属单位都非常有钱。同昌电子向这家省级单位及其下属各地市单位卖了一套系统，在这家单位下属的豪华酒店举办培训。邱柏被安排去协助培训。同昌的培训老师是女的，瘦瘦的，先在台上讲了一会儿，就让大家练习。大家一个个盯着电脑，专注地点来点去；谁有问题就举手，培训老师就过去指导一下。培训老师在现场很自信，跟来视察的副局长和处长说话不卑不亢。在这过程中什么时间休息、晚上怎么安排、怎么考试什么的，都听她的。

箴言：成长最快的方法是寻找身边比自己强的人，观察他、模仿他、分析他、超越他。

思考：1. 你身边有哪个或哪些人比你强？

2. 他们比你强在哪里？何以见得？

3. 你有什么计划准备学习或超越他？

邱柏想，自己什么时候能达到这水平呢？

邱柏开始观察师姐（他对培训老师的称谓）每天都干什么、怎么接电话、怎么解决技术问题。只要有她的培训，邱柏都申请去帮忙，听她怎么讲、怎么回答学员的问题。在师姐面前，邱柏就像个小兄弟，什么事都主动去做，关系混得也算不错。对比自己强的人，邱柏很尊重。

邱柏发现，讲课也好，回答问题也罢，关键在于对产品的熟悉程度——知道哪项功能是什么、内部有什么关联等。产品懂了，一解百解，"懂技术"是根本！

明白了这个道理，邱柏开始埋头钻研产品，每项功能、每个设置、每个流程都点开试试，反复琢磨，试着运行一些数据和流程，遇到问题就随时向小胖师傅和师姐虚心请教。邱柏心想，必须把本事全学过来！邱柏觉得自己是靠本事吃饭的，自己总结说"先让自己有被剥削的价值"，认为自己唯一的出路就是把本职工作做到最好。

君和陆续推出了很多新产品，比原来的功能更多了、范围更广了，也更复杂了。邱柏觉得这是他的机会，他愿意付出努力，掌握更多新产品的功能或知识。他认定，只有靠"加速度"才能把牛人甩在后面。

邱柏坚持认真钻研产品，参与客户培训，结果迅速成为主力，这得益于学来的产品知识，更得益于产品之外的行业知识、客户知识和专业知识的积累学习。

光学产品不行，最有成就感的是真正帮客户用起来。邱柏为企业客户做实施服务时，发现各家企业物料不同，编码很麻烦，加上采购、仓储这些部门还有退货、退料等特殊业务，很复杂。为了搞明白，每张流程图邱柏都亲自画、反复画、反复琢磨。

在为一家制药厂服务时，为了核算成本，仅基础数据和业务数据就录了一周。在核算过程中，按照程序，先设置好计算方法，一点按钮，开始运算。然而，尽管之前反复检查数据、确认核算方法，出来的结果还是让大家备受打击——差了几百万元！

箴言：靠自己的真本事吃饭，先让自己有被剥削的价值。

思考：1. 你在公司的地位如何？你的目标是什么？

2. 你觉得差距在哪里？机会在哪里？

3. 你准备做哪些改变？有何具体计划？

莫非哪个数据录重复了？还是哪个单据的所属部门选错了？还是……在客户现场的三十多个小时，邱柏脑子里全是数据、流程、几百个选项、堆积如山的单据。他像在沙漠里找珍珠，对这些数据和设置反复分析、检查、核对，一步步分解……最后终于找到了原因：在几千张单据中，居然有十七张单据录入错了！调整过来，再次运算，结果正确！

在场所有人为之激动。邱柏更兴奋，不仅因为自己的付出，更因为看到了客户脸上的灿烂笑容！客户脸上绽放满意灿烂的笑容，是对邱柏的嘉奖。客户的感激和信任，在邱柏看来是一种幸福。因为这种幸福，邱柏是快乐的。

2. 意外收获

第一次接触销售很偶然。公司安排邱柏为一家客户安装产品和做培训。女科长四十多岁，性格温和。邱柏谨小慎微，一边摸索学习，一边给客户做培训，还和科长商量每一步怎么弄合适。为了熟悉产品和客户业务，邱柏还主动帮科长录入基础数据，和科长一起核对。

邱柏待人友善，很在意对方的感受。就连敲击键盘时突然发现指甲有些长，他都会想到：客户看了什么感觉，会不会不舒服？他始终关注这些细节。

邱柏连续去了几次。有一次，手头工作快结束时，科长说，他们集团的另一个单位也准备上套软件，还给了那边科长的电话，让邱柏联系。邱柏没意识到这叫商机，也没和公司说，更没让其他人知道。联系之后，自己带了几份产品资料和报价单，就直接去了。

这位科长是个中年男人，对邱柏比较客气，说话的时候不时地对邱柏笑笑。他们办公室很大，房间里有好多人办公。

邱柏也不知道要说什么，上来开门见山地便问："李科长让我找您，说您要买软件。"然后递上报价单说："您看看想买哪些模块？"如此赤裸和没铺垫的交流，看得出来邱柏是多么青涩、多么不谙商场上的人情世故。

科长看了看产品资料和报价单，问了问模块间的关系，邱柏简单介绍了每个模块的功能。科长点点头，好像早就明白。他在报价单上勾了几个模块，写了几个站点数，又低头盘算了会儿，说："这么多应该可以了。"科长看了看邱柏说："回去问问你们经理，看能便宜多少！"

邱柏茫然地接过去，在想该怎么接话。科长看了看邱柏，又说："最好能让你们经理来一趟。""好！"邱柏痛快地答应了。

邱柏激动地回到公司，一进门就直冲总经理慈总办公室。慈总不在办公室，副总厚哥在里面。厚哥见邱柏兴冲冲进来，问："什么事？"

邱柏兴奋地说："有个单子！"之所以兴奋，是因为看见公司几个业务员整天愁眉苦脸找单子，跑来跑去也逮不到一个，自己没费劲儿就找到一个，上来客户就要买，能不兴奋！

厚哥一听来了兴趣，转身把门关上，悄悄问："什么单子？"

邱柏兴奋地把哪家单位、找的谁、谈的什么、客户想买什么、大约多少钱，甚至对方让问问经理能便宜多少，一股脑儿全说了出来。

厚哥听得耳朵都直了，极力抑制内心的喜悦，尽量不动声色地说："行，我来处理吧！"然后把邱柏拿回的那张打了勾的报价单放桌子上，一只手用食指点着，另一只手在计算器上敲来敲去，偶尔停下琢磨会儿。一抬头看见邱柏还在，厚哥说："行，先这样，有事我再和你说！"说完又补充了句："你尽快和他约吧，我跟你去一趟！"

邱柏想：也好，谁去都行！

两天后的下午，他们两人带着盖好章的合同去了客户那里。

见面后，厚哥先和科长闲聊，聊了很多不着边际的话题。然后，他们又拿着报价单挨个抠了一遍，来回扯了会儿价格。厚哥降了一些，科长不满意。还是来回扯，足有一个多小时。再后来，科长让装上演示版，再给他演示演示。就这样，一直折腾到下班。

等办公室里的人都走了，科长也看完了演示，又开始闲扯。邱柏开始担心：都下班了，怎么还不签合同？

这时，科长拿起手机，按了按，然后又放下说："唉，这破手机！"厚哥想了下说："换一个吧！"科长没动声色，也没回应。"过两天找你！"厚哥说。然后，大家又聊合同的事。再然后，成交了。

箴言：客户推荐的商机更易成交。
思考：1. 你有没有满意的客户推荐成交的单子？

2. 这样的单子与陌生客户有何不同？

3. 你准备如何改善现有客户的满意度，从而获得更多推荐？

那一单成交价不低——大几万块。什么概念呢？当时业务员一般的小单子也就一两万，五六万就不小了。这家客户要的产品模块比较全，站点多，折扣也还行，总价相当不低！

邱柏不背业绩，后来才知道这笔业绩算到厚哥身上了。公司规定销售提成六个点，但像邱柏这样的技术人员出单好像还是头一次，便按照政策给了提成。加上其他培训和业务提成，那个月邱柏拿了"好多钱"！

很久以后，邱柏才想起来，他忘了感谢那位女科长，签单拿了提成，不仅没当面致谢，连个招呼都没打！

邱柏有个弱项，跟人打交道的能力很差！他不知道怎么和人接触，也不知道什么情况下该说什么，即便成了朋友也懒得联系，交情也就慢慢淡了，可以说情商很低。所以，邱柏一直没想过去跑业务、做销售。

3. 天生销售

邱柏这种人能做销售吗？不太可能！邱柏觉得做业务跟他根本不沾边儿。

印象中公司那几个业务员做得最多的事，就是对着电脑里的表格挨个打电话。打一个，说两句，放下，再打下一个……打累了就休息会儿，从工位上站起来，晃悠到窗前，互相之间随便聊点儿什么，或抱怨几句，然后回去接着打……

除了打电话，就是每个人背个包，装上一摞产品报价单，像出征的战士一样，面无表情，一言不发地出去了，直到下班才回来，大部分都是话不多，有的就直接回家了。

他们偶尔也会兴奋，一般是签单了。那时候，几个人会聚聚改善下。那种日子，一般的业务员每月超不过两三次。

同昌电子是君和软件在当地最大的代理，在天州业内也数一数二，全省很多优质客户资源都在这里，所以业务员也都比较稳定。慈总经常把某个业务员叫进办公室，给他个单子跑跑。不像楼里一些公司，经常会进几个新人，过不了多久就消失了。

邱柏觉得业务员很辛苦、很累，但对他们又有种特殊的敬佩。

首先，他们能不厌其烦地打电话。刚被拒绝了，面无表情地挂上电话，又继续打下一个。这点邱柏做不到，绝对做不到。脸皮是一方面，邱柏觉得，他要是客户，一天接几个这样的电话还不被烦死？

其次，他们能很科学地设计出行的路线。邱柏也跑，不过都是在去服务客户或参加培训班的路上。邱柏觉得，没目的地跑很可怕，也不值得。这事，邱柏做不到。

最后，他们待人很热情，就算刚和女友吵过架，一见客户马上可以展开笑颜。他们也敢随手推开任何一扇门，即使被骂出来，也只是歪头笑笑。这事，邱柏也做不到。

这都是一般的业务员。公司有位业务员很不一般，名叫吉利，大家都叫他小吉，其出色程度让邱柏望尘莫及。

一般的业务员很少和客户吃饭，小吉则经常吃。有段时间，邱柏常跟着小吉去演示产品或为他的客户解决问题，曾一起和客户吃过饭。小吉会潇洒地把菜单推给客户，说："想吃什么，随便点！"也会毫不顾忌地指着最贵的菜和服务员说："来个这个！"还会随口说："拿两包烟。"他不抽，给客户要的。他好像从来不用为饭费能不能报销担心。在这个过程中，他会热情地说："来来来，尝尝这个！"顺势把最贵的和刚上来的菜换到离客户最近的地方，或者朝客户那边推推。有几次，客户带着孩子，他也会很大方地说："来几盒酸奶！"吃完饭剩下好几盒，他便拿起来塞给客户的孩子："拿着，拿着！"对于这些，邱柏一个都干不来，他天生就不是那块料儿！

一般的业务员见客户要热乎十分钟，小吉三分钟就够了。他见什么人都有话说，都敢说，也都知道说什么。无论男女，大到处长、局长，小到科员、门卫，他张嘴就来。他可以坐在客户办公室聊上三个小时仍然吐沫乱飞，也可以让客户掏出最心爱的宝贝和他显摆。这方面，邱柏跟他岂止是天壤之别！

一般的业务员见客户只能在办公室，小吉则可以直接去客户家里。他知道客户家里有几口人，以及孩子多大、什么时候过生日、什么时候考试、什么时候升学。他知道客户爱喝什么酒、爱喝什么茶，知道客户的老家在哪儿、重要亲戚都在哪些地方。他和客户的关系，就像邱柏和初中同学甚至兄弟一样。真让人想不明白他到底是怎么做到的。

一般的业务员整天都忙于到处找商机，小吉不用。他的单子好像多得做不过来，整天像变魔术一样，一回公司就说签单了。邱柏通过观察发现，小吉一有空就抱着自己的一个软皮本儿打电话。"处长，过节去哪儿了？""科长，软件用得怎么样？有什么事你和我说！""主任，过两天我去看看你！"……这些电话他很少在公司打，即便在公司打，也要把自己关在总经理办公室里打。他甚至很少在公司出现。邱柏后来才知道，他的商机都是客户介绍的。这方面，邱柏就更不如了：自己情商低，不懂得怎样维护关系。

一般的业务员得求着技术人员去给客户演示或解决问题，小吉不用。对于他的客户，技术人员大多都愿意去。他在公司跟谁关系都很好，邱柏有亲身感受。小吉净挑邱柏爱听的说，经常提起邱柏哪件事做得多漂亮、怎么帮了他的大忙，经常说邱柏对技术多熟悉，可以不看电脑闭着眼睛就能把功能菜单一项项背出来并找到问题的原因，等等。技术人员去支持小吉的客户，他也会单独请技术人员吃饭，是很大气的一个人。

一般的业务员很少敢跟慈总谈条件，小吉可以。他敢跟慈总说："这单子七折，另外费用多少多少，做不做？不做就算了！"他也敢跟慈总说："这单子丢了，你可别怪我！"他把客户攥得很死，别说换别人，就算慈总自己去了，客户还是认他。慈总也拿他没办法。

后来，小吉的单子折扣越来越低，最后到了五折、四折甚至三五折，真实的成交价格大家就不知道了。小吉从初到天州时的两手空空，到租高档的房、配最像样的家具，用了不到一年时间。他也是这群人里第一个买房子、第一个买车的。

小吉做业务确实很出色，公认的！不做业务都委屈他了，天生的这块料儿！

有很多人想成为像小吉一样的"出色业务员"。但邱柏肯定做不了，他知道自己什么样。即使去学所谓的"成功学"、被不断"打鸡血"、挥舞胳膊大声吼叫也没用。除了性格原因，关键这不是邱柏想要的。

还有，出色业务员比较擅长的"那种事儿"，邱柏也处理不了。

4. 那种事儿

不知为什么，邱柏想起"那种事儿"心里就十分不安，好几晚睡不好。

邱柏也做过单。那单子是慈总给的。可能是当时负责那单子的业务员离职了没合适的人接，也可能是缘于慈总对邱柏的一种判断和期望，或者什么也不是，只是当时恰好大家都出去了，只有邱柏在办公室。

慈总把邱柏叫进去，拿着一个纸条说："这个单位，你去一趟。"邱柏问："去干什么？"慈总说："他们可能想上套软件。"邱柏"哦"了一声，以为慈总是想让自己帮着演示一下产品。他低头看了看纸条，写着"冯科长"和一个电话。单位名是慈总口头告诉邱柏的，他还告诉了邱柏那单位的大概位置。

邱柏没直接打电话，而是打开地图按慈总说的大体方位找了起来。那地方离公司很近，盘算了下路线，然后打电话。接电话的是个女的，刚好是冯科长，同意邱柏过去。

那栋楼很老，但门口挂的牌子都是省级单位。邱柏被门卫拦住盘问了半天才让进去。"冯科长您好，我是同昌小邱，刚才给您打过电话！"邱柏见了冯科长说。"好，来，坐吧。"冯科长很客气，"你们的小毕辞职了？"她是说之前负责这单位的业务员。邱柏一愣，说："是。"冯科长若有所思，轻轻点了点头。邱柏说："我们慈总让我来，听说咱这儿想买软件？"冯科长说："是有这想法。"

接下来，双方简单聊了聊软件。后来也没什么话，邱柏就走了。

回去的路上，邱柏一直没明白：明明想买软件，为什么只问问聊聊，也不看演示呢？对软件很放心？那应该直接签合同啊！

回到公司，邱柏和慈总说了情况。慈总低头琢磨了一下说："下次去，给她报价单吧。"邱柏一想也对，人家没说要报价，自己怎么就没主动提呢？

没几天，邱柏就去给冯科长送报价单。冯科长接过来捏着看了看，问："还能便宜不？"她选的是最低配置，一共没多少钱。来的时候，慈总也说了不打折。邱柏说："这是底价了。"

冯科长说："嗯，行，我们再看看。"

就这样，又无功而返。

邱柏告诉慈总说："价格已经给冯科长了。"慈总说："催紧点儿。"

就这样，慈总催邱柏，邱柏就催冯科长，冯科长就说："再看看。"拖了很长时间，就是不签单。

有一次，关系不错的两个业务员听到邱柏又在打电话催冯科长，彼此看了看，会心一笑。一个业务员拍拍邱柏的肩膀说："再去，带个公司的小礼品。"邱柏觉得这种事怪不好意思的，不过确实也没其他办法，就带去了。结果，令人惊讶的是，冯科长居然同意签了！

款分两笔付。合同签订付第一笔，然后是订货、安装、培训。等培训完，轮到付第二笔款时，冯科长又拖了起来。邱柏每次催，冯科长都说："呀，领导不在！"或说："等等吧，会计不在。"时间拖得比签单周期还长，搞得邱柏极度郁闷。

无计可施的邱柏一直缠着冯科长，冯科长也被缠烦了，不经意地说："钱倒是有，这不用担心。马上年底了，我们怎么也得把预算花完啊……"

邱柏没听明白什么意思。

冯科长觉得邱柏实在不开窍，便直说："我这儿有点预算，你看怎么花了合适？"邱柏皱着眉想了半天。怎么花呢？他也不知道。邱柏突然想起公司还卖软件用的打印纸和耗材！对，卖给冯科长打印纸！邱

15

柏给冯科长报了价，冯科长木然地望着邱柏，看了一会儿，脸又沉了下去，崩溃地说了句"知道了"，就没再理邱柏。

箴言：个人利益可能是购买因素之一。

思考：1. 你遇到过哪些迟迟不签单的情况？

2. 现在来看，你觉得是什么原因？

3. 你如何应对影响进程的这类客户？

邱柏也纳闷，冯科长干吗阴着脸？一箱纸又不贵！她有预算，我们有产品，这不正好吗？

那天，小吉拉邱柏去给客户做演示，顺便问怎么回事。邱柏把情况告诉了小吉。小吉笑了："这好办，开发票时，每箱给她多加些钱。""啊？加钱？客户干吗？"邱柏面露难色。小吉又笑了："回款后把多的钱给回去。""这……行吗？"多开发票，然后从中"抽头"？邱柏别说干，听也是头一回！一想到这些，他就心里发虚，叹了口气，问："那慈总同意吗？"小吉说："这有什么不同意的！"

就这样，邱柏卖了很多耗材。客户不仅一次付清了纸钱，还把合同尾款也付了。邱柏兴奋之余，又有些替他们苦恼，按他们的业务量，那些耗材够用五六年的！

那个年代，做业务很讲"那种事儿"。可邱柏对"那种事儿"一点不敏感。

如果就这么结束了，邱柏倒也不反感销售。后来发生的事，让邱柏对销售产生了反感，甚至恐惧。

邱柏把钱放在一个信封里给客户送去。办公室里有冯科长和科员两个人。邱柏到了科长桌前，拉了把椅子坐下来。坐在桌边聊几句之后，邱柏从包里掏出信封，递给了冯科长。

冯科长一愣，迅速扭头看了眼背对她的科员，显得很意外，气氛也有些尴尬。片刻，科长轻轻拉开抽屉，顺势接了丢进去，然后轻轻推上。

那科员没回头。

冯科长扭头看科员时,邱柏也意识到了冯科长的尴尬,知道自己做错事了,正犹豫要不要收回来,冯科长的动作已经完成了。

几天后,邱柏又接到冯科长的电话:"我们想买台打印机,什么牌子好啊?"

当时,软件代理公司也顺带卖些打印机和其他设备之类的。有客户要,就直接找合作的专营店或经销商调货,也不用垫钱。遇到这种情况,邱柏都直接告诉慈总,由慈总安排处理。有一次,邱柏去小吉家吃饭,提到了这种事,小吉从塞满鸡肉的嘴里拔出啤酒瓶子,笑着说:"你真傻!"从那之后,邱柏才知道,有些业务员都是自己做,不让公司知道。

冯科长跟邱柏说要买打印机,这让他想起小吉说的"你真傻",心想莫非机会来了?邱柏心里咚咚猛跳,问冯科长:"想要什么样的?"冯科长说:"我也不知道,要好点儿的吧!"邱柏说:"好点的就贵了。""得多少钱?"冯科长问。"得两三万吧!"邱柏记得听人说过。"那行,你帮我看看,问好价儿告诉我。"冯科长说完挂了电话。

邱柏看好了一款高档激光打印机,想着"你真傻"那三个字,思前想后半天,一咬牙,报价里多加了一笔。价格报过去,电话那头的冯科长刚开始没说什么,迟疑了会儿,说:"今年预算还没花完……还有领导我们三个人。"

邱柏脑子一转,问:"那多少合适?"冯科长说:"我们很少买这种东西。"很少买,什么意思?邱柏想了想,说:"要不加六千,您看行不?"冯科长说:"你看着办吧!"

"哥们,你真黑啊!"听邱柏加这么多,卖打印机的老总笑着说。邱柏嘿嘿笑了笑,说:"没办法,都是那边儿的!"

经销商说:"发票多开这么多,得扣税啊!"邱柏一听,忙说:"这点钱你还扣啊?以后常合作,这次算了吧!"经销商一点不肯让。邱柏想想自己还有一份,也就答应了。他庆幸给自己留了个空间,要不这税钱从哪儿出呢!

扣了税,邱柏挣了一小笔。但事后,邱柏越来越不踏实。

先说冯科长。当邱柏把那个信封送过去的时候,冯科长还是有些不好意思和略显慌乱。客户和自己合作,难道要让客户感觉慌乱紧张吗?只有通过这种方式才能达成合作吗?这就是带给对方的价值吗?

再说自己。便宜谁都想占,这是心里话。但多了那笔钱,生活有本质改变吗?在那些钱带来短暂的兴奋和沾沾自喜之后,邱柏内心却从此陷入隐隐的不踏实和担忧的感觉中。夜深时想想,这算什么行为?难道自己要靠这种方式生活吗?内心踏实吗?良心安稳吗?

那件事让邱柏受了些刺激。

第一个感觉,挣钱原来可以这么容易。

邱柏辛辛苦苦服务一家客户,帮着客户设置参数、录入数据,出了问题还要随时解决,复杂的项目两三个星期下来才挣那么点儿。可有的业务员随便一倒腾,挣的就不止这些!

第二个感觉,心理素质不好干不来。

邱柏心理素质就不好:老不踏实,总担心被别人问起来,或者被谁抓住小辫子,被质疑人品不地道。那件事后的一段时间里,邱柏不

箴言:君子爱财,取之有道。君子以财发身,小人以身发财。

思考:1. 你捞过外快吗?当时是什么情况?

2. 当时你是怎么考虑的?

3. 现在你是怎么想的?以后会怎么做?

像以往那般意气风发了，进公司都弯着腰，用眼角余光扫视其他人，总怕被觉察出什么。那段时间，邱柏有点儿想家，但又怕父母知道了这种事会生气。

马无夜草不肥，或许不少人都有这经历。在那个时代，这也是改变生活的重要方式。有的人经历了，发现没事，有机会就会再做。第一次，会担忧和害怕很久；第二次，担心的时间会短一些；第三次，发现也没什么，不安的时间更短了；第四次，只是偶尔有一丝不安；第五次就习以为常了……

不过，邱柏真的不喜欢这种感觉。

那次经历让他很痛苦，内心很受折磨和煎熬。邱柏决定不靠这个活着，只为了晚上睡好觉，为了踏实、安心。

自此，他从内心回避甚至抗拒着"销售"这两个字。

5. 莫名成交

君和的产品日益丰富，组织也日益壮大：邱柏刚进同昌时就七个人，一年多就扩大到二十多人。单子金额也从当时的一张几万元，发展到后来的几十万元了。

大单需要演示，做大单的一般是小吉，找邱柏支持也就多些。

小吉在搞一个大单——一家很有钱的公司要买很多套产品。那天，小吉和慈总关着门在屋里嘀咕了很长时间，然后，慈总拉开一条门缝儿，朝邱柏招了下手，轻声说："小邱，你来下！"慈总当着小吉的面跟邱柏说："有家单位想上资金管理，公司里资金管理你最熟，准备演示一下吧！"说完看了看小吉，又看了看邱柏。

"哦。"邱柏应了一声。

邱柏感觉到一丝神秘，想了想问："是看产品，还是跑数据啊？"看产品，打开产品展示就行了。跑数据，就要做几笔业务模拟一下。

小吉说："按跑数据准备，也可能只看产品。就给三十分钟。"

邱柏做了精心准备。出发前，邱柏再次打开产品继续熟悉。小吉反复检查了那台笔记本——他以前没这样过，这次好像很上心。

客户公司在一家高档大酒店。豪华的大堂金碧辉煌。上楼一出电梯，脚下全是地毯，踩上去软软乎乎的。

到了一间会议室前，邱柏和慈总在门口等着。小吉上前推门看看没人，退回来，转着脑袋左右看看，向慈总指了指里面，自己转身向楼道深处走去。

会议室外有排椅子，中间是茶几。邱柏和慈总坐下，打开电脑提前准备。慈总也没说话。

不一会儿，小吉和几个人从楼道里过来。一个面带微笑的中年男人走在中间。楼道不够宽，小吉走在中年男人左手边，不想挤到他前面，又不想落在他后面，侧身贴墙陪着往前走。后面跟了几个人，肤色红润，衣着干净整齐。

带头的中年男人朝慈总和邱柏笑了笑，轻声说了句："来啦！"

慈总和邱柏也点头笑了笑。不知为什么，慈总没上去握手。就在打招呼的一瞬间，小吉疾走两步，赶到中年男人之前把会议室一扇门拉开。

那帮人进去之后，小吉拉着门站在那儿。里面人说了句："来吧！"小吉才转过身朝慈总和邱柏示意。

邱柏抱着笔记本进去,那几个人已分别落座,面带笑容看着他们。这是个中型会议室,长长的会议桌,椅子宽大厚重,能坐十几个人。会议室一头的投影幕布和投影仪已经打开了。

那几个人对着门坐,比较散。最前面的是那个中年人,次靠前的是一个脸上闪着亮光的女人,最后面的是个年轻男人。背对门的一排留了几个座位。

慈总坐下,谦卑地点头,笑得跟花一样。中年男人也轻轻一笑,说:"我们对这次资金管理很重视,君和也是大公司,好好展示一下!"说完,露出一丝淡淡的笑。慈总赶紧笑着点头:"行行!"转头对邱柏说:"开始吧!"

轮到邱柏了。邱柏见到这场面,难免有些紧张。但看到自己的产品,底气足了。邱柏连接上投影仪,切换过去,看了看那位微笑的中年男人和脸上闪光的女人,问了句:"那我开始了?"

对方轻点了下头。

邱柏这才发现,他们每人面前的桌子上都有一支笔和一张印着表格的纸。再看看小吉,小吉没什么表情。邱柏便开始了:"这是我们的资金管理系统。我们的资金管理系统分成几个部分,这是基础设置,这是……"

邱柏对产品总体和各部分做了介绍,然后点开菜单的第一项功能,介绍系统设置方法。设置讲完了,又开始介绍每个功能节点、每笔业务怎么处理……

邱柏对产品理解还可以,总想介绍得更清楚些。

不知过了多长时间,大家坐得一直很稳,没怎么动。邱柏也没顾得上去看大家的表情,一直关注着电脑屏幕。他们不动,邱柏就继续讲。

余光中好像有人开始晃动。邱柏没理,接着讲。

就在邱柏说话空隙,那个微笑的中年男人轻声说:"时间快差不多了。"

邱柏转头看中年男人时,感觉到旁边那女人也轻出了口气。

那句话让邱柏慌了,才讲了三分之一啊!后面还没讲呢!看看表,才讲了二十分钟!再看看小吉:仰坐在椅子上,架着二郎腿,上身歪向一边儿,不动声色,没看邱柏。

邱柏灵机一动,立马点点头说:"好!"关闭了正讲着的一张单据,回到主界面,打开菜单,再一次对总体功能做了简单介绍。

邱柏和慈总起身。对方并没一起退场,只说了句:"先回去吧。"

出门时,邱柏心情有些黯淡。

刚出会议室,迎面走来两个穿西服的家伙,抱着笔记本,夹着屁股急忙朝里走。擦身而过时,邱柏发现他们的笔记本更小、更薄、更新,屏幕的PPT上显示"系统介绍"!

回公司的路上,邱柏坐在后排,有些不自然,没怎么说话。慈总开着车,表情严肃。坐在副驾位置的小吉也不像平时那么活跃。邱柏深吸了口气,闭着嘴,慢慢从鼻子里呼出来,挠挠脑门,慢慢说:"今天演示时间有点儿紧。"慈总开着车,面无表情地说:"没事,演示挺好!"小吉也说:"挺好。"说完抬手抹了下脸。都没再说话。

回到公司,慈总和小吉直接钻进总经理室,顺手拉上门,里面传来很低的交谈声。

不知过了多久,突然又传来了小吉的声音,像在给谁打电话。说了两句就挂了。然后又是一阵低沉的交谈声。

慈总的门突然被拉开，吓了邱柏一跳。小吉拿着手机疾步往外走。邱柏问："怎么了？"小吉回了句"没事！"便风风火火地走了。

时间不长，小吉又回来了，钻进慈总办公室就没再出来。

快下班的时候，慈总办公室传来了一阵手机铃声。

"小赵！"小吉伴着铃声说了一句。铃声中断，传出小吉标志性的声音："小赵你好！……嗯！……哦，……行！……这你放心，……行！……辛苦了！……行，我明天上午过去。……好的，再见！"

这电话不一般。

哗啦，门一下被拉开，小吉兴奋地跟邱柏说："结果出来了，咱们评分第一！"

评分？今天演示还评分了？邱柏一愣。

看到兴奋的小吉和门里露出笑容的慈总，邱柏知道这单子赢了。

邱柏也笑了，笑得有些尴尬。表现怎么样，他自己知道。

那项目后来是邱柏去实施的。在调研时才知道，客户的业务和他当时的介绍完全两码事！

邱柏被刺激到了。

客户业务什么样不知道，介绍的很多功能对客户来讲都没用。演示成那样，居然还评分第一？居然还签单了？

那天演示完回去的那两小时，小吉和慈总关着门到底在商量什么？那个"小赵"到底是谁？为什么还有竞争对手演示产品？为什么同昌评分第一？一切都耐人寻味……

邱柏迷茫了。

箴言：成交的因素不在产品，在产品之外。

思考：1. 你有哪单产品介绍砸了却签单了？

2. 当时是什么原因促成签单的？

3. 如何看产品之外的因素对成交的影响？

对邱柏而言，那次产品演示失败了。

即使这样，这单子仍成交了，自己只是充当了一个工具而已，对具体情况毫无所知，大有一种"被隔离在核心之外"的被忽略感。两年来的拼搏，自以为成了核心，现在内心却有了隐隐的疲倦和迷茫。

这单子戳中了邱柏心中最深的伤——"销售"。

迷茫的不仅是这单子，还有他的方向、他的未来，也有形势和环境的变化。

同昌电子抓住君和推出新产品的契机，业务不断扩张，队伍不断壮大。林子大了什么鸟儿都有，不懂产品的都敢去给客户实施，不会技术的都敢给客户解决问题。邱柏心中感慨：这世道，什么人都有饭吃！队伍大了，也就不好带了。大家都有了想法。先是厚哥离开。小吉也当众发牢骚，后来低头不语了。

内部有变化，外部有机会。

君和那年规模扩张，在天州市成立了君和天门省分公司！

争强好胜的邱柏，心里不平静了。

邱柏留在同昌，地位还行，收入也过得去。邱柏喜欢挑战，喜欢做新鲜的事，不想日复一日做同样的事。人生都有这样的阶段，在一个平台上做久了，到了一定程度，自我感觉在这领域什么都会了，只剩下重复工作，生活就像被榨过汁的残渣。

箴言：职场像楼梯，努力一段儿，茫然一阵儿。

思考：1. 你遇到过哪些困惑和迷茫？

2. 你认为是什么原因导致的？

3. 你的什么梦想和目标让你做出了选择？

眼看有更好的平台，有机会成为君和的"正规军"，邱柏内心不断躁动。他可以去分公司，成为君和正式员工，有机会参加总部培训，接触更多资源，发展平台也更大，多好！

可同昌与慈总对自己又不错，如果离开，投奔正规军，岂不是愧对老东家，于心何安？

很多时候，人生都会面临两难抉择。

一边是蠢蠢欲动，一边是良心拷问。

心若不再，人已迷离。

半年之后，机缘巧合促使邱柏做出了选择。

第 2 章

懵懂碰壁

销售可以成就客户，转型也能成就自己！可销售不是找商机、联系客户、做关系那么简单。不知道其中的规律和道道，盲兵瞎马蒙头乱撞，即便有了机会，销售也只是误打误撞，备受煎熬！

6. 初遇打单

邱柏去了君和天门省分公司。分公司总经理姓兰，大家都叫她兰总。

兰总安排邱柏去找一位经理。那位经理戴着眼镜，憨憨的，感觉很实在，人称憨哥。憨哥在几台电脑中间正鼓捣着什么。邱柏走过去："我是邱柏，你是憨哥吧？"邱柏觉得这人的地位和他在同昌一样，都是负责实施的，大家不相上下。

"是！"憨哥站起身。

邱柏说："兰总让我来和你谈谈。"

"哦，坐下说吧。"憨哥拉过把电脑椅让邱柏坐下，问："你在那边主要干什么？"

邱柏说："培训、实施、售前支持！"在他眼里这是最有技术含量的工作了。

憨哥笑着问："怎么想来这边儿啊？"

邱柏笑笑，没说话。他觉得同昌的实施经理过来坐憨哥这位置，完全不是问题。

分公司在十几层的四星酒店写字楼里，几百平米，很大！光会议室就好几个。兰总自己一个人的办公室面积，就相当于同昌公司的面积，视野也很好，能看到大半个天州。

走进旋转大门，穿过有喷泉假山的大厅，听到电梯"叮"的一声，走到工位开始工作，那种感觉很是美妙。

那段时间，总部推出了一套全新产品，面向高端大客户。天门省分公司专门组建了业务部推广这条高端产品线。憨哥是头儿，带着邱柏和另一个胖兄。

> **箴言**：跳槽意味着重新开始。无论之前有过怎样的辉煌，到了新岗位一切清零。
>
> **思考**：1. 你有过跳槽的经历吗？
> 2. 当时自己怎么定位的？公司怎么定位的？
> 3. 如果重来，你会做哪些心态准备？

初期没什么业务，邱柏一点点摸索学习产品、做售前和实施准备，胖兄负责开发客户。

几周后，憨哥联系了一家外地的制造业大客户北康集团。邱柏也不知道去干什么，稀里糊涂跟着去了。

他们住在北康集团招待所。邱柏、憨哥和胖兄先到，吃完晚饭就在招待所里打乒乓球，也没别的事，说等兰总来。

兰总第二天来，带了总部两个人，都胖胖的，说是集团专家。

当晚，兰总、两位专家、憨哥、胖兄、当地代理，还有北康集团一位姓宋的科长一起在饭馆吃饭。席间，两位专家问了宋科长一些情况。晚饭后，大家又回到招待所，围坐在房间里你一言我一语地讨论。听宋科长的意思，第二天上午有另一家公司交流，下午是君和。

兰总问宋科长："能不能安排人去听听？"

宋科长沉默了一下，说："我想办法吧。但最好是个生面孔。"看得出来，大家关系不错。

最后，大家决定安排邱柏去听听。

那天上午，邱柏在宋科长的带领下进了会议室，贴墙走到后排坐下。一上午，一个西装革履的家伙讲了一堆管理理念，还讲了灯塔计划和一些企业案例。邱柏听得晕晕乎乎的，只记得那家软件公司是欧洲的，全球最大，号称世界500强，全球有80％的企业使用它的软件，其他倒没记住什么。

一结束，邱柏就跑回房间汇报说："上午讲了一些理念，还讲了一些案例，与客户的行业没什么直接关系……"

兰总说："嗯，他们做概念普及，下午咱们就讲方案，谈谈具体怎么做！"

下午开始交流前，人们散坐在偌大的会议室，好像比上午少些。兰总不停地看表，又向门口张望，像在等什么人。宋科长早早坐在第一排，也不时侧着身子朝门口张望。

两点左右，一位五十多岁、领导模样的人迈步进来，戴着眼镜，头发有些稀疏。进门后，他快速打量一圈，走到中间靠边的位置坐下。

宋科长一看，马上跳起来，朝那方向过去。兰总也快步跟过去。胖兄也不动声色地靠上去。兰总和领导握了手，寒暄了几句。胖兄没打招呼，悄悄坐在领导后一排。宋科长回到前面，四下望望，清清嗓子说："好了，大家静一下吧。"

宋科长说："今天，我们有幸邀请到君和软件来交流。北康集团正在考虑信息化建设。君和是国内知名的软件公司，做过很多大型集团的项目，我们也在用君和的一些产品。相信这次交流将为北康的信息规划提出很多建议，我们欢迎君和的专家！"说完带头鼓起掌来。

会场上也稀稀拉拉响了几声。

邱柏突然觉得有什么不对劲儿！上午的主持人是个戴眼镜的干瘦老兄，不是宋科长。邱柏四下看了看，那干瘦老兄坐在第二排，正抱着胳膊看着宋科长和兰总。

兰总站到前面朝大家点点头，笑着说："各位领导、各位专家、各位朋友，大家下午好！很荣幸有机会与大家交流，感谢大家肯花宝贵时间来到这里。北康集团很早就在使用君和的产品，在此感谢各位一直以来的支持！我们非常重视这次北康的信息化项目！"然后指着站在前面的两位专家说："我向各位介绍一下我们的团队，这是……"

介绍之后，演讲就开始了。主讲是一位总部专家，胖胖的，暂称"福哥"。

那演讲场面让邱柏感觉很震撼！

福哥当着那么多人讲话，居然这么自如，连个磕巴都不打！看似一页页简单的PPT，他看一眼就能说出一套套名词，口若悬河，每页之间还能如此连贯！哪儿来那么多知识？不假思考张嘴就来，莫非之前背过？

邱柏脑子一片空白，眼睛直直地望着福哥。

福哥讲完，让大家敞开提问。

面对北康集团几十人，无论友善的、严肃的，还是带些挑衅的问题，福哥面不改色，皆从容应对，真乃神人！

在同昌电子混到达人、自以为无所不能的邱柏，看到眼前的福哥，彻底被刺激到了。结束后，他和兰总说："福总太厉害了，三年后我要达到他这水平！"

没想到兰总却说："三年不行，最多半年！"

半年？怎么可能？别说本事，先看看自己的穿戴——红色圆口T恤、浅色裤子、黑皮鞋带着灰尘，谁相信自己是专家？

受刺激之后，邱柏意识到自己没底气了，走起路来都比原来矮了三分。俗话说，人靠衣裳马靠鞍，自己最基础的职业形象达标了吗？原来，自己之前的圈子和外面真正的圈子不一样。

邱柏最先从商务礼仪开始，让自己变得专业起来。他开始留意商务礼仪的视频课程，学了才知道穿衣戴帽还有那么多讲究，西服扣子怎么扣，衬衣裤子怎么搭，握手注意什么，商务宴请讲究什么。

箴言：专业的形象是销售的基础功课。
思考：1. 你是否遇到因形象而尴尬的情形？
2. 你对自我形象如何评价？客户呢？
3. 你在专业形象方面有何改进计划？

那是邱柏第一次接触那样的大单，也是他第一次知道那叫"技术交流"。对于当时宋科长和兰总的沟通，多年之后他才明白大家在干什么。

可当时的他，除了被福哥震到，也只是意识到自己要提升职业形象而已。

7. 椰城绽放

胖兄负责业务推广。

他仍然整天轮番给君和的老客户打电话，试图找到些卖新产品的商机。他对产品不了解，只是偶尔翻翻宣传手册，认识几个名词而已。除了套套近乎，问问用得怎么样，最多的一句就是"我们出了新产品，你看什么时候方便，我去一趟！"在邱柏眼里，胖兄就像没头苍蝇到处乱撞。

和大客户部并列的是产品销售部，部门经理和憨哥年龄差不多，个子不高，后背和脖子挺得很直，加上直立的短发，得名"挺哥"。

有一天，挺哥自豪地宣称搞了个大单子：几十万！

一般销售员做几万就很大了，挺哥竟做了个近五十万的大单！并且是憨哥和邱柏负责的新产品线，负责的团队没签单，反倒让产品销售部门签了。公司一下子炸了！

单子由憨哥和邱柏实施。邱柏跟着去见客户时，脑袋晕晕的，心里没底。客户科长给了一份红头文件，还不停地说他的想法。邱柏这才知道这项目和财政资金有关。

回来后，邱柏一边研究文件，一边琢磨科长的话，一边努力思考。在科长指导下，经过和憨哥不断讨论，邱柏按自己的理解画出了几个流程图。科长看过后向领导做了汇报，领导也比较认同，要求"10月8日系统上线"！

邱柏听到这消息压力很大：当下时间已经是9月中旬，三周内就要把一个全新系统建起来！产品是新的，客户是新的，流程是新的，不到三周，用一套新产品建起一套国内首创的流程，挑战何其大！

邱柏喜欢挑战。一遇到有挑战的工作，邱柏就会兴奋，觉得这样才能体现他的价值。在憨哥带领下，他们开始了短暂而艰难的征服之旅。

邱柏与憨哥反复分析流程，反复进行产品功能比对，研究怎么实现；然后建立模拟环境，不断测试、调整、再测、再调。眼看就是国庆长假了，办公大厅装修好了，服务器和网络建好了，电脑和打印机也到位了，就等系统上线。兰总和领导拍了胸脯，说长假一上班就开始"营业"，可测试却发现产品几乎无法走通，很多功能根本无法实现。长假后上班就要处理一百多家单位的业务，怎么办？邱柏心急如焚。

关键时刻还是憨哥出马解决了问题。

放假前两天，憨哥做了个大胆决定——直接到总部找开发经理，盯着开发人员修改产品，让邱柏"留守"客户现场进行测试！

长假的前几天，邱柏在客户现场，憨哥在北京。邱柏遇到一个问题，就发给憨哥。憨哥在总部直接反映给开发经理，时间不长，就有一个补丁发回来。邱柏更新后，这个问题解决了，继续测，发现下一个，再发一个，再等一会儿，再收到补丁，再更新，再继续测……

邱柏要求比较高。他想，要是办理一些特殊业务，产品出现异常情况怎么办？那不仅要花十倍甚至百倍精力解决，而且还会影响客户处理业务！必须未雨绸缪，提前检查，防患于未然！因此，邱柏对每个可能遇到的业务和情况都亲手测试过才放心。

折腾了好几天，产品终于走通了！

离长假结束还剩三天。三天内要把客户的真实环境建起来。一百多家下属单位、一百多个预算科目、一百多个资金账户、一百多笔资金余额，一分不能差。要给客户的几个办事人员分别赋予系统中近百个权限中的一部分，错一点儿都无法处理正常业务。

那几天，公司又加派了两个兄弟，从早八点到晚上十二点，科长也一直陪着。邱柏眼睛一直盯着屏幕，干涩得直流泪……

夜以继日，10月8日上班，系统正式上线！

看到各家单位人员办业务时好奇的样子，看到柜台分工合作、有序地操作系统，看到科长从紧张到渐渐放心直到露出轻松惬意的微笑，邱柏心里暖暖的。

这个项目顺利交付了。

邱柏却没能停下来。当时，财政改革在全国各地如火如荼地开展，这个项目也是一种新模式的尝试。实施之前，邱柏就从网上收集资料，与这事相关的发文、专家观点、各地改革报道收集了一大堆。加上科长不断分享思路，邱柏又绘制了流程图，理解更加深刻。

经过不断收集、分析、比对、总结、提炼，邱柏发现了这个项目的独到之处，做了一张细致的全国各地不同模式的对比表，将各种模式的特点、组织、流程、责任、风险等进行了全面对比。

每次打开那张表，邱柏都会先欣赏一番，然后盯住一个地方继续琢磨，再去查资料或请教科长，继续完善。那段时间，邱柏对这些着了迷，完全沉浸其中，每当看到丝毫相关信息，毛孔都会张开。

> **箴言**：与其不切实际地好高骛远，不如低头把擅长的事做到位，做得更完美些。
>
> **思考**：1. 你有哪些事情做得让自己很满意？
> 2. 是什么动力让你做得如此满意？
> 3. 你计划如何把事做得更满意？

机会总是给有准备的人。

做完项目不到一个月，君和集团将在南方浪漫的海滨城市召开全国行业研讨会。因为这个项目模式创新，该客户成为全国三家样板客户之一，这个项目模式也将在会上大力推广，需要有人去做介绍。

这次会议去的人不少。有兰总、客户领导和科长、其他几家客户，还有一位和兰总很熟的西服眼镜哥。那哥们说话很溜，也很俏皮，被尊称"油哥"。

邱柏到了才知道，会议策划者竟是曾在北康集团演讲的福哥！

在当地分公司，福哥把大家召集在一起，提前沟通每位客户要分享的内容。邱柏打开那张表和流程图，顿时吸引了众人眼球。邱柏绘声绘色地讲给大家听，还有人好奇地指着几处提问，邱柏一一做了回答。

福哥听完不住地点头，站起来，拍拍邱柏肩膀："总结得真不错！"邱柏不知所措地站起来，呵呵笑着。

福哥刚离开，总部负责业务推广的专员悄悄和邱柏说："再打开让我看看……"

邱柏坐在出租车上，欣赏着海滨城市的霓虹夜景，幻想着明天客户登台演讲，给现场带来一股强有力的思想冲击波，赢得一片赞许和阵阵雷鸣般的掌声，这个项目和客户领导将成为会议的焦点，他们将收获非常多的赞誉！

第二天上午，客户领导上去介绍了经验，用的是邱柏配合做的那套PPT。

不出福哥和总部人员意料，上午会议刚一结束，来自全国各地的客户把主讲领导围了个严严实实，对他们的模式和做法非常感兴趣，不断询问具体操作细节。

邱柏远远站在后面，心潮澎湃，倍感欣慰。

这次的南方椰林、星级豪华酒店、客户的精彩呈现、全国行业会议上的精彩绽放，还有和福哥的近距离接触……这一战，对邱柏来讲是第一次，开创了很多东西，也奠定了很多东西。

回到天门，一切如故。

邱柏又服务了两家客户，胖兄仍不停地打电话联系客户，憨哥仍坐在角落里琢磨产品，挺哥背后业绩看板上的数字慢慢变化，那帮销售整天神出鬼没，一切按部就班。

看似平静却暗流涌动。

即将到来的年终调整，邱柏一无所知。

8. 门朝哪开

与大多数公司一样，君和总部每年都要下达业绩指标。到了年底，从总部到各地分公司，也都要不断调整业务策略和组织结构，以适应市场和竞争形势的变化，当然也有内部博弈的平衡。

那段时间，兰总和经理们不停地开会，很忙碌、很紧张，甚至有些严肃，这可以从诸位经理从兰总办公室出来时的表情看出来。

一天，憨哥突然问邱柏："明年想怎么干啊？"邱柏一听，愣了。问得有点儿突然，他没什么准备，没想过明年弄啥。邱柏犹豫了一下，说："还没怎么想过。"憨哥说："想想，做高端业务吧！"

没过几天，公司就宣布了新的组织架构。意外的是，所有部门经理全部重新竞争上岗！

邱柏看着新的部门设置，琢磨着自己应该去哪个部门。还没轮到他选，他就被安排在了高端业务部，主做战略大客户。

邱柏连销售都没做过，哪知道高端业务怎么搞？还要扛高额指标，要经常拿回一大笔钱，怎么可能！高端业务需要推广和销售，可邱柏对销售没有一点信心。小吉对人的把握和处理关系的能力，让他望尘莫及。邱柏觉得，没"关系"的话人家凭什么买你的东西？做高端业务的大单子，靠的是"关系"，得"有人"，得会"搞关系"才行！

邱柏挖空心思琢磨：到底有哪些"关系"呢？怎么才能找到"关系"呢？好像有个亲戚说他还有个亲戚在政府办公厅……还有大学同学的老爸好像在哪个局……

就这样，懵懵懂懂地，邱柏走上了大客户销售之路。

销售部被拆成了销售一部、销售二部、政府大客户部、企业大客户部共四个部门。销售一部和销售二部的人都是原来的销售状元和业务骨干。政府大客户部的人是原来做政府那块的同事。邱柏被分在企业大客户部，这个部门由总经理直接带。

第 2 章　懵懂碰壁

那位一起去了椰城的油哥也加盟了分公司，但没参加竞聘。听说油哥很有背景，在政府关系方面所向披靡，公司特别为油哥设置了个部门——政府关系部。

邱柏没想别人怎么办，只觉得自己要赶紧出去跑客户。

因为一起在椰城混了几天，邱柏和油哥也算熟了。在邱柏眼里，小吉和油哥都是销售的一把好手。他们有个共同特点，见了客户嘴特别好使，随时都有各种话题，能张嘴就来。特别是油哥，无论多大官都敢拍肩搭背，还敢讲黄色笑话，甚至拿他们开玩笑！

听说邱柏做战略大客户，油哥歪嘴笑了笑，欲言又止。

有一天，油哥请邱柏吃肯德基，说聊聊。

邱柏觉得机会难得，或许能学几招，就答应了。不过，他也知道油哥不是慈善博爱之人，说不定有什么事。

那天晚上，油哥坐在靠墙的沙发上，旁边坐着政府大客户部经理，邱柏坐在对面的椅子上。先是胡扯了会儿。

闲聊中，油哥掰着手指头给邱柏数了几个大企业，说他都认识人，说得邱柏直流口水。油哥话锋一转，突然问："你那几百万业绩，怎么完成？"

邱柏被问得一愣，心里虚极了。

他确实不知道怎么才能完成几百万，怎么才能拿回那么多钱。甚至怎么找客户，谈什么，他都不知道。

紧接着，油哥问了一个直抵内心深处的问题："你知道客户的门朝哪儿开吗？"

邱柏彻底晕了。

箴言：转型就是迈出勇敢的一步。迈出去了，在过程中再想办法。

思考：1. 你刚做销售时认为销售应该是什么样的？

2. 当时遇到了质疑，你是怎么考虑的？

3. 是什么动力和想法让你坚持下去的？

他感觉明亮的餐厅顿时暗了下来，一切都失去了原有的色彩，只剩下一片灰蒙蒙的世界，眼前只剩下油哥眼镜后面闪光的眼睛和歪着笑的嘴。

随后再说的是什么，邱柏没印象了。

只记得油哥说只有跟着他才有出路。

听说油哥后来也找其他几个经理，四处说他有资源，应该跟着他干。可能油哥想把几个部门统一纳入麾下，统管整个销售，也或者他在拉拢人心。这些邱柏都无从知晓。

但话说回来，邱柏觉得，油哥是有关系，可有关系就能办成所有事吗？做企业大客户除了关系，还需要其他什么吗？油哥油嘴滑舌，还带些江湖气，貌似无章法可言，他能负责业务管理团队吗？

虽然没被油哥说服，邱柏还是被那句"知道客户的门朝哪儿开吗"深深刺痛了。

他确实不知道客户的门朝哪儿开，他不知道怎么去见那些领导，更不知道怎么让客户买他的产品。

邱柏内心深处有些不服气。

他想证明自己！

9. 蒙头乱撞

既然是企业大客户部，目标肯定是大企业。

那段时间，邱柏走在大街上，随眼看到任何一家企业的广告牌或企业单位的大门，都觉得应该是他的客户，应该买他的产品。可一接触起来，完全不是那么回事。

天门的知名企业就那些，都听说过。邱柏试着打过电话。网上查到的电话号码大多是总机的。打进去，对方问："转哪儿？"邱柏说："请转一下信息中心。"因为一般都是信息中心负责。有时，对方会说："我们没信息中心！"然后挂了。也有转的。邱柏打过去说："我们是君和软件的，请问你们现在用软件了吗？"对方说："用了一些。"他接着问："用得怎么样？"对方回答："还行吧。"他再问："今年有计划再上软件吗？"对方说："没计划。"邱柏心中暗自叫苦，只好说："哦，那就再联系吧。"偶尔执着些，给信息中心打完再给财务打："你们用财务软件了吗？"对方说："用了。"邱柏问："用的什么啊？"对方说："锐锋。"锐锋是君和的主要竞争对手。客户这么回答很正常，要是君和的老客户，邱柏就用不着打这种陌生电话了——早被胖兄骚扰好多遍了。邱柏再问："用得怎么样啊？"对方说："还行吧。"邱柏抓住机会赶紧说："君和最近推出了一套新产品，面向集团企业的，可以管理多家下属企业。""哦，我们暂时用不着。"对方挂掉。

那段时间，邱柏没少打电话，有戏的不多。越打心里越没底，越打越迷茫。怎么才能让客户买我们的产品呢？不光邱柏，那几个新兵也大眼瞪小眼。

光打电话不行，得出去跑。手里有几家老客户，可以先跑跑。

邱柏联系了一家老客户新阳集团，在外地。

听说君和软件天门省分公司的大客户经理要来拜访，新阳集团财务处的徐科长很热情。邱柏和徐科长在办公室聊了会儿。徐科长得意地说，几年前就开始使用君和的软件了，在集团应用了网络版进行数据收集，自己还开发了很多小程序，帮新阳解决了数据收集和汇总的大问题,把简单产品用到了极致!

邱柏听了很高兴,发自内心地敬佩徐科长。可转念一想,既然用得这么好,还会再买君和的新产品吗?想到这儿,心里又没了着落。

随后又去见了副处长,女的,姓唐,也很热情。邱柏趁机把带的产品宣传资料给了她。唐副处长翻了翻,又闲聊了会儿,转眼中午了。唐副处长看看表,说:"中午了,一起吃饭吧!"

邱柏有些不好意思,自己人生地不熟,不知道附近有什么饭店、应该请客户吃什么,便硬着头皮说:"不用了,我们一会儿就回去了。"

徐科长说:"大老远来了,怎么也得吃饭,走吧!"

邱柏不好推辞,就答应了。

被带进新阳集团的招待所,邱柏悬着的心才放下。这样既不用自己掏钱,也不用自己点菜了。

入座时,唐副处长坐在主位,请邱柏坐在她右手。邱柏心虚,感觉坐那儿不合适,也不知道坐副处长旁边聊什么,便极力推让。徐科长起身来拉,邱柏就更不好意思了,硬坐在唐副处长对面,背对门。唐副处长笑了笑,没再说什么。徐科长坐在唐副处长右手,邱柏坐在了最外面。

菜上来了。新阳招待所的环境虽然看着一般,饭菜却很讲究。唐副处长看看邱柏,举起茶杯说:"下午有工作,不便喝酒,以水代酒,欢迎邱总来新阳!"邱柏受宠若惊,端起杯局促地说:"谢谢!"开始吃了,邱柏绞尽脑汁地想说些什么,却找不出一点儿话题,只好低头吃菜。

就这样沉默着。

后来,唐副处长开始低头小声和徐科长聊起什么,听上去像在说工作上的事。邱柏感觉自己像没出现在饭桌上一样,这让他感觉浑身不自在——极不自在。

邱柏是逃离饭桌的，或者说是逃离新阳的，虽然那是邱柏做销售以来受到的最好礼遇。

当然，不只新阳一家客户，还有北康集团。

北康集团这家客户怎么办？除了偶尔打电话联系一下，还能干什么？邱柏最想问的就是"你们什么时候买？"可最怕问的也是这句话，因为换来的答案不是"看领导意思"就是"等等再说"。

一次，得知宋科长要来天州，顺便可以到君和天门省分公司看看，邱柏很高兴：客户上门了，有机会做销售了！把他搞定，这单子不就成了嘛！

一定要用好这次机会！

邱柏要去车站接，被宋科长回绝了，说先办自己的事，办完事再联系。邱柏焦急中等了多半天，宋科长终于来电话，说马上到公司。

陪着宋科长在公司转了转，然后领进了兰总办公室。又聊了会儿，就到下班时间了。兰总对邱柏说："你晚上请宋科长吃个饭吧。我晚上有点事，就不陪宋科长了。"

邱柏心头一紧，他最怕陪客户吃饭！

兰总见邱柏面露难色，说："可以叫上油哥一起。"

对，请油哥帮忙！

油哥私下问邱柏："你想带宋科长去吃什么？"

邱柏说："你定吧！"油哥知道的地方多。

箴言：商务用餐礼仪是销售的必修课。

思考：1. 你刚做销售时用餐遇到过什么尴尬事？

2. 当时你是怎么想的？对方感觉呢？

3. 你准备如何提升自己的用餐礼仪？

油哥说:"那就去国贸吧!"

到餐厅,入座,油哥熟练地点了几个菜,然后和宋科长说说笑笑聊起来,逗得宋科长前仰后合不亦乐乎;偶尔还来个小黄段子,宋科长也不怎么反感,跟着笑。

饭桌上,油哥把握着节奏收放自如,宋科长愉快地应和着。

邱柏在旁边木讷地听着,偶尔尴尬地跟着笑两声。不是没插嘴的机会,而是他不知道怎么插嘴,不知道该说些什么。除了倒酒、递烟、埋单,他基本上没做什么。

那顿饭吃得很郁闷。

邱柏内心的不安冉冉升腾,笼罩着他,越来越浓烈。

他越来越怀疑自己是不是块做销售的料!

不会应酬,不知道在哪儿吃饭,不知道点什么菜,不知道和客户聊什么,更不知道怎样才能让客户买自己的东西……每当看到油哥和客户一唱一和聊得畅快时,邱柏就感觉自己很多余,不该出现在那里,内心更加纠结,自己到底是不是做销售的料呢?

饭局结束,邱柏抓住个机会,突然问宋科长:"宋科长,你觉得我能做销售吗?"

"哦?"宋科长看了邱柏一眼,满脸慈祥。

这表情让邱柏有些放松,他接着说:"你看,我又不像别人能说会道,我嘴笨,不会说话,一晚上都没说什么。"

宋科长目光和蔼地看着邱柏,说:"能说会道不一定做得了销售。你有你的优点。"

那个声音非常亲切。

箴言:刚入销售行都有茫然的阶段,不知道怎么卖,也不知道怎样客户才会买。

思考:1. 你刚做销售时经历过这个阶段吗?

2. 当时怎么想的?内心有什么波动?

3. 是什么事件改变了你的认知?

虽然不知道宋科长所说的优点是什么，但这句话在邱柏绝望的世界中点亮了一盏明灯。

就这样，不知道怎么卖，也不知道客户怎么才会买，只是不断联系客户，不断打电话，找机会上门拜访送资料，总希望哪个客户哪天突然说买他的产品。

买东西的客户没等到，却等来了一个意外的消息。

10. 天降福星

那消息确实意外。

那天，邱柏正拜访客户，接到公司电话说下午四点要开紧急会议，让尽快回去。邱柏赶紧从客户那里出来往回赶。

寒风里，电话响了，是油哥。

"告诉你个消息。"油哥说。

"什么？"邱柏问。

"兰总要走了，总部派来个新总经理，你猜是谁？"油哥神秘地说。

"啊？"邱柏先一愣，又问，"谁啊？"

"是福哥！一会儿就宣布！"油哥很神秘，紧接着说，"你小子真有福！"

福哥？

福哥来天门省分公司任总经理？

邱柏愕然。

紧接着，一股兴奋之情从心头升起。难怪最近感觉公司里怪怪的，大家整天嘀嘀咕咕，人人自危，原来是这样！

没想到是福哥要来！

邱柏突然想起前不久新阳集团要报价，邱柏打电话给总部的福哥，福哥聊完项目的事情后，说："正好你来电话，问你点儿事！"

邱柏说："什么事？"

福哥说："天门省分公司现在的人员状况都怎么样？"

邱柏说："还行，憨哥、挺哥，都挺厉害的。"

福哥又问："现在的部门是怎么设置的？"

邱柏粗略讲了讲部门设置情况。

福哥又问："你手头还有哪些单子？"

邱柏以为是总部领导关心，有戏没戏的随口说了几个。

福哥在电话那头说："嗯，好！"

原来是这样！

回到公司，邱柏刚把书包放桌子上，就看见兰总陪着福哥，还有位集团领导，以及憨哥、挺哥一帮人，从总经理办公室出来。

福哥看到邱柏眼睛一亮，邱柏也笑着冲福哥点了点头。

没一会儿，全体同事在大会议室里集合了。

先是兰总满怀深情地发言，回顾了公司组建以来大家的努力，回顾了一起战斗的酸甜苦辣，对自己的离开做了解释，表示拥护总部的决策，对新任总经理福哥寄予厚望……

然后是总部领导讲话，肯定了兰总几年来的成绩，传达了总部的决策，宣布福哥接任天门公司总经理。

接着是福哥发言。福哥先肯定了兰总的成绩，感谢她带出了这么好的团队，奠定了这么好的市场基础，还感谢君和各级领导的培养和信任，表达了完成使命的决心，表示愿与大家同甘共苦再创佳绩，等等。

邱柏视福哥为偶像，恰恰福哥又来做总经理，他觉得自己运气太好了！特别是福哥说"天门省分公司的人都很棒，很有潜力！"这句话时，是看着邱柏说的！

福哥上任伊始，公司大部分人看上去很平静。很多同事有些担心，做事的节奏慢了很多。有些老手则暗自观察，与福哥彼此试探着深浅。

邱柏和他们不一样，他和福哥很熟，可以随时给福哥打电话请示，也敢随便敲开福哥办公室的门进去和他说话。看到福哥，邱柏就想起了北康集团的交流，想起南方海滨城市的会议，心里很踏实。

一次会议中，福哥召集全体员工，说了两件事：第一，组织不会有任何变化，要大家安心工作；第二，用业绩说话，聚焦重要项目，尽快突破。

"用业绩说话"这几个字，让邱柏有种莫名的压力和不舒服。

接下来的一次业务分析会上，福哥听取重点项目汇报。大家讲了手头的几个项目，包括邱柏。福哥在那儿听着，低头不语。

轮到油哥，他说有个大项目客户关系很好，就是公司做不了。邱柏知道那个客户，油哥整天找人、请吃饭、送化妆品，没少联系。那天会后，福哥专门把油哥和政府大客户经理留在了办公室。

没过几天，集团总部来了个瘦瘦的戴眼镜的小姑娘，据说是搞开发的。她和油哥他们一起去了那家客户那里。一连好几天，每天都去。

那天下午，邱柏正坐在工位上发呆，油哥和政府大客户经理在工位上神秘地嘀咕着什么。这时，福哥风风火火走过来，手里拿着两份文件，满脸阳光，走到近处将文件抛给油哥。油哥立即站起来，"哦！

好!"赶紧伸手接住了,鼓了两下掌。

油哥的掌声和欢呼声把公司搅沸腾了。

几个销售走过来问:"签了?"

油哥说:"签了!"

又有人问:"多少钱?"

油哥自豪地说:"三十八万!"

旁边立即有人惊呼:"厉害啊!"

也有人无奈地看了两眼,默不作声地回到自己的工位,悄悄坐下。

没错,油哥搞了个大单!能说会道、八面玲珑的油哥,用他最擅长的"关系"搞下了福哥上任后的第一个大单!

油哥的掌声和欢呼声、政府大客户经理脸上的兴奋、福哥招牌式的闭嘴微笑、同事们羡慕的眼神,将公司氛围推向高潮。

这让邱柏心里更不是滋味。

技术出身、懂产品、懂业务的邱柏为什么迟迟不出单?为什么油哥却能拿下单子?难道销售必须会搞关系才能签单,不搞关系就做不了销售?为什么福哥不帮邱柏,而先帮油哥搞下大单呢?

油哥鼓掌欢呼那一幕始终浮现在邱柏脑海中,萦绕多日不散。他知道自己和油哥不是一路人,没有油哥那样天生的性格和资质。不是羡慕,心头却有些酸楚;不是刺痛,心情却像被揉成一团的纸;不是无奈,却大有英雄无用武之地的凄凉。

油哥继续联系客户,继续整天请客吃饭,继续去最高档的商场买礼品。看着自己手里半死不活的项目,看着部门里几个四处乱撞的同事,邱柏根本不知道出路在哪儿,迷茫了。

邱柏感觉压力越来越大。做客户经理几个月,虽说做大客户"三年不开张,开张吃三年",可哪有丝毫成单的征兆呢?手头几个单子除了隔三岔五打打电话,也没什么办法。邱柏心里很着急,看着这几家还能联系的客户,简直都想和客户说:"求求你,签了吧!"

邱柏想找福哥单独聊聊,俩人毕竟有些渊源。

他想和福哥说说心里话,再表表忠心,让福哥多关照关照,说不定还能教他几招绝杀技!邱柏朦胧感觉这或许是条路。

邱柏想和福哥说自己找不到做销售的感觉,可又怕这话给福哥留下不好的印象。这么说相当于自己认输了,说不定还会让福哥失望。

邱柏心里变得没底了。

> **箴言**:碰到一个仰慕的上司能少走弯路,但不代表马上就能成长。
> **思考**:1. 你对刚做销售时的老大有什么期望?
> 2. 你看到老大帮别人成单是什么心情?
> 3. 老大给你哪些帮助?你有哪些思考?

11. 神秘油哥

公司没什么大的变化。

那些常规销售的氛围不像以前那般轻松,销售人员的脸上不像以前那般灿烂,话也不像以前多了。挺哥还是不动声色地往各地跑,一家家地走访渠道和代理商。憨哥带着实施服务团队平淡地工作着,没什么彩,也没什么错。不同的只是油哥。

油哥自从签了那单,气势更盛了。

他能随意出入福哥办公室,频率超过邱柏。他每次报销的发票越来越厚,财务经理从来不敢有二话。他和同事的话也多了,还经常和大家开各种玩笑。

油哥，或许是很多人心中真正的销售形象，众人大有仰慕倾心的感慨，很希望自己能成为油哥。可邱柏总有一种隐隐的感觉：做销售，成也油哥，败也油哥。

邱柏曾配合油哥打过一单。

那次，邱柏和油哥去拜访一家客户。那次拜访有些随意。客户不是很重视，只在一个简陋的会议室接待了一下。他们对君和的方案不感冒，也不想多谈业务上的事。

后来，那家单位要招标了，由天州市招标办主持。那段时间，油哥上上下下跑得也很猛。临近招标，他还把招标办一个副主任叫到君和公司来写投标书。

招投标在一个学校的大阶梯教室里举行。台上台下坐了很多人，有招标方，也有厂商。大家一起听招标方宣布规则、述标顺序，一起彼此听对方讲标，一起当众答疑。邱柏代表君和讲标，很用心地做了准备，发挥得也不错。

竞争对手有两家。在现场能感觉到，油哥和招标办及市里部分领导比较熟，另一家对手和业主单位比较熟。

述标结束，台上的人统统钻进后面的小办公室，台下的人坐在那里闲聊。

半小时后，两个人拿着一张纸回到台上，现场宣布了结果。

君和没中标。

油哥带着大家，意气风发地进场，灰溜溜地出来。

那是邱柏和油哥第一次合作，也是最后一次。

那单虽然没成，但不得不承认，油哥是交际的天才。

在油哥面前，邱柏竟不自觉地有些自卑，不知是因为油哥神秘莫测的家庭背景，还是因为他广泛的人脉圈子，或是因为他出色的人际交往能力。邱柏也在想，或许油哥在他的成长环境里会接触到很多"有分量"

箴言：做销售需要"关系"，但有了"关系"销售未必一定能成功。

思考：1. 你有哪些项目因为"关系"而赢？

2. 你如何看待和理解"关系"？

3. 你将如何利用和客户的"关系"？

的人，那些人都有着高超的交际手段，张嘴都是场面话，这令油哥积累人际交往经验有着得天独厚的优势。

油哥没有生活压力，他就是要快乐地生活。他不用算计工资哪天能到手，也不用算计钱该怎么花，更不用为将来考虑出路。只要他愿意，挣钱的方式和机会可能很多。

油哥又确实在做事，他通过帮朋友的忙挣钱。他像销售一样努力跑客户，和不同的人交流。他也喜欢读书和思考，整天拿着《曾国藩家书》和《菜根谭》在公司看。少不更事的邱柏更感受到了高深莫测——无论是油哥，还是那些书。油哥还给邱柏推荐过《红顶商人胡雪岩》。

就是这样一个油哥，"花"起来风花雪月，"说"起来诙谐幽默，"黄"起来笑话不断，"文"起来书不离手，"事"做得八面玲珑，让邱柏心生敬佩。

邱柏确实羡慕油哥的生活，可是命运没赋予邱柏这些。

邱柏有时也拿油哥和小吉作比较。他们不是同一类人。如果说小吉是先天性格使然，那么油哥除了先天性格，或许后天环境也起了重要作用。他们都可以做好销售，可邱柏发现自己一个也学不来。

自己没先天的性格，没后天的背景和关系。

既然油哥和小吉都学不来，还有什么路可走？

12. 无知无畏

偶尔自卑，却不甘人后。

邱柏不相信自己的努力换不来结果。

手里的客户努力推着，可没方向感，不知道要推到哪儿去，也不知道猴年马月才能成交，就像吊在眼前的一块肉，能闻到味儿，却总吃不到嘴里。邱柏咬了咬牙，决心再多开拓些新客户。肉多了，不定咬住哪块。

箴言： 不同的销售风格是由不同的性格和阅历决定的，别人的销售风格未必适合自己。

思考： 1. 你都见过哪些类型的销售人员？他们的特点是什么？

2. 你觉得哪些你能学，哪些学不来？

3. 你觉得什么样的风格最适合自己？

经过百倍努力，终于联系到一家同意见他们的外地客户。

这是一家知名企业。

邱柏和部门同事坐长途客车，又打车，辗转到达已是下午。望着气派的大门，邱柏脑子里突然蹦出一句"庭院深深深几许"，又蹦出"一入侯门深似海"，确有那种感觉。

同事在警卫室给客户打电话："您好，是谢主任吧，我们是君和公司的。"不知道对方是什么职位时，一般都叫"主任"，这避免了把处长叫成科长或把科长叫成处长的风险。

时间不长，远远看见两位穿深色西装上衣的中年人往外走，其中一位朝他们招了招手。

见面，握手，双方彼此简单介绍，来到一个大会议室。

会议室非常大，豪华庄重。暗红色大长桌横卧中间，每个座位前一个麦克；大黑椅整整齐齐，靠墙还有一排，正面三把面对整个长桌，颇有水泊梁山聚义厅的阵势。

两位中年人还在身后。邱柏突然想起什么，从上衣兜里掏出名片，转身递了过去。同事也掏出名片递上去。交换完名片，其中一人伸手说："请坐吧！"

邱柏和同事客气地点点头，往里面走去。走到一半儿才发现，如果坐在里面，客户坐对面，双方距离太远了，不方便交流。邱柏一伸手，拉出正面三把椅子中的一把，坐了下来，同事也跟着拉出另一把坐下。那两个中年人坐在长桌右侧。

入座后，邱柏客气地冲着两位中年人笑了笑。

"怎么来的？"对方先说话了。

邱柏笑着说："坐车来的。"邱柏觉得该找些话题了，看看那两人，说："咱们企业很有名气，历史很久了啊。"

对方笑笑说："是啊。"

邱柏说："我们君和公司是做企业信息化的，前段时间推出了一套面向集团企业的软件系统。哦，对了，咱们企业信息化情况怎么样？"

其中负责信息化的主任看着邱柏说："我们厂信息化起步较早，在八十年代就引入了一些电脑和小型机，后来也陆续上了一些管理软件，包括财务、供应链也都用了一些。"

"哦，我们的供应链讲究协同、集中，能把整个供应链从供应商到客户再到财务，全部打通，实现数据的单次录入和自动传递，这样能提高数据的准确性和及时性，可以让领导掌握最全面、及时、准确的信息。"这是邱柏从产品手册上学来的。

那位主任对邱柏笑了笑。

邱柏接着问:"咱们今年有准备想上什么系统吗,比如供应链什么的?"

主任说:"目前还没什么明确计划,我们也在考察之中。"

听说对方在考察之中,邱柏来了兴趣,让同事从书包里拿出产品宣传册,双手递了上去,说:"这是我们的宣传册,供你们了解一下。"

主任接过宣传册,随手翻了几页,又合上了。

邱柏接着说:"我们公司新推出的产品基于Java技术,可以实现跨平台、跨数据库操作,支持云部署,可以节省服务器设备投资,降低维护和综合使用成本。"

主任低头看了看宣传册封面,说:"哦。有国外的软件公司来和我们交流过。"邱柏想起北康集团那个穿西服讲了一上午的家伙。

邱柏更坚信了他们确实在考察。或许这是个真实的项目机会!邱柏想了想,又不知道接下来再谈些什么,便说:"这样吧,您看接下来需要我们做什么,您尽管说。"

主任长出了口气:"好,有什么需要再和你联系!"

听到这话,邱柏知道应该起身告辞了。

出了办公楼,邱柏备感轻松,回头望了望这座大楼:终于挖到一个真实的销售机会!确实有机会,他们很可能会买我们的产品!

下一步怎么办?邱柏捋不出什么头绪。对邱柏来讲,能见到客户了解到有项目已经相当不错了!再说,哪能第一次就谈出个子丑寅卯来?

这时,电话响了。

第 2 章 懵懂碰壁

"在哪儿呢？"是福哥。

"我在外地呢，刚从客户这儿出来！"邱柏神清气爽，甚至有些得意，这次拜访无论对他还是对公司都是项不小的成果。

电话那头说："哦，这样啊。什么时候回来？"

"正准备往回赶呢！"邱柏说。

福哥说："那行，你尽快回来吧！我想和你说个事。我觉得你可能不适合做企业大客户经理，我想让挺哥负责整个销售，你向他汇报。等你回来当面说吧！"

让挺哥负责？自己不是直接向总经理汇报吗，怎么变成挺哥了？自己正在外地辛苦跑着客户，结果领导换了！邱柏越想越气愤。不用说，肯定是挺哥干的，肯定是他背后说了自己的坏话、给自己穿了小鞋！

当初福哥刚一来天门，挺哥就到处嚷嚷要辞职离开公司。有本事赶紧走啊，嚷嚷什么？还不是为了引起关注，让福哥重视，好要条件吗？福哥为了稳定大局，避免骨干人员流失，极力挽留了挺哥，不知道私下给了什么承诺。

邱柏都可以想象挺哥怎么和福哥说的："邱柏不是销售出身，没干过销售，更没什么经验，搞搞实施还行，这么长时间也没出什么单子！手里那么多优质客户也不知道怎么搞，照这样下去，业绩肯定没戏！要是我，我会……"

这让邱柏心里很不舒服。挺哥让他第一次体会了什么叫"江湖险恶""背后捅刀子"。福哥也是，他为什么不袒护自己？自己辛辛苦苦在外地拜访客户，来个电话就直接通知了，就不能等回公司再说？也不听听自己的意见就决定了？一路上，邱柏伤心极了。

回到公司，邱柏感觉到同事们内心积压已久的不安也有了端倪，老销售们三两人聚在一起埋头嘀咕，有的低头悄悄出去跑单了。就连油哥和政府大客户经理也没什么心情干活。

两天后的公司会议上，福哥当众宣布了调整后的组织方案，然后挺哥上去做了天门全省营销业务的规划和部署。

晚上，邱柏忍不住向福哥爆发："小人，他就是个小人！"

福哥看了眼邱柏，平淡地说："这叫生存技巧。"

做销售，没成单。莫名其妙换了老大。挺哥那家伙就不多说了，只会耍手段。邱柏内心非常排斥他，甚至每次看到他直挺挺的样子都极不舒服。不敢相信，在君和这样的高科技公司里也有小人。油哥虽然也想搞人，可玩在明处，有什么想法挑明了和你说，哪像挺哥背后下阴招！

邱柏没心思工作，只觉得自己受到了不公的对待。

一个偶然的机会，邱柏看到一本叫《老狐狸经》的书，书里讲了很多人性丛林的故事，讲了人与人相处的道理。虽然没太看懂，但也有点朦胧的感觉。书里有篇文章叫《斗气不如斗志》让他很受启发。

"斗气只能带给人一时激情式的满足，但会模糊你应追求的目标。斗气有时是对方的策略，或许他故意挑逗你，好把你引到歧路，让你因此毁灭。斗气会使人忘了还有更重要的事、更广阔的天地。所以，斗气不如斗志。不管别人对你如何，也不管自己心里感受如何，只管坚定地奔赴自己的目标，也不在乎对方是不是跑在你前面，你只走你

箴言：应对挫折最好的方法是盯住目标。应对困惑最好的方法是把困惑想透。

思考：1. 你成交第一单前遇到过哪些挫折？

2. 你当时是如何处理和应对的？

3. 现在遇到挫折或困惑时，你怎么处理？

该走的路。"

虽然一直和挺哥较劲儿，可邱柏还是想做事——用做事证明自己。

挺哥不是和福哥说"邱柏不懂销售"吗？自己偏要拿下个单子给他们看看！邱柏坚信，自己做销售，一定比挺哥厉害！

13. 水深火热

邱柏还做大客户。汇报关系由直接向福哥汇报，变成了向挺哥汇报。福哥让他挑了几个自认为有戏的客户做。

内心有动力，可邱柏不得不直面现实——自己不知道如何销售。邱柏对销售的理解就是把产品卖出去，把钱要回来。可一想起从人家兜里拿钱，他就心虚得厉害。要是强盗，或者小偷，或者骗子，或者乞丐，可能不会心虚，可邱柏偏偏不是。他自认为心地善良、勤劳、诚实，让他去向客户张嘴要钱是何其痛苦的事！

可销售就是要把钱从客户那里拿回来！

很多销售人员也在跟别人要钱，也能要回来。邱柏突然觉得自己心理素质不行，他不敢，不好意思张嘴；更不像那些老销售勤快，整天穿套歪歪扭扭的西服、背个破包，一头扎进烈日里奔波。他们敢随手推开客户的门，敢和客户张嘴要钱。邱柏感觉他们是经过特殊训练的。

邱柏心越来越虚，不仅是怎么拿回钱的问题，更是"人家凭什么买我的东西"这个根本问题在困扰着他。

邱柏也觉得君和的产品不错，可销售是从客户不了解到接受的过程。怎么才能让客户了解？怎么才能让客户接受？怎么才能让客户掏钱？想起遇到的那些拿腔捏调、装腔作势的客户，让其接受并掏钱谈何容易！

轮回，注定的轮回！躲不及、逃不开的轮回！

当初在同昌电子，邱柏就没想过要去跑业务，因为学不会小吉那套，不愿和客户"搞关系"。不料后来又碰到了将"关系"做到极致的油哥！

提起"关系"，邱柏更揪心了，难道做销售必须要跨越"关系"这道坎？难道只有"关系"才能拯救自己？那情商几乎为零、对人际没半点慧根的邱柏岂不没戏了？

再说，就算有了"关系"又能怎么样？邱柏帮油哥讲标的那个项目"关系"是挺硬，结果不还是没成吗？邱柏跑的几家大客户，也能坐在一起闲扯，也能一起吃饭唱歌，能说没"关系"？可怎么还是签不了单？

该想的都想了，能做的都做了，可项目就是没什么进展。去总部开会，每个大客户经理都能讲一大套签单心得。听着人家策略技巧吹得那么漂亮，可回来后自己却一个也用不上。

到底怎么才能签单啊？

邱柏在内心深处呼喊。

喊天，天不灵。喊地，地不应。

邱柏陷入极度的郁闷之中。

特别是有张单子，让他备感纠结痛苦。那单子是客户找上门来的。前台转了个电话给他，来电话的是天门省一个厅级单位，说想买软件，让过去谈一下。

第 2 章　懵懂碰壁

一听是省厅，邱柏吓了一跳，这样的单位想进门都难，怎么突然打进电话来了？邱柏心里直扑通，放了电话赶紧向福哥汇报。福哥也很重视，带着邱柏和憨哥直奔省厅。

第一次走进如此神圣的大院，第一次钻进如此神秘的大楼，邱柏既紧张又好奇。多少销售人员梦想着进来跑跑啊！这楼里的人到市县里去，会被像钦差一样招待。

对方在一个大办公室接待了大家。

刚坐一会儿，领导就来了。主要是福哥和对方聊。领导说想加强全省规范和集中管理，在考虑建个系统，技术上有些特殊要求。

"可以实现！"福哥回答。

"嗯，那行，你们准备个材料吧！"领导很平静，又指着一位女同志说，"这个事小温负责，你们直接联系就行了。"

领导说的小温看上去偏瘦，长发，戴着眼镜。本以为省厅的人都很冷酷，没想到这位小温姐姐很温和。

回公司后，邱柏按对方要求，根据产品说明书整理了一份材料，说明了如何满足那些特殊要求。邱柏反复看了几遍，感觉写得还不错，特点和优势说得很清楚。

邱柏对文档版面特别在意：看上去要舒服，文字缩进和格式要一致，段落间距均衡，字体大小适中、前后一致，上留天，下留地，左右对齐，题目和大小标题统一匀称。他觉得这是脸面问题。

福哥看过后，说："可以，先送过去吧。"

送去之后的几天，没什么反馈。邱柏觉得很正常，怎么也得先看看。可过了很多天，一直没消息。邱柏打电话过去问，温姐说："给领导了。等等吧，有情况和你联系。"

那段时间，邱柏不知道该做点什么。除了等，还能怎么办？去搞搞关系？这客户什么世面没见过？再说，本来就是客户找上门的，如果这时候轻易搞关系，会不会适得其反？

也不敢有过多联系，怕温姐烦了。

就这样，这单子也像其他的一样，一动不动。

漫长的等待，换来了令人担忧的消息——竞争对手也在接触！就是赢了油哥那单的对手，他们在客户领域有着深厚的背景！据温姐说，那家公司表示这是他们的优势领域，不惜一切也要拿下来。

这可怎么办？邱柏急坏了。找上门来的单都做不成，还能做成什么？！心情黯淡，束手无策。

有一次，邱柏给温姐打电话询问情况。温姐和气地说："领导还是倾向你们的。"邱柏问："那这事什么时间能定下来？"

温姐在电话那头想了想，说："领导可能正在考虑吧。现在关键是你们材料上说，用了你们的系统可以集中维护，不用全省跑。他们的出了问题还得去现场解决。领导应该看中了你们这一点。"温姐说的"他们"指竞争对手。

邱柏说："确实是这样的！"温姐说："要不这样，你们做个测试吧！"邱柏一听，测试？那当然好了！这正是君和的优势，也是邱柏最擅长的！

客户想建一个全省的系统，随时监控各地的数据。从省厅到地市乃至到县，每笔数据坐在厅里就能看到。这是项大工程，而恰恰君和的新产品具备了类似性能。测试是和对手区分开的最佳方式了。温姐能想出这主意，真够意思！

那天，邱柏和同事选了公司最好的一台机器装好，配好参数，反复测试确实没问题了，抱着机箱就去了省厅。

温姐把他们领到隔壁，指着说："就在这儿吧！"

等环境调试好之后，温姐转身出去了。

过了一会儿，领导跟着温姐来了。

领导问："准备好了？"

邱柏头皮一紧，心里有些慌乱，迅速闭眼回想了刚才测试的整个过程，确实没什么疏漏，才转头看着领导，说："好了！"

领导跟温姐说："你和那边说一下，让他也准备好吧！"

"好。"温姐轻声回答，然后又和邱柏说，"给你个电话，你和这人联系，让他在外地操作试试。"

邱柏一听，坏了！说是终端免安装，可外地接入端直接用不了，必须得下载个插件，还要配置浏览器，否则不能用！这可怎么办？

邱柏伸手接过那张纸，利用低头看电话号码的时间，想了个办法。他看了看领导，又看了看温姐，说："我们的系统有个终端安全防范功能，需要让对方配置一下，很快，就一两分钟。"

领导点点头，说："嗯，应该。"

邱柏拿起电话拨过去，礼貌地问好，那边更礼貌。

邱柏告诉他浏览器怎么设置，又让他登录一个网址，然后一步步在线安装了终端应用。对方能进系统了。对方虽然没用过君和这套产品，但好像对这类系统很熟。然后，邱柏故意用手捂住话筒，扭头问："处长，配置好了，让他做笔业务吧？"

领导点点头，说："可以。"

接下来，邱柏在电话里一步步指导对方操作，让他录入一笔业务，并在电话里大声说："你录的内容不要告诉我！"这话是说给领导听的。

不到半分钟，对方在电话里说："录完了！"

邱柏赶紧刷新屏幕，准备看他录的结果。说实话，邱柏此刻心里有些怕，怕数据出不来，或不对，那就彻底玩砸了！

小心翼翼地刷新着，邱柏的心扑通扑通跳得很厉害，直到看到对方的记录，才踏实下来。邱柏点开，一笔业务清晰地出现在屏幕上。

邱柏拿着电话说："你录入的是……对吗？"

那边说："对！"

邱柏又扭头看看领导和温姐，说："看到了，是这个数据。"

温姐接过电话，问对方："数据对吗？"

对方说："对！"

温姐轻声说："行，那就先这样吧。"便挂了。

领导看了看电脑，又看了看邱柏，不动声色地走了。

邱柏长出了一口气，感激地看着温姐。

温姐笑着说："小邱，辛苦了！"

邱柏笑着说："没事，谢谢您！"

过了一关。

邱柏和同事告别，温姐执意送到电梯口。等电梯时，邱柏突然意识到应该乘胜追击，便问温姐："那一家什么时候演示？"

温姐说："他们可能不演示了。"

邱柏心里一喜，问："那下一步？"

温姐说："我们再商量一下，你等消息吧。"

又是等待！

过了一周多，温姐给邱柏打电话："我们成立了个项目组，从地市抽了几个懂行的，准备开会讨论一下，你也参加一下！"这机会很难得。讨论会很顺利，确定了一些具体细节。那次，邱柏见到了通电话的中年男人。

邱柏按讨论确定的方案报了价。

报价时，邱柏有些心虚：覆盖全省两百多个县，点数非常多，报价高得吓人。即使做了优惠打了折，也是个很大的项目，不仅比油哥那单大，比挺哥那单都大！

报价时间不长，温姐透露了一个消息——竞争对手承诺免费做！

太狠了！

为了在传统优势领域不丢单，对手竟然承诺免费做！君和软件的优势彻底没了！对手来这一招，怎么办？邱柏又郁闷了。

再联系温姐，得到的答案是"报告已经打给厅领导了"。

没别的招，等着吧！

邱柏也知道，到关键时期了。想做些什么，可又不知从何下手，要不学学油哥，搞搞"关系"？

想来想去，邱柏向福哥申请了些费用，给温姐的孩子买了几瓶"快乐成长"，给领导买了两大盒营养品，送了过去。送给温姐的还好，东西比较小，趁办公室没人就塞给她了。给领导的有些麻烦，两大盒营养品，拎到单位门口才感觉不对，怎么给呢？莫非也拎到办公室？找死啊！

不得已，邱柏打电话请教油哥。

油哥笑了笑，说："放收发室吧，再进去和他说一声就行了。"

邱柏照办了。

和领导聊了几句后，说起这事，领导却说："不用，不用，你拿回去！"

邱柏想了想，把心一横："没事，就放在收发室了，您下班拿一下吧！"

过了两天，邱柏特意去了趟收发室，东西已经不在了。领导拿回家了！他把这消息告诉油哥时，油哥的脸上笑开了花，说了一句让邱柏寒到脚底的话："送那破玩意儿，你以为他真会吃啊？"

邱柏又傻了。

每次想起被油哥笑话送礼的事，邱柏就极其郁闷。

这项目是邱柏成单的唯一希望，却迟迟没动静。虽是初夏，但邱柏的心整天扑通扑通慌跳，浑身虚软无力，饭量都明显下降了。

虽然温姐透着对君和的倾向，可不签单，都不算！

又过了半个月。

邱柏越发焦灼，仿佛自己被捆绑起来架在火上烤一样，熊熊烈焰让他喘不出半口气。项目杳无音信，对竞争对手咬牙切齿，对单子提心吊胆，对那次送礼被嘲笑郁闷不已，还有对销售的困惑、对自我的怀疑、对前途的迷茫，真不知道怎么熬过去……

深夜，躺在床上辗转反侧，根本睡不着。默默坐起来，四周一片漆黑。坐一会儿，没力气了，往后一仰，身体重重摔在床上，心想："到底什么时候才签啊？"

水深火热中，邱柏苦熬了近三个月。

后来才知道，确实如温姐所说，报告早就打上去了，只不过领导总出差，需要签字的领导又特别多，整个审批流程走下来本来就慢。

看邱柏被折磨得颓废清瘦，温姐很同情，告诉邱柏："我们单位不缺钱，关键是要把事办好，不会为了省点儿钱凑合！你们做事踏实！"邱柏将信将疑。再后来，温姐甚至告诉邱柏："报告上推荐的就是你

第 2 章　懵懂碰壁

们，已经选你们了，就等领导签字！"邱柏还是将信将疑。直到接到温姐那个电话，邱柏才完全相信："来签合同吧，审批走完了！"

就这样，邱柏签了天门省分公司最大一单！

比挺哥的大，比油哥的也大！

他感谢，他感激，他感动，他感怀，他感叹！

邱柏知道，幸运之神关照了他。一个打到公司的电话，一个明白的领导，一个不错的温姐，一次还行的演示，一家有钱的单位，一张这么大的合同！一切要感谢运气！

> **箴言**：成交的第一单谈不上学到什么技巧，关键是承受过程的煎熬以及第一单带给自己的自信。
>
> **思考**：1. 回想成交第一单主要归功于哪些因素？
>
> 2. 你从成交第一单中收获到了什么？
>
> 3. 第一单对你后来有什么影响？

邱柏知道，自己沾了君和有套好产品的光。和福哥签完合同回来的路上，福哥开车，邱柏坐在副驾位置上感叹："多亏了公司有这样的产品，真有眼光！是老板决定做这套产品的吗？"福哥点点头。

邱柏知道，是客户会买，不是自己会卖。回头看整个成交过程，客户让干什么他就干什么。客户说等着，他只能等着，什么劲儿也使不上。客户很明白要什么，也知道怎么验证。不是邱柏在卖，而是客户在买！

邱柏知道，自己的命运掌握在客户手里，从头到尾。

邱柏知道感恩，这一切必须要感谢客户、感谢领导、感谢温姐。

随着时间推移，随着福哥不断提醒业绩缺口，随着一次次不断碰壁，签单的兴奋慢慢消退了，成就感也伴着时间封存在记忆里。

回到现实，邱柏意识到一个恐怖的问题：想再成单，一切都要从头再来！

下一单在哪儿？下一单怎么搞？一切都是未知。

还等着客户上门吗？还能这么幸运吗？还这样水深火热吗？还要如此煎熬吗？

虽然成单了，邱柏还是不会送礼，还是不会搞"关系"，还在被油哥笑话。

销售真的适合自己吗？真要继续做销售吗？

邱柏仍然纠结，没有答案。

第 3 章
乱石穿空

接触了业内真正的高人老手，邱柏才知道销售是有章法、有套路的！"老江湖"多年来已把那些套路融会贯通，岂是新人能在一朝一夕间学会的？听的时候感觉血脉偾张，回到现实一做，是那么回事吗？

14. 玄之又玄

那年，君和直面国际竞争，从传统领域向新领域进发。

那年，有外资背景的职业经理人黄中远空降君和担任总裁。

那年，邱柏做起销售，稀里糊涂地签了一张大单。

那年，邱柏困惑迷茫着，在水深火热中迷失了方向。

君和天门省分公司会议室里，大家歪歪扭扭挤坐着，这是君和集团的一季度会议，总部现场网络直播，各地通过投影集中观看。

邱柏第一次看到黄中远，那是他上任后的首次公开演讲。也是那次演讲，为邱柏掀开了新的一幕。

黄中远先分享了自己一直信奉的几句话。

"当你没有衡量时，你就没有进步。"

"我进步了吗？今天比昨天强哪儿了？怎么证明比昨天强？如果不能衡量昨天什么样、今天什么样、有什么改变，那么今天不可能比昨天有进步。"

"当你没有策略时，你将一事无成。"

"做任何事情，如果不是有计划、有策略地去做，能得到自己想要的结果吗？还是听之任之？我们每天是不是都在有计划地做事情，还是在混日子？"

"当你没有梦想时，你就没有动力。"

"我的梦是什么？我想要什么？如果连自己想要什么都没想清楚，怎么可能有动力和激情去实现？"

"当你没有信仰时，你就不会坚强。"

"不相信自己、不相信自己的产品、不相信自己所做的事情，可能变得坚强吗？能够坚持下去吗？"

邱柏第一次听到那些振聋发聩、直抵灵魂的话语。想想自己，进步了吗？在有计划地做事吗？自己的梦想是什么？信仰是什么？邱柏茫然没有答案。

黄中远在墙上不断晃动，音箱里传出浑厚的声音，不断抛出的问题让大家愣了又愣。他就像墙上一幅神仙画像，众人就像俯身膜拜的百姓。

接着，又一个问题让大家如临深渊："请你现在转头，看看你左右的同事，告诉我，你和旁边的同事有什么不一样？你比他出色在什么地方？"

邱柏转头，看到了福哥、挺哥、憨哥、油哥，还有销售部、实施部、技术部、财务部……很多人。是啊，我和他们有什么不一样？如果还在同昌，还在原来的小圈子里，邱柏可能会说："我比他们强多了！"可在君和，他比福哥强吗？比挺哥强吗？比憨哥强吗？比油哥强吗？比那些老销售强吗？哪里强？或许，他只比前台、司机、财务强些罢了。不过也未必，财务会做账，他不会；司机会开车，他不会；前台是个女的，他不是。

"再问问自己，你如何过一种不一样的人生？你要过一种什么样的人生？"正胡乱想着，黄中远又问。

这不是往伤口上撒盐吗？

自己到底想要什么样的生活？成为福哥？成为油哥？还是成为谁？邱柏没有答案。

"你对自己的期望是什么？公司对你的期望是什么？你能不能把公司对你的期望和你对自己的期望结合在一起？"

邱柏对自己的期望就是光明正大地拿下个单子，证明自己行！他不知道公司对他的期望是什么，也不知道福哥对他的期望是什么。眼下如此痛苦的煎熬，是自己期望的吗？即使签下单子，是自己期望的吗？挣很多钱，是自己期望的吗？

黄中远说："你对成功的定义是什么？什么叫成功？签下单子就成功了？挣到钱就成功了？名片印上让人羡慕的头衔就成功了？成为受人尊重的专家就成功了？你的成功到底是什么呢？成功，只有自己给自己定义。一路走来，我知道自己想要什么，我实现了我想要的。想想看，十五年、二十年后，你要成为什么样的人？"

邱柏不知道，他真不知道自己对成功的定义是什么，他甚至不知道自己想要什么。别说十五年、二十年，就算明年，他都不知道自己会是什么样。邱柏突然感觉自己像迷失在大海中的孤舟，满眼的茫然，不知道要去往哪里。

是啊，怎么才能与众不同？

怎么才能过一个不一样的人生？

这是一次灵魂的触动。

之前朦朦胧胧想过自己要什么，也想过自己和别人有什么不一样，今天被如此密集的连环问炮轰，邱柏的脑子已经转不过来了。

黄中远继续发问："你最大的资产是什么？"

邱柏也问自己，自己最大的资产是什么？年轻？勇气？敢闯？不服输？哪个年轻人承认自己没勇气、不敢闯？谁又会轻易向命运低头呢？

黄中远说:"自己这么多年走过来,发现自己最大的资产就是——一个永远正面思考的逻辑。人生在世,不如意十有八九。升职,没我份儿!加薪,没我份儿!资源,领导不给我!左算右算都没份儿,我怎么这么多倒霉的事?接着,就开始用负面的思维逻辑看周围的人和事,这个不顺眼,那个也差劲,好像整个世界都在和我作对一样,就我自己倒霉。就这样,整个人就开始消沉,开始堕落,开始放弃原则,开始迷失自己、放纵自己,也就 OVER 了。如何在很不顺的处境中,还能保持正面思考的逻辑,这决定了一个人能够走多远。"

黄中远说:"沟通能力是在所有年轻人的所有技能里最重要的。在公司要和领导、同事沟通,在家里要和父母、老婆、孩子沟通,在外要和朋友、客户沟通,人生就是沟通。沟通的目的是什么?是让别人 buy in 你的想法,接受你的想法。如果你有办法让太太放弃买一个非常贵的珠宝,她还不生气,厉害!如果能让你的小孩子不去买一个莫名其妙的玩具,他还不在地上打滚哭闹,厉害!如果能让你的老板永远支持你的项目,厉害!如果能说服别的部门的同事过来帮助你,厉害!"

黄中远总捡邱柏的弱项说,说得他浑身不舒服。

黄中远说:"丰富的知识与常识可以让人变得不同。当你每天晚上睡着之前,躺在床上时,问自己一个问题:'我今天学到了什么新东西?'如果发现没有,马上跳下床来,随便找点儿什么东西读一读。当常识和知识丰富的时候,你将变成一个非常具有说服力的人,将变成一个会讲故事的人。每天少睡两小时,多学习一些昨天不懂的东西,养成这种习惯,三年后,你将会变成一个不同的人!"

"你要相信你现在所做的事情。要相信现在所从事的工作是一份有价值、有意义的工作。如果有了这样的心态，你在外面开出租车，那将是一辆最不一样的出租车；开一间杂货店，那将是一间不一样的杂货店。这点我是坚信的。只有热爱，才会将心注入。只有将心注入，才可能有所不同。如果不相信自己所做的事情，将永远不会出色！"

"你要学会时间管理。时间是最公平的，对每个人都是公平的。很多人会去参加培训，去上时间管理的课程。这代表你的时间不够用，时间管理做得不好。可听了半天，所有的理论都会告诉你，你首先要'花时间'去'省时间'。通过花时间做计划去节省时间。我在睡前除了问自己'学了什么新东西'，还会问自己'我今天到底做了什么事'，比如拜访了哪些客户、做了什么工作；再想想，如果让我重新过一遍，能在哪些地方做得更快一些、更有效一些，能不能省出更多时间。等下次再碰到这类事情，再做就会更有效。没有理论，不用表格，管理好自己的时间！"

"你的自信心源于哪里？自信心源于对知识的掌握以及对游戏规则的了解。一个销售去拜访客户，站在那儿不用说话，只要看体态、看眼睛，就知道他有没有自信。面对不同的人、不同的场景，怎么样能够把每一次交流、每一次方案介绍都做得精彩？源于知识！"

黄中远讲得天花乱坠，大家听得目瞪口呆。

黄中远问："想想看，你是不是可以轻易被取代？你如何创造一个无可取代的位置？你决定如何让自己与众不同？"

是啊，自己是否可以轻易被取代呢？福哥沉默了，在思考自己的职业人生。憨哥严肃了，觉得自己踏踏实实

箴言： 没有梦想，就没有动力；没有痛苦，就没有改变。

思考： 1. 你的梦想是什么？你希望如何过一个不一样的人生？

2. 你和周围的人有什么不同？你是无可取代的吗？

3. 你想从现在起改变些什么？

挺好。挺哥兴奋了，他为自己找到了理由！油哥笑了，小眼睛闪着光说："这大忽悠！"

四十多分钟，邱柏觉得自己的思想如同洗了个澡，有太多东西被颠覆了。他更加为自己焦急，为不知道怎么做销售而苦恼。邱柏开始思考：销售，还要做销售吗？

如何过不一样的人生？如何创造一个无可取代的位置？邱柏觉得自己无可取代的，是自己对产品和业务的理解，要不回去继续做实施？那是不是更容易"创造一个无可取代的位置"呢？自己一定要做销售吗？如果放弃销售，就这样认输了吗？以后还有勇气和机会吗？这种迷茫萦绕在心头，阴沉沉地压着，怎么也挥不去。

直到黄中远的一个故事再次刺激了邱柏。

那次，黄中远来天门省分公司。终于见到真人了！邱柏觉得真人气场更足。黄中远给天门省分公司的销售讲了一堂课。

黄中远讲，他之前在一家公司做技术和开发。能在世界级知名公司做一名工程师，他每次和同学、朋友说起来都很知足，甚至很自豪。同学、朋友人总是投来羡慕的目光。他的收入不错，朝九晚五，按时打卡上下班，虽然有点儿辛苦，但完全可以接受。

那天，早晨按时打卡上班、一直伏案工作到上午 coffee-break 时间的他，端着一杯咖啡，站在大玻璃窗前，望着窗外的风景，终于可以松口气了！

这时候，几辆豪华的宝马车"唰"地开进公司大门，停在了内部员工停车位上。走下来几个人，都是一身名贵装束，彼此说说笑笑，进了大楼。

奇怪了，这些人是谁呢？竟然可以不按时上班？一身名贵装束，还开着宝马？他疑惑地问旁边的同事。同事说："Oh，They are sales！"他问："销售开宝马？"同事说："这算什么，他们很多人都有游艇！"

They are sales！销售！

销售可以不按时打卡？销售可以一身名贵装束开宝马？销售还有游艇？原来，销售是公司挣钱最多的人！是公司最风光的人！看看那些老板和总裁，百分之八十都干过销售！于是，他找到了老板说："我要做销售！"

听完这故事，邱柏心潮澎湃。

谁不想出入自由？谁不想开宝马？谁不想在公司最风光？那就是我想要的生活！那就是我想要的感觉！我要做销售，我就要做销售，我做定销售了！

内心树立什么样的形象，就会成为什么样的人。

士不可以不弘毅。弘毅了，然后呢？

虽然满腔热情，但回到现实中面对不愿意见他的客户、面对迟迟没有进展的项目，束手无策的邱柏就有办法了吗？

销售这条路上满是荆棘。邱柏迷茫地四下望望，什么都没有，不知道自己该做些什么。他听黄中远说，人生就像账户，存进多少，支出多少，账户的结余才是自己的财富。邱柏也觉得，每天比别人多学习一点，自己的账户就多存进一点。别人学时自己在学，别人玩时自己还在学习，只有这样才能超过对方。

人生拼的就是"加速度"！

一旦想学，发现该学的东西太多了！邱柏像一只冬天雪地里外出寻找食物的饿狼，随时准备发现需要的东西。

15. 他山之石

那年春天，发生了很多事。

几位业界大师纷纷加盟，都是传奇般的人物。

有一天，福哥发给邱柏一个视频，神秘地笑了笑。

邱柏迫不及待地打开。视频中，一位大师戴眼镜端坐那里，不紧不慢地讲着。

大师说，美国总统就是大 sale，四年一度粉墨登场，向全国人民兜售他的解决方案。大师说，顾问是给客户提供忠告的人，他必须表现得像一个成功者，表现出自信，甚至有些神圣。

大师说，昨天我们卖产品，今天卖解决方案。卖解决方案和卖产品有很大的不同。sale 分为四个阶段和层次：卖产品、卖品牌、卖感觉、卖希望。

卖产品：要掌握产品的大概功能，要能就产品和客户交流清楚。

卖品牌：要思考自己公司的未来，把公司和产品一起推销出去。这个是耐克，值五百块钱；那个不是耐克，值一百块钱。

卖感觉：麦当劳有节日的气氛，有赏心悦目的环境，所以那个火烧就是二十块钱；大排档里那个火烧虽然用料很多，但只卖两块钱。

卖希望：要成为一个布道师，要能震撼客户，让客户一离开你就会有失落感。四年一度的美国总统竞选是最难的解决方案销售，投入数千万甚至上亿美元，就一个人胜出。

大师说，卖药要卖疗效，不是卖成分。

要思考产品：它的业务情境是什么，客户什么时候使用、怎么使用、为什么使用。顾问式销售有种"乘人之危"的意味。冬天冷，所以能卖羽绒服。夏天热，所以能卖空调。顾问的责任就是"指出客户的不足和客户的所需"，所以行业知识很重要，更要有智慧的语言。没有智慧的语言，凭什么让用户有一种好的感觉？很多人说："今天我很荣幸，我代表公司给各位做个汇报"，其实应该倒过来，客户见到你应该很荣幸，因为你来给他们解决问题。你要表现出一种权威，这种权威源于你丰富的行业知识，源于你对客户业务的理解与把握。

大师讲了个案例。

当年有个小孩，在社区里跑着追皮球，结果一辆汽车过来，小孩被撞死了。法庭开始辩论索赔，索赔金额是580万美元。这个价格高得几乎不可能。在现场如何感染陪审团呢？做最后陈述时，律师沉默了一会儿说："法官大人，你家里有个小孩，你家庭幸福，这我们都知道。我家也有一个小孩，正因为有这样一个小孩，我们的家庭充满了韧性。现在，你看我们的当事人，他们行将崩溃。这个小孩是他们全部的希望。他可能是未来的作家、艺术家、律师、企业家，抑或是美国总统，说不清楚。但是，这个美好的希望，他的美好的彩色世界，当时就是那个花颜色的皮球。当他扑向他的美好世界时，对方当事人结束了这一切。社区里到处都是这种事，你应该减速。今天我们不得不面对这样一个现实：我们要来谈这个索赔。其实这没有意义，但我们不得不去谈。如果问到这个问题，那么我想问，当我们去搜寻在海上失踪的那名漂流队员的时候，预算是多少？2 000万美元，对不对？当我们去搜寻那些在越战中失踪的士兵的时候，预算是多少？4 000万美元，对不对？面对这样一个无辜的生命，你们觉得，580

万美元，贵还是不贵？你们还有什么异议？"这个赔偿价格，当场一次通过。

邱柏受到了强烈的冲击，没想到销售原来是如此神圣的职业，居然能做到力挽狂澜！

邱柏隐约感觉到自己销售的出路在哪里。他成不了小吉和油哥，人际交往方面天生的愚钝决定了他成不了。大师所讲的，不正是他要走的路吗？那正是自己要成为的样子！通过专业的形象、丰富的知识、精彩的演讲，让客户认同、接受甚至尊重！邱柏暗下决心。

邱柏找来了大师推荐的一本深紫色封面的《哈佛辩护》。读完之后，邱柏觉得，优秀的顾问要掌握专业知识，要注意积累，要做深入的调研。邱柏慢慢体会到：要想把方案卖给客户，必须要做大量调研，真正了解客户的业务过程，了解业务中遇到的种种问题，找到那些问题的根源，这要花费极大精力。

> **箴言**：销售人员是给客户提供忠告的人，依靠的是丰富的知识、逻辑化的思维和演讲沟通技巧。
>
> **思考**：1. 你遇到过哪些"专业化"的销售？
>
> 2. 这样的销售风格适合你吗？为什么？
>
> 3. 为实现期望，你将做什么改变？

邱柏觉得，只有专业知识也不行，要把产品卖出去，还要在客户的业务场景和自己的产品之间建立一种合情合理、经得起推敲的严密逻辑。还需要通过演讲和沟通，通过描述一些具体场景，引出问题、引发思考、引起共鸣。要让对方相信这种逻辑，然后接受并认同自己的观点。在这个过程中有一个地方出现错误或偏差，整个逻辑就会土崩瓦解，精心构建的"信任"将在顷刻之间化为乌有，所以还要有超强的表达能力。

如此看来，真正的销售高手要剥开产品和业务表象，剖析本质与内在联系，从最薄弱的环节寻找突破口。通过调研，掌握大量的素材与信息，进行逻辑推理与分析；通过演讲和沟通，让对方相信其中的逻辑，接受并认同自己的观点。

这么做，和小吉、油哥的做法将会截然不同，完全是两条路！

邱柏决定先从专业知识下手。

他开始关注、收集客户的信息，去网站了解企业基本情况，如产品和产量如何、采用什么生产线、用什么原料、采取什么工艺、可能存在什么问题。他更加勤勉地学习产品知识、专业知识、客户知识。邱柏隐约感觉，知识多了就会自信。

一个偶然的机会来了！果然有个大单要请大师来支持。

天门有一家大型民企叫远胜集团，在业内很有名。据说之前通过当地的一个伙伴联系多次，一直没什么进展。大家觉得，如果能请大师给客户讲讲，说不定当场就能签单！挺哥也想近距离接触大师，福哥也同意了。

挺哥让邱柏为大师准备一份书面背景材料。邱柏正关注如何"收集信息"，这不仅能帮助了解企业情况、生产特点，还能帮助把前期接触情况、主要关键人及每人的背景特点了解得一清二楚，这样再听大师现身说法，不更好吗？

那天，大师一身藏蓝色西服，雪白衬衣，深蓝色斜纹领带，黑亮的皮鞋，拎着一个大黑皮电脑包，头发梳得一丝不乱、蓬松着背向后方，一副金边眼镜，一步一步走得很沉稳。远远就能感受到他的强大气场，走近了还能闻到淡淡的香水味。

九点多，大家都已经坐在会议室等董事长了。

之前请其帮助联系的当地合作伙伴也在，据老销售说那位伙伴和远胜集团关系非常好。时间不早了，那位伙伴一直往门外瞅。过了一会儿，他有些不好意思地站起来说："你们先等等，我出去看看。"

远胜集团的信息主管是业务出身，懂点儿计算机，比挺哥稍大一些，不胖，但脸盘挺大，眼睛被挤成了两条缝。老销售当初联系的就是他——眯哥。

大部分时间还是挺哥和眯哥聊，以消除双方的拘谨和尴尬。当然，话题更多的是天气、风土人情、工人情况、待遇水平、当地政府对远胜的重视扶持什么的。眯哥很配合。这点邱柏挺佩服挺哥：和客户闲扯总有话题。

邱柏也有些坐不住了，想了想，站起身向门外走去。透过走廊的窗户，远胜后院和内部进出的后门一览无余。邱柏走到窗户前，不一会儿，看见老老少少一家几口从后门进来。

那位伙伴边走边伸手逗一个四五岁的小男孩儿。小男孩儿旁边是个女的，像是妈妈。走在他们前面的，是一位五六十岁、衣着干净的男人，不时回头看着小男孩儿乐，像是董事长。旁边还跟着一个年轻人，可能是孩子爸爸。

看到一家人晃晃悠悠走来，董事长还在逗孙子，能和大师进入交流状态吗？他知道双方为什么要见面吗？邱柏心里敲起了鼓。

不一会儿，董事长来了。还有那个年轻男人。

大师起身寒暄，递名片，握手，入座。

挺哥挺挺上身，说："董事长好！我是天门省分公司销售总监小挺，今天很荣幸来到贵公司交流。君和很重视与远胜的合作，特邀请来了集团的副总裁师总与您交流！师总是企业信息化领域的专家！"

董事长笑笑："欢迎师总，欢迎各位。"

大师张嘴了。

"我得知，董事长是位非常有眼光和胸怀的企业家，"大师看着董事长说，"远胜的产品也极具竞争力。规模做这么大，品牌这么有影响力，确实不容易。"

董事长呵呵笑了："机会好，经济环境也还可以。"

大师说："现在很多企业都在向集团化方向发展。我见过江浙地区有很多的类似企业，规模都不大。或许这行业需要一家公司站出来收购兼并，形成一家龙头企业！"

董事长说："远胜现在这规模也可以了。"

两人你来我往，聊了很多。大师还讲了个故事：美国一条河谷附近有一种剧毒苍蝇，人被这种苍蝇叮了就会失明。当时没有对症的药。辉瑞公司可以研制，但要研制这种药需要投入很多钱，而生产出来给那些贫穷人用不一定赚钱。做不做呢？辉瑞最后决定做。责任感和使命感让他们必须得做。

大师一套一套的，与董事长聊得不温不火，邱柏却听得云里雾里。

小孩儿的爸爸，就是董事长的儿子，感觉扯了半天也不进入正题，斜靠着椅子不停看表，过了一会儿实在熬不住了，说："师总，能不能给我们讲讲信息化啊？"

"好。"大师站起来，掀开扣着的笔记本电脑，接上投影仪，准备开始讲。就在这时候，董事长突然说："师总，我还有点事要处理。"然后冲着旁人说："你们好好听一听！"说完站起来。

大师也没料到董事长会如此反应，不动声色地说："好。"

董事长刚一出去，旁边的信息中心主任眯哥坐不住了。眯哥望望董事长的背影，又看看大师，再瞅瞅旁边的大少爷，最后看看挺哥，一脸茫然。

挺哥皱着眉坐在那里，像雕像一般。

眯哥不知如何是好，便指着董事长儿子说："这是我们总经理，管理上的事都是他负责，信息化也是他负责。"

大少爷说话了："我们也接触过几家软件公司，想看看你们的方案。"

大师点了下头，说："好。其实，你不必急着做比较，更不必着急买软件。你应该先考虑清楚你现在企业中存在哪些问题，没有信息化的企业会吃哪些亏。"

然后，大师开始按动笔记本电脑，开始讲解企业经营流程。讲到原料管理时，大师问大少爷："咱们企业类似的原料有多少种？"

大少爷看着大师说："四五种吧。"说的数字越大，代表企业潜在损失越大。他不愿多说，不愿在大师面前承认自己企业的潜在损失。

别人还没说话，眯哥先急了："怎么只有四五种？有三十多种！"

大少爷扭头看了他一眼，低沉地说："就四五种！"

眯哥脖子一挺，不服气地说："就是三十多种，我就干这个的，我还不知道？你不管这块儿，你不清楚！"

大少爷听完，瞪了眯哥一眼。

眯哥仍一脸倔强。

大师看在眼里，笑笑说："那，我们心里应该有数。好，接着往下看……"大师继续讲解方案。

大少爷仍然阴沉着脸听着。眯哥说出了连大少爷都不知道的精准数据，还收获了大师赞许的目光，越发来了精神。

方案讲完了。

第3章 乱石穿空

挺哥对大少爷说:"您看,有什么问题吗?"

大少爷看看大师,说:"我们这个行业可能和你讲的不太一样。你说的很多问题,在我们这儿并不是很突出。"

大师沉稳地说:"其实,从企业运营的本质来看,产供销、人财物,通过计划和物料的平衡,保障企业的动态平衡……"

大少爷好像没听懂,接着说:"嗯。信息化确实可以解决些问题,可上信息化失败的案例也不少。"

大师看看大少爷,说:"成功与失败,关键在双方的投入。试想,一个大学刚毕业的顾问来做,与一个有着十几个大项目经验的顾问来做,效果会一样吗?"

大少爷听了,没再说什么。

大师看着大少爷,也没再说什么。

挺哥左右瞅瞅,问:"您看,咱们下一步……"

大少爷沉默了一下,说:"下一步我们还要再比较比较。"

大师说:"这跟上一条生产线不同,涉及全局,要没考虑好,不建议你们开始做。"

大少爷又问:"你们这套系统做下来要多少钱?"

箴言:销售技巧因人因境因事而有所不同,不存在"一招包打天下"。

思考:1. 你仰慕过哪些销售达人?

2. 模仿学习和实际应用的结果如何?

3. 你觉得如何摸索适合自己的套路?

大师说:"刚才我们分析了你们企业可能吃的亏,要弥补那些损失,根据大树法则,算下来至少要投入三百万。"

大少爷愣了一下,眨眨眼说:"哦,我们再考虑考虑。"

就这样,大家起身告辞。

对方也没挽留。

走出会议室时，挺哥在握手时低声问大少爷："您看下一步？"

"你们先出个方案吧。"大少爷执意。

大师正和眯哥握手，听到这话，转身看着大少爷，指着刚才放投影的白墙说："没有方案，这就是方案！"

大家毅然地离开了。

也没人和客户当面确定后面怎么办。

驶离厂门时，大师说了句："他们会来找我们的。"

可是，后来相当长的一段时间，客户却没来找过君和。

后几年，也一直没消息。

邱柏亲身经历了大师打单过程。大师逻辑严密，小故事层出不穷，合情合理又引人入胜，加上风险暗示，讲得人坐立不安。

可是，既然理论如此严密，问题剖析如此深刻，为什么客户还是不签单呢？还有，客户要方案时为什么不给呢？为什么不先调研出方案再报价呢？为什么敢开口就要三百万呢？

邱柏有些说不出的感觉。

从新任总裁黄中远到大师，邱柏看到他们对未来的梦想、内心的坚定、外表的稳重、学识的渊博、掷地有声的话语，觉得有很多值得学习的地方。这些让邱柏看到一些方向，不是小吉，不是油哥，不是福哥，邱柏要做专业的自己！

福哥从总部到天门上任，能轻易协调他人很难申请到的总部资源，邱柏也就有机会接触更多高人。每次接待总部过来的高人，邱柏都会学几招，想办法把他们的东西变成自己的。就这样，邱柏随时留意观察各路高人，见客户谈什么话，怎么讲PPT的，他都会记下来，事后仔细琢磨为什么这么讲。那段时间，只要听说总部有人来天门见客户讲方案，邱柏总要蹭听。

销售脑袋上始终戴着一个紧箍咒，叫"业绩"。

就在邱柏不断学习时，又有人念紧箍咒了。

念咒的，是挺哥。

挺哥加强了管理，要求大家找商机，每人每周至少二十个，并且用最残酷的方式——酷暑烈日下去扫街！

> **箴言：** 像海绵吸水一样汲取高人有价值的东西，琢磨透、学到手！
>
> **思考：** 1. 你观察学习过哪些人？有什么帮助？
>
> 2. 目前，你缺少什么？向哪些人学习？
>
> 3. 你有什么观察和学习的计划？

16. 塞满漏斗

说起找商机，邱柏没什么感觉。

说起商机，不得不提销售漏斗，有人叫 pipeline，也有人叫 funnel。

邱柏第一次听说漏斗，还是从北方大区总经理欧阳总那里。当时，君和全国分四个大区，每个大区下辖各省分公司。分公司向大区汇报，大区向总部汇报。北方大区欧阳总就是福哥的顶头上司。

有次，欧阳总来天门省分公司视察工作，为大家上了一课。欧阳总讲到了区域划分，每个销售如何经营好自己的一块地。"怎么管好自己的地盘？怎么管理地盘上的项目呢？用什么方法？"欧阳总问。

大家彼此看看，没说话。

他接着问："你们听说过一个叫漏斗的东西吗？funnel，听说过吗？"同时在白板上画了个上粗下细的管子，有些像倒梯形。

除了挺哥点点头，其他人都没动。

欧阳总说："每个销售要同时跟踪很多个项目。你知道哪个要成交了？哪个已经报价了？哪个演示了产品？哪个要出个方案？哪个刚刚联系上？每个项目都是什么状态、每一步向下怎么推进？"

欧阳总这一问，确实把大家问得慌了神。

邱柏看了看老销售，他们也都面面相觑。老销售有经验，在他们又厚又破的本子里都记着，做了这么长时间心里早有数了。他们不愿意把本子里的东西都告诉公司。

欧阳总接着在"管道"里画了个小圆，说："如果这是你的项目，从你的目标客户群里发现它，取得联系。如果对方有意向，确认他想买，然后立项、调研出方案、演示产品，再到报价、谈判，直至最后成交，大约需要经过这样几个阶段。"

欧阳总一边说，一边把一串小圆连成一条线，穿过那根"管道"（见图3-1），然后指着说："每个成交的项目都会经历这样的过程，只不过有的阶段时间长，有的短……"

邱柏心里空荡荡的，不知道每个圆对他意味着什么，更不知道怎么才能画出那条线。

欧阳总继续说："每个阶段，项目都有可能停住不动，或者中途溜出漏斗，各种原因都有。而成交是有概率的，所以我们要不断往漏斗里填入大量可能的销售机会。根据成交概率，有项目会落下来。填得越多，有项目会落下来的概率越大。如果没有填进去多少，就不会有项目落下来……"

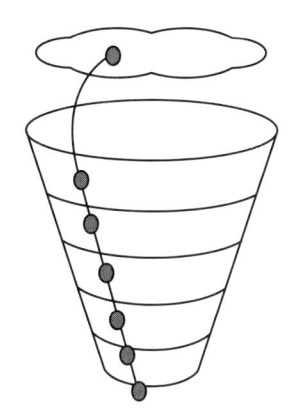

图 3-1　销售漏斗图示

那是邱柏第一次听说漏斗这东西，印象就是要从这头不断往里塞，那头才会往外冒。可是，往里塞什么呢？

欧阳总走了。漏斗的事也没人再提。

说实话，商机真是件令人头痛的事情。很多新销售都死在了"商机"这环节上。他们往往有"商"无"机"。

一位新销售进公司，三个月试用期。试用期内出了单就可以留下，出不了单就走人。所以，上班第一件事就是想办法开张。想开张就得找到能开张的客户，可客户在哪儿呢？

很多销售人员从想跳槽开始，到面试、入职的过程中都在想：要真进了那家公司，自己有哪些客户可以做、有什么人可以联系。结果，进了公司一联系，旁边一个沉重的声音吼道："别动！我的！"扭头一看，是老销售——那些客户早都被老销售霸占了。他不敢动了，更别说去抢，抢老销售的地盘必定"出师未捷身先死"。

新销售从座位上站起来，郁闷地溜达一圈，突然想起有个朋友的单位不错，或许他们单位会买，或者能给他介绍个客户。于是，新销售打电话给朋友。朋友听完半信半疑："你们那东西干吗用的？我怎么听不明白?"然后,新销售一通解释。之后,朋友支支吾吾:"呀,这东西我们单位用不上啊!"然后就没了动静。

实在没招了,上上网,好不容易找到几家客户。拿起电话打过去,结果可想而知,不是"不需要"就是"已经用上了"。放下电话,挠挠头,想想试用期过一半儿了,越发郁闷。

商机最多的是老销售们。他们都是一条血路拼杀出来的,当然知道怎么找商机更有效。随着他们销售做得久了,他们知道客户关心什么,也知道怎么能引起客户的兴趣,再加上老客户关系维护好点儿,老客户的同学、朋友关系一大堆,随便就介绍过来不少机会。

到这会儿,老销售已经不再发愁没商机了,商机甚至多得做不过来。只要有时间,只要想动,总有合适的机会。他们缺的不是商机,是时间和精力,是做大单子的套路和经验。麻雀一样的小单让他们开始厌倦,感觉没了挑战,也没了激情,那点儿提成根本不解渴!特别是,看见别人成了大单,一单的提成相当于十个小单的提成,一盘算,不多费多少事,心思精力耗得也差不多,提成是十倍,还是做大单划算!他们迷上了赌大单,也就没精力、没心思去关注那些唾手可得的小商机。

尽管如此,他们也不愿意把手头的商机让给更需要的新人。让给他们?凭什么?单子成了,提成算谁的?就这样,最擅长找商机的不去找,最不擅长的掘地三尺却所获无几。有资源的用不过来,没资源的干着急。于是,很多新人死在了商机上。

找到商机活下来的新人,开始有了自己的客户,开始有了经验,开始有老客户介绍新客户,也开始觉得小单不过瘾,要憋大单,也开始不去摘那些唾手可得的果子,而又不会让给更新的人,宁可看着他们活活被饿死,然后平静地说:"我当年就是这么熬过来的。"

但邱柏觉得,关键在于怎么推进每一个商机,而不仅仅是找出更多商机。

挺哥却不这么看。

每周一晨会,大家会站在工位旁边的走道上,挺哥大声说:"大家早!"那些销售人员大声回应:"早!"平时除了喊"早"、象征性地说几句鼓励的话,没什么实质内容。可就那天的晨会,挺哥讲了个故事:"以前公司有个销售员,去了君和北京分公司,前几天我碰到他了,聊了聊。你们猜他现在怎么样?竟然是去年的销售冠军!知道他怎么做销售的吗?他跑到一条街这头,从头开始走,一直走到那头。有时候走不完天就黑了。还有时候到了一栋楼下,一整天就泡在这栋楼里。"

大家相互看了看,不明白什么意思。

挺哥继续说:"销售的关键在于商机,没商机肯定没戏。有了商机,根据概率就会出业绩。商机的关键在于对自己地盘的了解。"挺哥看了看大家,公布了一个残忍的计划:"这周定为'商机周'!我们要把这座城市的每条街道、每幢写字楼分到每个人头上,每个销售负责一块儿,扫街!扫楼!扫市场!这周每人至少要找出二十个商机!"然后还公布了一项罚则:"少一个商机,扣一百块钱!"

邱柏一听,很逆反。

正值夏天,从楼里到了外面就像进了另一个世界,那太阳毒得让人脱两层皮!让邱柏无语的是,挺哥居然还安排人买好了藿香正气水发给大家!

邱柏隐约感觉,他和那些销售人员不一样。他应该不是那种靠扫街扫楼找商机做销售的人，何况他做下了省厅那张大单。但据说这方法也是福哥默许了的，没说邱柏可以例外。这把邱柏郁闷坏了。

第一天，大家都出去了。邱柏在公司耗着没出去。他在电脑上打开了电子地图，但没看，只是摆着，摆给挺哥看的。邱柏越想越不对，销售不该这么做！

第二天，邱柏有点扛不住了。晨会上，开始有人汇报成果了。邱柏一个没有。邱柏虽然不屑，但还是要给挺哥留面子，和挺哥闹得太僵了也不太好。上午十点多，邱柏出门了。到了他负责的那条大街路口，心情像天气一样烦躁。

路口是天门省体育局，附近有体工大队、体育馆等几家单位，邱柏早就知道，也知道早被同昌的小吉一连串都签了。邱柏在大院里慢悠悠地转了一圈儿，在一棵树前停下了脚步。

销售应该这样找商机吗？商机是这样找出来的吗？这是大项目销售的方法吗？这样找到的商机，从这头塞进漏斗，就能成为那头冒出来的业绩吗？

莫非挺哥要考验大家的毅力，让大家吃苦？邱柏觉得这种没任何价值的苦不值得吃。

邱柏毅然决定，回公司！

周五下午，大家汇报战果。一些老销售差不多二十多个，比规定的只多几个。一些新销售也还行，确实在努力想办法，完成情况也都差不多，少的也有十七八个。

一个把毛衣扎进腰带、穿肥大西服的矮个兄弟表格填得最满，四十多个，完成最多！邱柏拿过他的表一看，禁不住乐了！这哥们负责火车站片区。火车站街边店特别多，他把火车站路边那些杂七杂八的小店都写上了，规模最大、档次最高的莫过于一个眼镜店！不知挺哥看了有何感想。

结果公布，邱柏最差。

邱柏确实不甘心。

邱柏也知道，那方法或许有效。公司有个老销售叫侠姐，很厉害，听说她有个表哥在工商局。每个月她都能拿到最新注册的公司名单，能在第一时间打电话过去问上不上软件。她的商机非常多，多得每天跑不完。她是那年的销售状元。

> **箴言**：有商机不一定成交，没商机一定不能成交！
> **思考**：1. 你当年都是如何获取商机的？
> 2. 你所从事的销售和客户群有何特征？你觉得有什么合适的方法获取商机？
> 3. 你准备采用什么方式获取商机？

邱柏也知道，自己成不了侠姐。工商局没表哥，税务局也没有；即使有，自己也很难做得来。邱柏更不想一个个去搜寻商机。有时看见"谢绝推销"和"推销人员禁止入内"的牌牌，再想想像做贼一样躲着大楼的保安，和门卫老大爷斗智斗勇，那是销售吗？

邱柏和他们不一样！

邱柏有自己的优势：技术出身。他不想成为那些销售人员，更不羡慕他们，模仿他们定是死路一条！他要和他们活得不一样！他要做大单！他终有一天要让那些销售人员羡慕！

为了实现这样的目标，必须另辟蹊径！

17. 有商无机

其实，邱柏也感觉到缺商机了。

省厅那单做完之后，邱柏就没什么正经单子了。福哥也给过他两个项目，基本上都是福哥运作好了去签单的。其他单子半死不活，不是客户不着急，就是不知怎么推进，时间一长，客户也就没了兴趣，疲了。

邱柏没商机了。

公司要求漏斗预测必须达标，包括数量和质量。因此，邱柏必须要再找些项目。

君和总裁黄中远曾说，商机来源有三：第一是靠打广告，客户都知道我们有什么产品，找上门来买；第二是销售一个门一个门去敲，主动上门推销；第三是销售的最高境界，他说君和现在几乎没有人享受过，那就是客户没需求、没项目、没预算，你去和他谈，去帮他创造需求、创造项目，在客户办公室和他一起编预算！黄中远还说："你们谁达到这水平了，和我说一声，我祝贺你！"

没需求、没项目、没预算，这种"三无"项目怎么能签单呢？

黄中远还说："销售不要做苍蝇叮肉。大家都去叮，叮完的项目只剩下骨头了。"这点邱柏很认同。

业绩完成取决于三个因素：项目质量、项目数量、项目进程（也就是漏斗里所处的阶段）。

论数量，邱柏比不过工商局有表哥的侠姐，更比不过那位从火车站扫出四十多个"商机"的毛衣扎进腰带哥。邱柏想追求两个，一是进程，一是质量。

通过控制进程提高项目赢率，不是简单地把客户塞进漏斗往下挤，必须稳扎稳打、步步为营。项目质量和客户规模、盈利状况、客户关注度、竞争等很多因素有关。不加分析便随便抓起电话就打，肯定找不到高质量的商机。

满脑子都想商机的时候，商机就来了。

那次邱柏家里购置家具，定了床和衣柜，送货在周六下午，安装工人把一箱箱板子和配件搬进屋子，拆开包装开始组装。

邱柏和工人闲扯，问他们哪里人、干多久了，又聊到这牌子的家具怎么样。工人说这家具还可以，就是天门省生产的。邱柏问哪个地方，工人说的地方不远。

看着工人们拆拆装装，邱柏突然想起，这个家具厂有没有需求呢？它要生产、要销售，还有库存、有渠道，应该有需求，肯定有！

邱柏开始和安装工搭讪，问企业的生产情况、会不会缺料、有没有半成品积压什么的。他们说："这我们不知道，我们只负责送货安装，厂里的情况不熟悉。"

他们是当地的经销单位，是异地销售公司的形式！

邱柏突然想起来，年初君和曾大力推广分销渠道管理，包括异地分销渠道库存、销售、付款等，还能调货，让外地销售公司了解厂里的库存和生产情况，让厂里了解外地机构的情况，这适合它！

邱柏继续和工人聊："你们怎么知道厂里的货物库存？""厂里怎么知道你们的存量？""你们给它报什么表？""它怎么给你们配货？"……

邱柏越聊心里越有数，这就是一个典型的"网络分销"潜在用户！他有些迫不及待了，一定要联系厂长，告诉厂长他们分销中存在的一些问题，君和的软件可以帮助他们改善！

周一上班，邱柏从网上查到了这家家具厂的信息，找到厂长的姓名和一个固定电话。邱柏拿起电话打过去。

接电话的是个中年人。

邱柏说:"是喜力家具厂吗?"

对方说:"是。你找谁?"

邱柏说:"我想找一下刘德来总经理!"网上的头衔是厂长,称呼总经理可能让对方更舒服些。

"我就是。"对方的回答吓了邱柏一跳。老总的电话直接留在网上,自己亲自接,看来厂子不大。

邱柏说:"哦,刘总您好!是这样,我有两个身份。第一,我是你们的客户,昨天刚买了咱们喜力的大床和衣柜,咖啡色竖板的那套,感觉很好,安装服务很及时,师傅很专业,也很负责任!"

"是吗,哈哈!"电话那头笑了两声。

邱柏鼓了鼓气,接着说:"我还有个身份,是企业管理咨询顾问,帮助很多企业做咨询。昨天你们送货的员工一边安装、一边和我聊了聊。他们说,作为外地的销售点,最突出的问题就是向厂里要的货一直发不过来,畅销赚钱的型号又经常断货,客户在这边催得急,他们也没办法。而那些卖得不好的货,厂里还在一直往这边发,也不管销量和库存如何。据他们说,一个月才和厂里对一回账。"

电话那头没什么声音。

邱柏不知道对方在想什么,接着说:"还有,像您这种家具生产公司,生产过程中有原料、半成品、产成品,原料准备没有详细的计划,生产过程中可能因为缺料导致半成品停在车间里等配件,如果计划不准,很容易造成积压和损失。"邱柏边想边说。

"这我们倒没有,我们生产比较简单,都看得过来。"厂长在那头说。

没有?邱柏一下晕了。

第3章 乱石穿空

莫非他们不是那种制造企业？片刻之后，邱柏突然感觉这家具厂很可能是个家庭作坊，也可能生产车间就在大院儿里，露天的那种……

邱柏正想着，电话那头问："你们是干什么的？"

"哦，我们是君和软件，专门帮助企业做信息管理系统的。"邱柏说。

"什么？"电话那头有点好奇。

见对方这么一问，邱柏赶紧说："是帮助企业管计划的，压缩企业投资规模，加速企业资金周转，帮助企业提高效益的。"

那边"哦"了一声，问："你还有什么事吗？"

一听厂长这么问，邱柏赶紧说："就刚才说的外地销售机构，我看网上说喜力有五个直销点、两百多个分销点，君和的网络分销管理系统能帮你把这些分销点管起来，解决刚才说的那些问题，还能帮你监控发货、回款、库存情况。"

"嗯。"那边哼了一声。

邱柏赶紧说："要不这样吧，我给您发个资料，您先看看，怎么样？是您网上这个邮箱吗？"邱柏重复了一下网上留的邮箱。

"嗯，是。"厂长说。

"那我一会儿就给您发！回头咱们再联系！"邱柏说完，等对方说了个"行"，挂了电话，邱柏才如释重负地放下电话。

邱柏按君和统一格式准备了邮件：

尊敬的刘总：

您好！

十分荣幸能就喜力公司信息化与您进行沟通！感谢刘总为君和提

供针对喜力信息化建设的交流机会。

君和软件作为全国最大的管理软件供应商，可为集团企业提供全面的信息化解决方案。现将君和分销管理的部分资料赠您参阅，期望与您进行深入沟通。君和软件愿助力喜力公司信息化。

再次感谢！

顺颂

商祺！

这个函写得一般，充满了销售动机和企图。

不过，邱柏尽力了。

至少与刘总联系上了。

半个多月后，君和在天州市要搞一场网络分销的市场活动，公司让大家邀请客户。邱柏一想，肯定要请一下喜力刘总，让他亲身感受一下君和的思想，和总部专家聊聊，说不定有什么成果！

邱柏发出了邀请。刘总同意来参加！

刘总个子高高的，不很热情，跟着邱柏进了会场。邱柏给他安排了个位置，找了瓶矿泉水给他，然后说："您先听，有什么需要给我打电话！"刘总点点头，坐在那里翻看会议资料。邱柏又说："中午吃饭的时候，我来叫您。"那次活动不是所有客户都管饭，福哥要求大家请几个重要客户和外地客户。邱柏给刘总预留了座位。

上午，刘总一直在听，还时不时地做记录。

会议结束，邱柏看到刘总没什么明显的表情，仍然不动声色。去往餐厅的楼道里，刘总和邱柏闲聊几句之后，突然问："上一套这东西得多少钱？"

邱柏想起总部说最低六十万，便说："六十万吧！"

"六十万？"很显然，出乎刘总意料。

饭桌上，没再聊项目的事。邱柏也没问，只是吃饭。散席后，刘总就走了。后来再联系，没什么进展。再后来，也就不联系了。

邱柏不知这算不算找到了商机。原以为客户有兴趣，同意见面就算商机，并非如此。所谓商机，既得有"商"，又得有"机"。找"商机"和找"目标客户"是两回事。

目标客户，更多是指所销售产品和方案适用的目标客户群，这与产品定位、市场策略等因素相关，回答的是"满足哪些客户的什么需求"问题。确定目标客户群，应该根据行业、规模等因素圈定符合某些特定标准的潜在购买客户群体。

如何找目标客户？公司哪些产品适用什么客户群体，市场部或领导应该清晰地告诉销售人员。销售人员通过一定的方式或渠道，找到那些客户的名称、地址、联系人、电话和邮箱等联系方式，可上网或通过数据库、协会或行业研讨会获得，不一而同，都是为找"销售机会"做准备，这倒不难。

有了目标客户名单，还不算找到商机，起码得联系上，并激发客户的兴趣。

如何联系目标客户？

公司可以打广告让客户认识公司品牌和价值，主动联系，这种方式好像对大项目销售并不适用。销售要更多地主动与对方取得联系。打电话，陌生拒绝率比较高。发邮件，客户一般不回，成功率也很低。还有熟人或老客户介绍，这种方式不错，但处理不好一样有"商"没"机"。当然，还有陌生拜访。

邱柏也为"打电话找商机"发愁。少不了被拒绝，就不愿再打了，内心深处也有些不敢打，准确地说是不屑打了。

18. 竭尽所能

商机是由产品特性决定的。

君和新产品面向集团企业，用于总部管理各分支机构。根据这个特性，邱柏分析了到底哪些企业可能有需求。除了天门省众所周知的大企业，邱柏也关注天州非一流但有集团特征的企业，并在老客户名单里苦苦寻找。

无意中，邱柏从老客户名单中发现了一家小有名气的单位——朝旭饭店。这家饭店天州几乎人尽皆知。邱柏怎么也想象不到一家饭店会用集团化管理产品。碰碰运气吧。

邱柏打电话："朝旭集团财务处吗？"

对方说："是，你找谁？"

邱柏说："我找财务谢处长。"

对方问："你哪儿啊？"

邱柏说："我是君和公司的，咱这儿用了我们的软件，找处长有个事。"

对方说："你等一下。"

"喂！"处长是位大姐，语气和蔼。

邱柏说："谢处长，您好！我是君和公司的邱柏。听说咱这儿用了我们的软件，我打个电话回访一下，主要看看您用得怎么样，有没有什么问题。另外，我们最近新推出了面向集团化管理的新产品，想看您什么时候方便，给您送两份资料。"

"哦……"处长迟疑片刻，然后说，"行，要不你就来一下吧。正好我们在使用上有些小问题，你来了顺便给看看。"

邱柏争取到了上门机会。

去的时候，邱柏带了两本最新的产品宣传册。

财务处是个套间，外面是两个会计，里面是处长。邱柏和谢处长握了手，拘谨地送上一张名片。处长拿着名片看了看，也从桌子上拿了一张，递给邱柏。

"谢处，你们现在用的是哪个版本？"邱柏愣愣地问。

"哦，版本啊，这我还真不清楚。我们只管用！"处长笑着说。

邱柏也觉得问得不靠谱，呵呵一笑，说："现在用得怎么样？"

处长说："嗯，还行，用了这么长时间，都习惯了。"

"那就行。您电话里说有个什么问题？"邱柏追问。

"哦，就是一项功能，我们都不熟，也不知道怎么用，要不你帮我们看看？"处长说完朝外屋喊，"哎，小李，你说是什么问题来着？"

外屋进来个年轻姐姐，说："哦，这里，要不你过来看一下？"说完就把邱柏带出了处长办公室。邱柏看了看她们用的产品，是老版本的，那姐姐说的功能不过是比较难找、平时用不到的。等问题解决完，邱柏又回到处长屋。

处长开始和邱柏闲聊。邱柏也没什么可聊的，书包里还有两本宣传册，怎么也得想办法给处长，这才是此行的真正目的。

邱柏瞅准一个机会，从书包里掏出宣传册说："这是我们公司新推出的一套产品，面向集团企业集中管理的。"

处长笑着接过去，随手翻了翻。

邱柏突然想，一家饭店怎么还叫"集团"呢？想到这里，邱柏问："谢处，咱们也是集团？"

"是，我们也是集团，成员企业有好几家。"处长说。

"哦？都哪几家啊？"邱柏问。

处长放下资料，轻松地说："我们下面有好几家酒店和餐饮公司……"处长说了几家饭店的名字。邱柏一听，天啊，原来天州上档次的知名饭店，一多半都是朝旭集团的！

"那既然是集团，你们要不要进行集中管理呢？"那段时间，邱柏一听说集团就会马上想哪些可以集中，话也就顺嘴溜了出来。

处长说："是需要。每个店都有账，集团要出报表。很多店的资金也要管。"

邱柏一听高兴了，这不正是君和的机会嘛！他兴奋地说："嗯，这正是我们能做的。"

"我们也需要跟仓库和采购连起来，还有，最好能算到成本，算到每一桌、每道菜的成本和利润。"处长补充说。

每一桌？每道菜？

邱柏笑着说："这……要不这样吧，安排个时间，我帮你们设计个方案吧！"处长答应了。

回来后，邱柏有些发愁，怎么给一家饭店设计方案呢？他翻了总部发的标准方案，没什么现成的可用。想来想去，邱柏决定还是先从网上查查这家饭店。

不查不知道，一查吓一跳。朝旭前几年就联合几家酒店成立了国有大型商贸企业，早就改叫"朝旭集团"了，下面有四家酒店、五家饮食公司、两家食品公司、两家文化厨设用品公司和一所中技学校，在天州经营肯德基、全聚德、东来顺这些知名品牌！

邱柏一边琢磨，一边继续搜索总经理的名字。突然，一篇报道映入眼帘。照片上，总经理高高胖胖，短发，戴金边眼镜，很壮实。报道说他从零开始打拼，慢慢用一些独特方法把朝旭饭店经营得风生水起，直到成立集团，他还多了很多头衔。从报道看，总经理懂经营、会管理，有战略眼光，对新鲜事物接受很快，只要他看好，决策和执行很快。

可怎么设计方案呢？集中管理要管什么呢？

邱柏想来想去，决定去当面问问谢处长。

再次见到谢处长，闲聊几句后，邱柏问："谢处，您上次说想搞集中管理，您想集中管什么啊？"

"啊，这……"处长看看邱柏，说，"我们和别人不一样，下面几个饭店每天现金流水很多，有的是现金，有的刷卡，每家店每天收入多少我们都搞不清楚。"

邱柏点点头，想起自己吃饭结账的场景。

处长说："除了每家店每天的现金流水，还有，比如设备和菜料是统一采购配送的，采购也得管好。对了，希望能结合菜品有的材料消耗定额，考虑菜品折扣和免单，对每道菜、每个桌、每个店进行毛利分析……"处长说完，看着邱柏。

邱柏晕了。

朝旭有好几家饭店，菜品有几百甚至上千道，每道菜都这么算，还要考虑免单、打折，多麻烦！君和软件能处理吗？

邱柏突然想起，总部给的方案里有几种集中管理模式，还有流程图，可能改改差不多。他想赶紧回去找出来琢磨琢磨，便说："那我回去做个方案吧，到时给您送来！有事再给您打电话！"

那几天，邱柏满脑子琢磨，朝旭到底该怎么管。怎么对每家饭店的流水集中管理？怎么管理采购配送呢？听说还要核算"灶案结存"，就是领出去的菜放在灶上，配菜工根据点菜单配菜，剩下的再退回来，这可怎么弄？怎么进行菜品定额成本核算？到底能用君和什么产品？

邱柏翻看总部的各种宣传资料和方案，没用，得重新写。

从朝旭集团发展背景、为什么要集中管理先入手，然后列了几条方案特性。接下来，针对朝旭的几家下属饭店，邱柏在方案里建议设立一个结算中心，在银行开设一个集团账户，各饭店每天定时将当天现金存进去，刷卡的也和这家开户银行关联，这样就保证了每家店的资金都能通过集团账户查询、控制和调配。支出也一样，采购配送中心采购完成，由他们向结算中心下达付款通知，由结算中心直接付款给供应商。

邱柏还把每项业务都画成了流程图，用不同颜色线条表示资金收支和信息传递，并详细描述了每个部门的职责、业务流程，确保处长能看明白。那几天，为了写这东西，邱柏用了三个晚上，连想带写都搞到凌晨。

方案一共六页，全是邱柏自己一点点写出来的，亲手绘制的几个流程图更增色不少。邱柏设计好封面，调整了版面，彩打出来，用塑料透明夹夹住，这在当时已经相当精美了。

送给处长时，处长很高兴。处长一边看，邱柏一边解释说，这只是第一步资金集中管理方案，关于配送和菜品成本的随后再弄。"行！"处长笑着点点头，"看来你没少费心思啊！"这么一说，邱柏心里暖乎乎的，说："是啊，这几天光琢磨这个了！"等处长反复看了一会儿，邱柏问处长："处长，您觉得方案怎么样？""挺好。第一步可以先这样做！"处长还说她会报给总经理看看。

过了几天，邱柏听处长说，总经理做了批示。处长还把批示的文件照片发给了邱柏——"同意按此方案试行！王冰川，5月13日"。

邱柏高兴坏了，自己写的方案总经理居然签字了！邱柏直接跑进福哥办公室，跟福哥说："我写的方案，朝旭的总经理签字了，说同意按此方案试行！"

福哥正低头忙着，听到这消息喜笑颜开，抬头看着邱柏，点点头说："今年我们就是要从卖产品向卖解决方案转型，你这解决方案做得很好！尽快把这单签下来！"

"好！"邱柏高兴地说。

从福哥办公室出来，邱柏突然想到，方案是被认同了，后面怎么做？理念和模式被认同了，怎么在产品中实现？只画了流程图，客户要成立结算中心吗？具体该怎么操作？

同时还有个问题：客户对方案是认同了，但他们知道要付出什么成本吗？他们知道要买服务器和设备吗？他们知道要跟各饭店联网吗？他们知道要上一套软件吗？他们知道要花多少钱吗？

邱柏很纠结，不知道接下来怎么办。

过了一周多，邱柏和处长通了电话。处长说："小邱，你有时间赶紧过来一趟啊，看看咱们那事怎么弄啊！"

邱柏想告诉处长要买软件、要买服务器、要联网、要实施服务，这都是要花钱的。并且怎么成立结算中心，具体该怎么做，自己也不知道。

可邱柏不好意思和处长提钱，他不知道客户心理价格预期是多少。

他怕报多了朝旭接受不了,也怕报少了君和做不了。

报多少合适呢?

邱柏找人出了个网络硬件方案,列了分支机构联网方案,以及用什么安全保障。他还自己写了软件系统实施方案,把实施必要性、软件部署、实施服务什么的全列了出来,加起来五十多万!

朝旭这么一家"饭店",会掏五十多万"试行方案"吗?

到底值多少钱?

邱柏觉得,让客户拿出几十万,他们会同意吗?

看着这个报价,邱柏实在不敢和处长联系。好不容易,邱柏鼓起勇气去找了处长,低着头把报价递给她,没说几句话,然后飞似的逃离了。

后来再打电话,处长果然说:"这价格太高了,操作起来有些麻烦,有没有简单点儿的方法?"

后来,邱柏每次硬着头皮联系,处长也不再提"按此方案试行"的事了,但对他依然很客气。这让邱柏更加内疚,弄到这份上,不知道处长会怎么向总经理交代。

再后来,就没怎么联系了。

就这样,精心做了出色方案的项目,没了。

怎么回事?

没商机吗?明明有商机!

没方案吗?明明有方案!

客户不认同吗?明明认同,总经理还签了字!

客户没钱吗?一年收入几个亿,能说没钱?

客户为什么不做了呢?为什么觉得方案挺好却不愿意掏钱呢?

箴言:销售是一系列环环相扣的任务,完成一个漂亮的动作无法拿下单子!

思考:1. 你有哪些动作很漂亮结果没成单的?

2. 是什么关键原因导致的?

3. 你如何重新认识销售过程并改进?

邱柏超级郁闷。

那么多天的心血,熬了几晚上,还是没成交!

难道自己错了吗?

难道就得像小吉或油哥一样靠关系做销售吗?难道要像那些勤奋的销售一样去扫街吗?难道就不能证明自己和别人不一样吗?

所有努力过后,仍是一场空!

那种失望,足以让浑身气力的壮士,拔剑四顾心茫然。

那种打击,足以让胸怀壮志的英雄,无颜再提豪情志。

人生真的就像一场戏,每一步都安排得非常巧妙。就在邱柏被签了字的"出色方案"打击得极度没自信时,一次机缘正悄悄来临。

没想到,那次机缘竟改变了邱柏的职业生涯!

第4章
历经磨炼

经过正规的系统训练,加上身心投入地理解感悟,才发现生活无处不销售!从客户战略和业务目标出发,深刻理解客户的业务处境,提供高度匹配和高价值的解决方案——真正做到这些,能没回报吗?

19. 大师传经

那年是君和全面转型年，从传统产品销售转型到解决方案销售。

"转型不是一道选择题，而是一道是非题！"黄中远如是说。

对一些人来讲，这可能会带来未知的变化，邱柏则视之为救命稻草。他相信自己的春天来了，因为他信奉知识和专业，坚持发挥懂业务的特长，坚持自己的方式和风格。

可朝旭集团那个"出色的方案"又把他狠狠拽回了现实。解决方案销售，自己如此用心写了解决方案，连朝旭总经理都批示了"同意按此方案试行"，可为什么销售仍然没成功？

"解决方案销售"到底是什么？

用黄中远的话说："销售是什么？销售就是找到一个切入点，提供一个价值方案。销售人员要像医生，告诉客户他有病，把小病说成大病，把大病说成病入膏肓，然后……"黄中远摸摸兜，假装掏出个东西，"告诉他，我这里有药，可以救他，这样单子才能做大！"

可邱柏不敢和客户说"你有病"，他怕客户说"你才有病"；就算说了，自己也不知道客户哪儿有病、有什么病、有什么药、怎么治。

总部下发了很多表格，要求把大项目用表格管理起来，有《项目基本信息表》《立项申报表》，还有《进程管理表》，说是总部的"大客户销售标准流程"，让定期上报。这几张表的作用似乎就是把大家搞晕，大家依然不知道怎么销售。

比如那张《项目基本信息表》，罗列有项目状态、客户概况、客户关注点、适用产品，还有客户基本信息，包括联系方式、负责人、立项时间、是否招标、主要解决的问题、资金计划、进度计划，以及重要人员姓名、部门及职务、性别、联系方式、年龄、背景、爱好、角色、关系打分，还有客户面临的竞争情况、硬件系统情况、软件系统情况、需求情况等，信息超多。

像天门省分公司的这些销售人员怎么可能知道这么细？连客户都见不到，哪知道客户关注什么、项目负责人是谁、立项时间、是否招标，凭他们的功力怎么可能搞清楚？

总部要求上报时，大家能做的，除了把客户名称填上，从网上查查企业基本概况，再填上自己接触了解到的一些情况（客户方人员最多填一两个），剩下的客户关注点、立项时间、资金计划、进度计划什么的，负责任的会凭自己的感觉填上去，不负责任的就空着了……

就这样，很多人自己"创造"项目上报，还要苦心琢磨如何填得更满，看上去更像真的。

这是一个乱哄哄的年代。一堆乱哄哄的大项目，一群人乱哄哄地做着。

直到六月的一天，福哥找到邱柏说："总部有个培训，你去吧！"邱柏不以为然："怎么又培训？都培训半年了。"福哥神秘地笑笑："这个培训和别的不一样，去了好好学！"

邱柏看了看福哥转来的通知：在一个会议别墅区，住得不赖，吃得也还行，还能听各地销售大佬们吹牛。这回，他也能吹吹省厅五十多万的大项目了！

以前每次培训或开会，都会听说各地销售大佬又签了什么大单，然后一群人围上去一起忽悠他。有一次，北方大区有个大佬搞了个九十万的大单，大家那个羡慕嫉妒恨！签大单那哥们淡淡一笑，不动声色地看着大家，身上有种内敛和傲视天下的特别感觉。邱柏带着几分敬仰之情观察那哥们，那哥们也没什么特殊之处，到底高在哪儿呢？怎么就能签下九十万的大单呢？难道有什么不为人知的绝杀技？

以前，每次到大区或总部开会，邱柏都是最沉默的一个，他没成单，没什么牛可吹，只能灰溜溜地躲在一边，仰慕地看着各路英雄扎在一堆唾沫横飞、嘻嘻哈哈，只能默默地看他们大杯喝酒、大块吃肉。对销售极没自信的邱柏，心里默默安慰自己："没事，他们做销售，只会吃饭、洗澡、搞关系！"

没想到，这次却和以前的不同。这次没轮到邱柏吹自己的大单。

以前培训都是总部领导和专家讲，各地签了大单的销售大佬分享经验心得。这次讲课的竟是位叫 Nick 的台湾老师！

Nick 看上去五十多岁，个子不高，略胖，是个很有意思的老头，据说在惠普做了二十多年的销售，是身经百战的老江湖，听说是黄中远亲自请来的。

参加培训的人不多，都是北方大区的销售总监和精英，不是江湖上有一号的，就是战功卓著的元老，要么就是闻到血腥就疯狂的猛将，像邱柏这种初入江湖的不多。

课程名叫"顾问式销售"。

Nick 说，君和要扩张发展，要从低端走向中高端，要从卖产品转型到卖解决方案和服务，以前的销售方法不再适用了，需要采用新的销售方法。

Nick 说，如果用卖产品的方法卖解决方案，无法准确把握客户需求，销售会过度依赖售前顾问，沟通和方案都缺乏针对性，见不到客户高层，关键人物把握不准，谈不出利益和价值，只会拼体力，不会讲方法……

邱柏做的项目不多，遇到的问题也没那么复杂，没什么感觉，他就纳闷两件事：第一，总感觉做销售就是从人家兜里掏钱，多不好意思！公司整天逼大家去和客户要钱，人家凭什么把那么多钱给你？第二，朝旭集团的项目，明明做了个处长高兴、老总满意并且都批示了的方案，可为什么客户就不买？为什么？

他思考着这些困惑，听到Nick问："大家有没有遇到这样的情况：不清楚为何赢单或丢单，无法控制销售周期，无法预测销售结果，不知道如何改进销售业绩，很难管理销售资源……"

"不清楚为何赢单或丢单？"邱柏来了兴趣。

投影上出现一个五颜六色的水桶，密密麻麻写满字（见图4-1）。猛一看直发晕，细一看像天书！

正是这个东西，影响了邱柏很多年，成了他制胜的法宝——当年风靡天下的销售漏斗！正是这个顾问式销售进程漏斗，引领君和从传统产品销售阶段步入解决方案销售阶段，实现了从推销到咨询、从每单平均几万到平均几十万的升级和跨越！

水桶分六段，上面还飘着一块云。

那块云是"定位及发掘目标客户——符合目标客户群特征"。

第一行是"发掘客户潜在的商机——赢得客户的好感，拜访客户，收集客户全貌信息，分析客户的SWOT，发现潜在的销售机会"。

第二行是"引导及确认客户意向——发现客户的困难问题及影响，探索客户的需求，引导客户认识企业的问题并鼓励采取行动，让客户对我们的产品和服务产生兴趣，评估销售机会"。

第三行是"影响及跟进客户立项——收集客户立项及关键人物信息，确认客户需求，组建项目销售团队，分析竞争对手及我们的优劣势，制定销售竞争策略及客户决策者的关系策略，编写销售计划，拜访客户高层领导，赢得信任"。

第四行是"赢得客户初步认可——项目小组全面跟进，强化客户关系，提供个性化解决方案及初步报价，安排大客户简报及答辩，赢得客户初步认可"。

第五行是"进行商务谈判——解释客户疑虑，增强客户信心，确定商务进度表，协商及谈判"。

第六行是"完成销售成交——审批合同，签约，收款，发货"。

图 4-1 顾问式销售进程漏斗

看着水桶被分为这么多层以及上面密密麻麻的字，邱柏眨了眨眼睛，没太明白。

Nick 说，"潜在商机"阶段需要知识和技巧，强调专业形象和赢得客户好感，要沉着稳重，选择适当的时间去拜访，准备要周全，座位顺序要对，笑脸迎人，注意目光接触，等等。要建立良好的人际关系，比如寻找共同话题，可以聊打球、演出、新闻之类的话题，多让客户讲，自己做个好听众，发自内心地赞美，虚心向客户求教，灵活运用小礼品什么的。Nick 表演水平很高，小故事、小案例、小动作、小表情，演绎得淋漓尽致，引来阵阵哄笑。

邱柏也跟着笑。大家笑是发自内心的，他却笑得有些尴尬：这些不正是自己的死穴吗？本以为"顾问式销售"要像顾问一样假装正经，结果还是要用这些"搞关系"的技巧。

Nick 说，拜访要看客户的时间，要提前一天预约，要就拜访目的提前与对方达成共识，还有，拜访前做好功课很重要！

客户拜访不是一个随意的过程，更不是销售人员自己表演的过程，而是为了就下一步进展达成协议的过程，是为了和客户达成协议。

Nick 谈到了两种"提问"方法。

一种是开放式提问（open-ended），起头是"如何"（how）、"为什么"（why）、"何时"（when）、"何地"（where）、"什么"（what）、"分享"（share）、"讲一下"（tell）等，可以使沉默者发言，可以从客户那里得到更多信息，让客户自由发挥。

另一种是封闭式提问（close-ended），起头是"要不要""好不好""有没有""能不能""行不行""是不是"等，可以使话多的人停下来测试并确认信息。同时，这类问题更像是在审问，带有一丝威胁色彩，销售尽量少用。

邱柏听了很兴奋，之前见客户都没什么话题，自己说两句，客户不想多说，原来要问开放式问题！遇到夸夸其谈的人，也可以用封闭式问题让他闭嘴!

让客户"张嘴"和"闭嘴"的提问技巧,让邱柏很受益!

Nick说,要有倾听技巧,倾听时要做笔记,抓重点,有礼貌地进行目光接触,注意双方的肢体语言,积极地回应,站在对方的角度去理解弦外之音,总结归纳所听到的信息,确认一致性。

要了解客户全貌的详细信息,了解客户在哪些方面具有优势或弱势,了解客户正面临的机遇或威胁。研究客户的SWOT是一个挖掘潜在销售机会的极好方法。

那是邱柏第一次听说在销售中使用SWOT,参见表4-1。

表4-1 客户SWOT分析

客户名:		
客户企业内部	优势(strength)	劣势(weakness)
客户企业外部	机会(opportunity)	威胁(threat)

Nick让大家用这个方法分析一下自己,看自己有什么优势、劣势,看外部环境有什么机会和威胁,看如何强化或扩大优势、克服或削弱弱点的影响,分析如何抓住机遇、消除威胁,从而找到方法或制定行动方案。

邱柏惊奇地发现,分析困境、解决问题还有这样的方法!以前做什么、不做什么都靠感觉,原来还可以如此有逻辑地列举和分析!

谈到需求,Nick谈到客户的三类需求。

第一类是产品技术需求,即对产品规格和型号、技术标准有什么需求。

第二类是应用及服务需求，即解决哪些业务问题、实现什么业务目标等。

第三类是关系及合作需求，即客户对合作关系、服务级别、价格的要求，以及个人需求、心理需求等。

从技术，到产品，到方案，到服务，到公司，再到个人，方方面面层出不穷，原来需求竟有这么多维度！

Nick说，有些需求是客户意识到的，有些是没意识到的。客户意识到的是看得到的、表面的、明确的、显性的，是冰山上的需求。客户看不到的、意识不到的、潜在的、含糊的，是冰山下的需求。销售的秘密就是不断挖掘、探索、引导甚至创造客户的潜在需求，然后满足他、成就他！

Nick说，要想引导客户的购买意向，就要先了解客户的购买目的。每个人或企业购买产品或服务的最终目的是"脱离痛苦，解决问题"或"追求快乐，获得利益"。邱柏开始隐约有些感觉：原来客户买东西是为了离苦得乐，原来不是平白无故从对方兜里掏钱！

Nick说，客户基于希望脱离痛苦、解决问题才做出购买决定。客户感觉到的痛苦和问题愈大，需求愈高；需求愈高，愈易成交，客户愿意支付的价格就愈高。人们不爱解决小问题，只爱解决大问题。

Nick对销售漏斗的每个阶段逐一分析和讲解，讲了很多。

邱柏理解得有限，但Nick所讲的这些足以让他重新认识销售。这个漏斗让他隐约感觉到他有方法一步步推进项目了。

最后，Nick谈到变革，"万物进化的幸存者不是属于那些最强大或最聪明的，而是那些最能适应环境变化的"。面对变革，过去的成功可能会成为未来成功的障碍。没有任何销售经验的邱柏，会不会在这次变革中找到自己的机会呢？

邱柏朦胧意识到这可能是他的机会！证明自己的机会来了，把那些老销售远远抛在后面的机会来了！

邱柏觉得，世界开始变得不同了。或许是销售漏斗，或许是SWOT，或许是开放封闭，或许是离苦得乐……总之，邱柏发现之前的困惑他都找到了答案。他开始在生活中体验这种兴奋和快感。

20. 日常悟道

兴奋和快感来自邱柏的一次"被销售"的经历。

新房交房了。邱柏和女友开始琢磨装修，他们去装修材料一条街看瓷砖。

逛前几家时，走进店，他们目光直接落到靠在墙边的瓷砖上，快速浏览。他们在寻找喜欢的颜色和花纹。老板或店员有的抬眼看看，有的问句"要瓷砖啊？"然后任凭他们在里面转悠。也有个别店员贴上来，在他们后边跟着，像防贼一样。

也有两家，邱柏看了看，指着一款问："这多少钱？"

对方看看他们，问："要多少？"

邱柏说："也就90平米的两室两厅吧！"邱柏也不知道需要多少。

"32！"对方抛出一句。

"32"是什么概念？是需要32块砖？还是一块砖32块钱？

自己需要多少块、要花多少钱呢？不知道要花多少钱，就不知道要不要买。邱柏有些不好意思问自己到底需要多少块，担心问了显得自己太外行，也怕被忽悠。

在另一家店里，邱柏忍不住向一个店员咨询，自己到底要多少块砖，怎么算。店员问了房屋面积，知道厨房和厕所已经封了砖，就是两个卧室和客厅，拿着计算器噼里啪啦熟练地按了一会儿，告诉邱柏说："用60的，大约需要220块。"

邱柏内心有些感激这个店员，是她帮自己算清楚了需要多少。如果她家有花色称心、价格又合适的，肯定会优先考虑她家。可看了半天，没有！

从这家店出来，邱柏跟女友说："这才像做销售的，至少知道了解咱们的需求，问有多大平米，还能帮咱们解决困惑和问题、提供解决方案，告诉咱们需要多少块！刚才那几家连产品都不会卖！"

又走了几家，邱柏问"这个多少钱"时，有的店员说："这款吗？这款卖得特别好，订这款的人可多了，刚有人又订了一批！这砖是佛山的，质量好，光亮度也好，还渗水，想要价格还能便宜。"

邱柏刚参加过培训，知道"客户有自己的需求"，知道"产品和解决方案的卖法不同"。

一听店员说他们的砖怎么好，邱柏就有一种期望——期望他们问问房子多少平米，问问厨房和厕所还用不用贴，问问自己喜欢什么花色和感觉的……结果让邱柏很失望，几乎没人这么做，他们不断地介绍自己的产品。

邱柏暗下决心：凡是一味介绍产品的，绝不从他家买！

不仅不买，还要用封闭式问题让他闭嘴！

又转了几家。

其中有一家问："你家是几楼啊？"这引起了邱柏的好奇。为什么要问几楼呢？邱柏说："五楼。"对方说："五楼好，五楼采光好，对砖的颜色就没特别要求了。如果楼层太低，深色砖会影响光线。"咦，这个说法很吸引人，让人感觉很为客户着想！

就这样，一路看砖，一路观察，一路思考，琢磨是"开放式"还是"封闭式"，琢磨他们是在卖产品还是在卖解决方案，体验不同卖法带给自己的感受。

> **箴言**：大道至简，生活中无处不销售。
> **思考**：1. 你有哪些生活中的销售故事？
> 　　2. 这些故事说明了什么销售原理？
> 　　3. 你将如何在生活中发掘更多原理？

直到走进一家不起眼的店。店的门面不大。店主看上去不到三十岁的样子。邱柏的目光缓缓扫过样品。店主利用这时间迅速观察了邱柏的外貌和年龄，进行了初步判断，然后问："是不是要装修新房啊？"

这话问得邱柏和女友有些小得意：自己的是新房子！邱柏淡定地点头"嗯"了一声，内心却感受到这与那些问"买砖啊""装房啊"的人确有不同！

店主觉察到了这些细微的表情变化，接着问："现在是毛坯吗？"

邱柏若无其事地点了下头。

店主用两个封闭式问题，让邱柏点了两次头，还不反感。

店主又问："几楼？"

女友回答："五楼！"

店主说："五楼好啊，采光好，视线也好，挑砖选择空间也大一些，可以不受颜色深浅的限制了。"店主停顿了一下，又随口问："有中意的吗？"

邱柏看看女友。

女友迟疑地看着几块，犹豫着。

店主顺着女友看的方向，瞅了瞅那几块砖，问："你喜欢什么感觉的？纯色，还是花纹？"

女友稍作停顿："有花纹的吧。"

店主又问："房子多大？"

邱柏说："90平米。"

店主稍停顿了一下，走过去，拎出其中一块，说："你看这块砖，颜色比较浅，你们又是五楼，采光就更没问题了。你看它的切工多整齐，铺出来缝隙很小，几乎看不出来。釉面技术很棒，透水性很好，将来有了小孩儿在上面撒了尿，一会儿就能渗进去；如果刚擦完或不小心洒上水，也不会像别的砖那么滑，不容易让人滑倒。"

邱柏和女友直眼听着，时不时点头，有道理！

那哥们说："你看这质量……"正说着，砖的一边着地，他突然松手，"啪"一声巨响，整块砖平拍在地上，四周好像腾起一圈淡淡的白色灰尘。那块砖平躺在那里，干净整洁。

那声巨响很震撼！

这让邱柏备感意外，同时感觉这砖质量真好！

邱柏后来才知道，一般砖这么平拍下去都没事，但这方式确实令人震撼。

接着，那哥们又拎了两块，和地上那块对着花纹纹路并铺在一起，然后回到邱柏身边，指着纵向排列的三块砖说："你们看，上面的淡灰色花纹拼起来，视觉是连续的，看上去延展性特别好，显得屋子大。"

邱柏不由地想象，从这边向客厅和阳台望去，地面整洁、清新、明亮，延展的花纹带来视觉张力……

那哥们笑着说："咱们年轻人工作和事业都很忙，没太多时间收拾。如果是纯色，有点儿脏就特别明显。这浅灰色花纹，就算脏点儿也看不出来。"

邱柏和女友被彻底征服了。

接下来，邱柏让店主根据面积测算了砖的数量，然后讲了讲价，直接订了。

其实，后来算数、讲价，基本就是走个流程了。转了好几小时，也就这家称心。说实话，砖是不错，但也不是特别出色，价格相比别家也不便宜，可这个过程让邱柏很满意，他体验到了"顾问式销售"的感觉。

出了店门，女友说："这哥们比别的销售实在！"

如果说这是第一课，买沙发那一课更刻骨铭心。

买沙发之前，邱柏量了客厅放沙发的空间：长多少，宽多少，超过多大就放不下了。女友希望时尚些，想要布艺的，能舒服地摊在上面的那种。邱柏觉得无所谓，只要价钱合适就行了。

家具城里的沙发店，大多数店员见他们进来，不是"随便看看"就是"买沙发啊"，那些沙发不是宽宽大大就是颜色暗淡，不太符合二人的标准。二人走马观花地看了几家。

随后进了一家号称北京家具公司的门店。

店员大姐迎上来打招呼："小姑娘，买沙发啊？"

女友被叫得心花怒放，随口应答："嗯！"

店员看看邱柏和女友，笑笑问："是新房吗？"

女友微笑着点点头。

大姐问："姑娘喜欢什么颜色啊？"

> **箴言**：先诊断，后开处方。先了解现状和期望，后给建议，最后在客户脑子里展现一个理想画面。
>
> **思考**：1. 你对买东西的哪些过程印象较深？
> 2. 你分析是什么原因让你印象深刻？
> 3. 你将如何将该方法应用在销售中？

女友说:"鲜艳点儿的吧!"说着走向了一套红色沙发,坐上去感觉感觉。

大姐跟了一句:"鲜艳的喜庆!"说完并没跟过去,而是转身问邱柏:"家里客厅多宽啊?"

怪了,这大姐怎么知道邱柏负责量尺寸、女友负责挑颜色呢?莫非她也知道男人偏理性、女人偏感性?这正问到邱柏的关注点,他随口说:"四米五宽。"

大姐问:"放沙发的地方预留了几米啊?拐角进深多少合适?"

邱柏掏出了量好的尺寸,告诉了大姐。

大姐点点头,向女友走去:"姑娘看的这套应该可以,来,咱们量量!"说完掏出盒尺,她拉着头,把盒子交给邱柏——这样方便邱柏看尺寸到底多少。大姐肯定知道自己沙发的尺寸,之所以让邱柏看,是在让邱柏自己说服自己。大姐多精明!

邱柏量了量,挺合适。侧面的进深也合适。邱柏对尺寸放心了。

女友伸过脑袋看了看尺寸,也放心了,然后围着沙发转来转去看了会儿,问了问面料、花色、怎么换套、能否定做座套什么的,都还行。

大姐一边笑着夸她,一边挨个做了回答。

问了问价格,也不太贵,还比较符合预期,算是第一个备选对象。邱柏和女友想看看有没有更合适、更便宜的,还是要比较一下的,否则直接买了容易后悔!再转转比较比较,也寻求个心理安慰,没更合适的再来订这套。

出来后,邱柏跟女友说:"她用的是顾问式销售技巧,先问放沙发的空间多大,再推荐,不像其他人一上来就说面料多好、做工多好、海绵多好……"

女友瞥了一眼："你魔怔了！"

说话间，进了另一家。

这家和刚才那家风格差别不大。女友很快发现一套类似的，除了款式上稍有差异，大小、花色、布料几乎一样。

女友直接走过去问："这多少钱？"

有了第一家的仔细考察，她看这套就主要关心价格了。如果价格没有明显优势，估计还是买原来那套。

店员是位胖胖的中年大姐，看了二人一眼说："这个1 900元。"

女友随口说："这么贵？"

胖大姐说："这还贵？你看看这面料、这做工，还有这海绵，坐上五六年也不变形！"

女友象征性地坐了坐，说："还行吧。"

胖大姐说："怎么叫还行呢？我告诉你，我这沙发是这个家具城里最好、最便宜的了，除了我们，你找不出第二家！"

女友顺嘴说："前面那家比你们便宜吧！"

胖大姐好奇地问："你说哪家？"

"就前面那家！"女友随手一指。

胖大姐一咧嘴，凑近女友说："你说北京那家吗？他们挂个牌子而已，根本不是北京的，是在火葬场附近生产的！"

胖大姐这么一说，顿时让邱柏和女友极其不爽，听着像说"在火葬场生产的"，顿时对胖大姐多了几分逆反心理。你说自己怎么好就行了，干吗说人家的不好？

邱柏又仔细看了看这位胖大姐：一头发黄的烫发，脸上堆着横肉，眼光中还透着些得意。邱柏心里狠狠地说：就算买，也不买你的！

他们又转了转，最终买了第一家的。

邱柏每次看到这套红沙发，就想起满脸横肉的黄毛胖大姐。他时刻提醒自己：做自己的事，发挥自己的长处，不妄加评论，"杀敌一千，自损八百"，恶意攻击对手必伤及自己。把自己的事做好就行了，人人心里有一杆秤。

> **箴言：** 攻击竞争对手"杀敌一千，自损八百"，发挥好自己的优势更重要。
>
> **思考：** 1. 你遇到哪些攻击对手的行为？
>
> 2. 当时，你有什么感受？对他有何建议？
>
> 3. 今后，你将如何处理此类情况？

如果说这次经历让邱柏印象深刻，那么另一次经历则让他刻骨铭心！

对于年轻的邱柏来讲，买名牌是奢侈的事。考虑到专业形象和为拜访客户增加自信心，他也想着买件品牌的正装。

他来到天州最有名的商场。

男装区的大部分牌子在电视广告里见过。他发现了两个规律：陈列衣服的数量与价格成反比，陈列越少，价格越贵。陈列数量也与档次成反比，陈列越少，档次越高，随便一件的价格都令人咋舌！

试过两家，没什么感觉。邱柏和女友来到BOSS专柜，这是顶级品牌。一位四十多岁的男人正试衣服，一看就是成功人士。邱柏有些心虚，咬着牙转悠。

看到一件西服上衣，走过去伸手摸了摸，邱柏看了眼价格：God！可以买一台电视外加一台冰箱了！

售货员抬头看了一眼，说："想要就试试！"

邱柏心里一颤！

那位售货员几步走过来，伸手摘下，递过来。说实话，邱柏不想

第4章 历经磨炼

试,价格有些贵。可售货员在旁边举着,邱柏不情愿地接过来穿上了。

对着试衣镜,邱柏觉得心里直翻腾:这么贵,干洗护理也得不少钱吧!邱柏系好扣子,左转身,右转身,抬了抬两个胳膊,也还行。邱柏又想了下,拎起胸前第一个扣子,低头向下看过去,说:"有点儿瘦吧?"

售货员说:"不瘦!正好!肥了袖子就长了,也不利索。"

邱柏说:"主要怕过阵儿长胖了。"邱柏体重不到一百三,初中到大学一直练单双杠,清瘦但不干瘪。工作后没再练过,加上开始做销售,估计很快就胖了。

售货员轻蔑地瞟了一眼,怪腔怪调地说:"一件衣服,还想穿多少年啊?"

这话让原本心虚的邱柏很不舒服,自尊心受到伤害的感觉。

他不动声色地脱下衣服,递给售货员,什么也没说,转头离开了。临走前,他又暗暗瞟了那女人一眼:浑身圆鼓鼓的,衣服勒在身上,头发烫成黄色,脸上还飞着两块红。

买不买是客户的选择。

邱柏是来买东西的,不是来被伤害的。也可能是邱柏想多了,但这是他的真实感受。或许,走进那家店,本是邱柏的错误。

也不能怪客户敏感,销售人员不应该考虑客户的感受吗?

> **箴言**:真心对待每位客户,哪怕他还是个微不足道的小角色。
>
> **思考**:1. 你在购买过程中有过哪些不愉快的经历?
>
> 2. 当时是什么情况?你是何感受?
>
> 3. 在今后的销售工作中,你准备做何改变?

如果说买瓷砖和沙发的经历让邱柏体验到的是销售技巧,那么这次买衣服的经历让邱柏体会的是如何用心销售,如何用心对待每一位客户,甚至是那些不具购买力的潜在客户。不要忽略任何一位可能成为你客户的人,哪怕他现在还是个微不足道的小角色。

两个月后，总部又通知大家参加"解决方案销售"培训。

21. 方案销售

还是 Nick。还是那些学员。

这次见面，大家熟了很多。那些江湖大佬仍然风光地吹牛，流露着傲视天下的自信。也有些人围着 Nick，炫耀用了哪些技巧、取得什么效果。邱柏和为数不多的几个兄弟仍然坐在角落，骨碌着眼睛瞅着大家。

这次培训的是"解决方案销售和效益分析"。

Nick 说，这是高级销售技巧了。

基础技巧是行业产品知识和基本礼仪，中级技巧是顾问式销售，高级技巧是效益分析与解决方案销售，更高一层是销售管理，包括业绩管理、团队辅导、业务规划等。

邱柏一听，心情舒畅。像这种高级的"解决方案销售"，那些没技术背景、只会搞关系的，肯定不容易听懂。而这恰恰是邱柏的专长所在！

Nick 说，开始"解决方案销售"有三个假设：在潜在商机阶段，客户已经见过销售人员，对销售人员及其代表的公司有好感，并分享了企业背景资料；在意向客户阶段，客户已经与销售人员初步讨论了困难、问题及影响，表达了希望采取行动解决问题的意愿，并对销售人员介绍的案例及产品服务感兴趣；在立项阶段，客户已经成立采购小组，明确了采购时间和预算，初步确定供应商评审标准，邀请销售人员提交方案建议书。

邱柏想了想,他的项目中客户基本上没有和他讨论过困惑、问题和影响的,也极少有客户决定采取行动解决问题,最多表现出一些兴趣。真正立项、确定时间和预算、明确供应商评审标准的就更少了。

邱柏将信将疑。

Nick说,在解决方案销售中,客户经常会问以下几类问题:

"这方案能解决我们的什么问题?"若不能很好地回答这类问题,客户就会对方案不感兴趣或不信任。

"这方案能给我们带来什么价值?可信吗?谁的方案最好?"这类问题若处理不好会导致客户杀价或选择竞争对手的方案。

"这方案值不值得现在投资?"这类问题处理不好会导致采购时间拖延。

"投资风险和回报如何?"这类问题处理不好会导致客户下不了决心,迟迟不行动。

黄中远也曾问过:"你们想过没有,客户为什么买?为什么跟我们买?为什么现在买?为什么花这个价钱买?"那些问题像千斤铁锤,重重撞击着邱柏的心。

Nick换了一张图片,以略带诙谐的腔调说:"我们来认识一下3P!"那些老江湖在下面吃吃发笑。3P图见图4-2。

"3P"是三个英文单词problem、proposal、price的首字母缩写。

problem代表客户的困难、问题及其影响。

proposal代表客户的解决方案,即客户如何使用产品或服务解决他的问题、带来价值和效益,包括与竞争对手的不同之处。

price代表价格,即客户的投资额、投资回报率、投资回收期。

```
              客
              户
              方
              案  (proposal)
              的
              价
              值

对客户问题的了解          客户的方案投资额
   (problem)              (price)
```

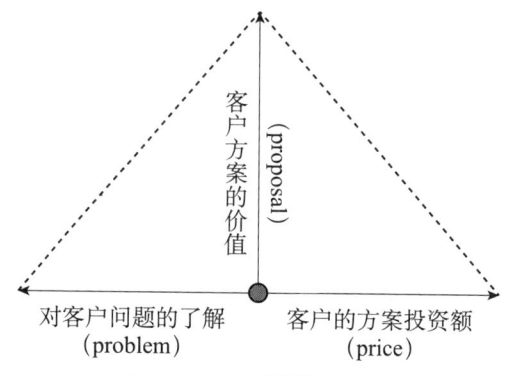

图 4-2　方案营销中的 3P

"3P"从一个原点出发，problem 向左、proposal 向上、price 向右，撑起一个三角形。对于客户的问题（problem）越了解，提交给客户的方案（proposal）的价值越大，客户愿意付出的投资额（price）越高。

这张图在某种程度上回答了很多销售人员的困惑："客户为什么嫌我价格高？"从 3P 看，客户嫌你价格高，是因为客户认为你的方案价值不够大。方案价值为什么不够大？因为销售人员对客户的现状不够了解，不知道他们面临什么问题和困难，"号不准脉"，也就"切不中要害"。

方案营销的核心目标就是让客户通过方案获得最大价值，供应商获得最大利润，客户和供应商获得双赢的结果。

怎么做呢？唯一的办法就是深入了解客户业务，深入挖掘客户困难、问题和需求，整合现有产品和服务，提供给客户个性化的解决方案，最大限度地满足客户需求、增加客户价值。最后呈现给客户投资回报分析，最大限度地做高价格。

这道理很好理解。

就像当年大家常举例说"如果得个感冒，花多少钱治？"很多人不去医院，花个十块八块买盒药就行了。"如果得了重症、绝症，花多少钱治？"不花几十万都不放心。即使有人开出几块钱的药，信吗？敢吃吗？

就像黄中远说的"你没病，我要让你知道——你有病！你有病，我要让你知道——你重病！你重病，我要让你知道——你病入膏肓！然后掏出一包药，告诉对方——你的病我可以治！这是解药，这就能卖大价钱"，这样说可能带有威胁之意，也会让对方很不舒服，甚至不会愉快地购买，可这个案例在帮助大家理解顾问式销售和解决方案销售方面起到了重要作用。

Nick说，客户基于脱离痛苦的需要才做出购买决定。

没有痛苦，就不会购买。

人们不爱解决小问题，只爱解决大问题。客户的痛苦愈大，紧迫度越高，越易成交，愿意支付的价格就愈高。所以，要把问题和痛苦搞得尽可能大，要让客户感觉到痛。有观点说"客户不买是因为问题不够大"。

客户有哪些问题？怎么才能找到这些问题？Nick又放出了一张图片。客户的购买决策是一个天平。

左边放的是"库存积压""交货延误""应收账拖欠""质量不合格""生产力下降""成本上升"等，也就是"问题的严重性和紧迫性"。右边放的是"购买和实施方案的综合费用"，也就是"解决问题的代价"。

箴言：客户的购买源于在实现目标的过程中遇到的问题和障碍，以及解决问题后带来的价值。

思考：1. 客户认为你曾帮他解决过哪些问题？

2. 客户为什么关注这些问题、为什么急于解决、解决后带来了什么价值？

3. 今后销售中你将如何探寻客户问题并通过解决这些问题给客户带来价值？

客户购买源于对问题的紧迫性和解决问题要付出的代价两者的权衡。相对那些损失而言，花的钱不算什么！简单的道理，解除了困扰邱柏许久的迷惑。

邱柏发现，自己不再是在"乞求客户施舍"，那种"从客户兜里掏钱的罪恶感"开始减轻，他做销售的自信也开始恢复。

Nick讲到了解决方案销售的特点和方法。解决方案销售，就是要识别客户高层为完成目标必须实现的关键成功要素（critical success factors，CSF），然后明确方案如何帮助客户具备这些要素，分析并量化给客户带来的经济回报和投资收益。

Nick说，解决方案销售是"团队"销售。

之前做产品销售几乎是"纯销售"，送送资料、吃吃饭、喝喝酒、拉拉关系，偶尔演示一下，就把单做下来了。解决方案销售需要"谈业务"和"出方案"，需要请"专业人士"出面，所以解决方案销售要明确销售团队，除了销售人员，还要有经理、高层、顾问、专家、合作伙伴等，而销售人员是组织者，像"导演"或"指挥官"。

很多情况通常是，销售人员往客户那里跑了很多次，几乎央求客户："我们有方案，要不安排人给你讲讲？"对方施舍一样地说："也行，来讲讲吧！"销售人员赶紧回去四处求爷爷告奶奶，直到把那位专家大爷请来。来人对着客户一通唾沫乱飞，或者一番指手画脚，然后扭身拍屁股走了。剩下销售人员低头哈腰地听客户对那大爷的演示寥寥点评或一通数落。

必须有一个流程管理！Nick的干货"解决方案销售六步流程"出台了！

第一步，取得客户高层对方案设计和效益分析的承诺。

第二步，客户高层访谈，了解企业目标，明确关键成功要素 CSF，识别现存的障碍、问题及影响。

第三步，关键部门访谈，深入了解主要障碍、问题，并探讨延伸影响。

第四步，对客户相关部门访谈并收集相关资料。

第五步，确认客户需求，设计解决方案，进行效益分析。

第六步，提交并汇报方案，呈现方案内容、特色及价值，建议行动计划。

Nick 说，进行解决方案销售必须要先获得客户高层的承诺，这是成功的关键。

这话让邱柏印象颇深。

很多销售人员怕见高层，后者手握生杀大权，给销售人员的一个眼神、一句话都可能定生死。类似"在客户厂区吐了口痰，结果单就丢了"或"走时把用过的水杯顺手收了，客户印象很好，就把单给我们了"那种传奇故事听得太多了！销售人员更怕说话，不知道说什么，不说又怕冷场，说则更怕说错话把单丢了……

Nick 说，客户高层领导通常指 CEO（首席执行官）、CFO（首席财务官）、CIO（首席信息官）等，也叫"C 级人物"。

有个词叫组织的"目标"（goals），是组织在某时间段内计划完成的事情，通常带有指标，一般由上向下分解，比如销售收入增加、质量改善、成本降低等。

关键成功要素是为了达成目标必须成功、不许失败的关键任务。

解决方案销售的任务，就是基于客户的角色，探索并了解客户的目标和关键成功要素，与客户共同制定解决方案。

纯讲理论，光说不练假把式。

这次要进行实战拜访和方案呈现演练。

听说实战拜访演练，大家来了精神。

22. 沙场点兵

培训仍在别墅区里进行。

高层非常重视这次培训，总裁黄中远和几位大师都亲临现场，还在演练中扮演客户！

黄中远和大师们分别在几个别墅里，学员五六人一组模拟拜访。大家商量着先拜访谁、怎么拜访。邱柏虽然没什么经验，可也不甘示弱，毕竟当着总裁黄中远的面，表现不能太差。

Nick 说，客户手里有很多重要信息，对大家做解决方案非常关键。演练一开始，大家根据 Nick 课程里讲的方法开始做准备，一起商量拜访哪个角色、问什么问题、谁提问、谁记录，搞得挺像回事。

邱柏这组决定先从黄中远扮演的 CEO 开始。

准备的时候，有人提醒："把自己鞋上的土擦擦，要注意形象！"然后有兄弟找来几张纸，在原本落满尘土的黑皮鞋上蹭了蹭。有人提醒："说话要一个一个来，不要抢话！"马上有个兄弟站出来一个个指着大家说："你提第一个问题，你提第二个问题……"还有人说："大家要注意握手顺序和入座的时机，要等对方先坐下我们再坐！"还有人说："要注意控制时间，时间一到就不要问了，否则扣分！"有位哥们想了想，说："咱们得准备包烟吧？"另一个哥们起身掏出来说："我有！"邱柏看了看，包装上标着"Derby"。旁边一哥们说："有这个就行，反正就是个意思。"有哥们伸手说："给，我这儿有火儿。"另一哥们说："记住，抽出一根儿给他点上，然后把这盒烟放在他桌子上……"

大家簇拥着推开了黄中远的房门。

黄中远端坐在办公桌后，见大家进来，指了指沙发说："坐吧！"大家彼此看了看，纷纷坐下。

还没说话，那位哥们立即走上去，掏出那包烟。黄中远被吓了一跳，不知道他要干什么。等他反应过来，那哥们已经抽出一根递上去："来，黄总，抽烟！"

黄中远摆摆手说："不用，不用！"

那哥们说："别客气，来，点上！"然后掏出打火机"啪"打着火。

黄中远不好推辞，接过凑到嘴前的烟，点着抽了一口，突然咳嗽了几声，低头看了看烟，皱起眉头。

组长按计划开场："黄总您好，今天很荣幸来拜访您。"

大家开始提问。

具体谁问的什么，邱柏都没关注，只记得自己要问第五个问题。第四个人问完，黄中远刚回答了两句，邱柏瞅准机会，问："黄总，我们发现今年贵公司的订单比去年下降了，这是什么原因呢？"

黄中远不动声色："哦，因为形势不好，客户预算削减了。"

"哦。"邱柏应了一声，看了眼下个兄弟。

他的任务完成了。

从黄中远房间出来，大家把了解到的零散信息凑了凑，不多。回顾总结，礼节上尽了最大努力，有很多不足：谁坐错了位置、谁抢话了、谁哆嗦腿了、谁抓脑袋了、谁抠鼻子了……

接下来拜访销售管理部总经理，这次他扮演一位副总。

那老哥也坐在一张桌子后面，见大家进来，招呼众人坐下。因为业务交流比较多，彼此都很熟，大家也不客气，纷纷落座。

刚有哥们开场说了几句套话，旁边另一哥们说："行了，比画比画就得了"，然后转头和客户老哥说："这样吧，我们也不问了，你该告诉我们什么就直接告诉吧！大家都别费劲了！"

那老哥面带微笑，没说话。

邱柏觉察到那笑含义很丰富。

大家继续逗他，还有人站起来直接去抢他手上的"答案"。那老哥赶紧捂住说："别、别，我告诉你们……"老哥主动交代了。

大家呵呵笑了笑，也没再追问下去。

其他几轮拜访也算中规中矩。

后来，一位扮演客户的老总说："本来觉得君和的销售不错了，可真正改变我认知的，就是那次扮演甲方的经历！手里一堆答案，特别希望销售问到点儿上，给我说话的机会，让我把话说出来，因为从客户角度来讲，确实有困难和问题要解决。可那帮销售没一个问到点儿上的，不是套近乎就是耍小伎俩，再不就直接约晚上出去坐坐。实战中真要是那样，丢死人了！"

几轮拜访下来，回到课堂，大家发现收集的资料根本不够！

可 Nick 要求用访谈到的信息设计解决方案，还要向高层领导汇报！

以前给客户的方案，更多是一线销售人员用"CV 大法"（"Ctrl＋C"和"Ctrl＋V"，指复制粘贴）从总部市场部门的标准方案里拼凑出来的。

何况很多销售人员不写方案，只用标准宣传册。

通过"解决方案销售"自己做一个方案，有挑战！

Nick说，在解决方案销售中，产品的功能、特点和利益对客户的影响程度不同。"功能"对客户影响程度相对较低，在中前期会有些影响。"特点"在初期对客户的影响程度比较高，但随着销售进程会越来越低。而"利益"在整个销售过程中一直处于高位。

Nick说，客户是为了价值才购买。

价值源于解决问题、实现目标后带来的价值，也就是经济效益。经济效益中可以被量化的，叫作有形价值，比如利润增加、利润率提高。有形价值又分节流和开源，节流包括降低库存、降低生产成本、缩短生产周期等，开源包括提高市场占有率、提高销售收入等。经济效益中无法量化的，比如提升沟通效率、提升员工士气、提高客户满意度、优化竞争优势等，是无形价值。

Nick开始讲解效益分析方法。

首先是应用了产品和服务之后降低了哪些成本、降低多少，增加了哪些收入、增加多少，"总节约成本"加上"总增加利润"也就是每年的投资收益一共是多少。然后是投资成本分析，包括产品购置成本、安装成本、培训成本，加上其他成本，最后是一次性投资总成本。

有了收益和成本，就可以做"投资回报分析"了。"每年投资收益"扣除每年的维护成本就是"每年净投资收益"，再除以"总投资成本"，就是项目的"投资回报率"。用"总投资成本"除以"每年净投资收益"，就是这项目的投资回收期。

听到这些，看看那些表格，大家发毛了。这哪是销售做的？当时，君和的售前支持只能演示产品、讲解操作流程，哪有做出这些的顾问！

Nick 讲完已是下午四多点,接下来就是编写方案,准备第二天汇报。

邱柏所在小组决定先一起做汇报 PPT,再根据每个人的理解和专长分工。

汇报方案包括几方面内容:

(1) 欢迎致辞。致辞内容是一些感谢和自谦的话,具体让"领导"发挥。

(2) 回顾方案制作历程。把调研访谈过的客户列出来,以增强方案可信性,并加上诸如"非常感谢以下领导对此次方案制作和效益分析的大力支持"的话,列出姓名、部门、职务。

(3) 介绍效益分析流程。将解决方案效益分析流程图列示出来,旨在告诉对方这是有流程和方法的。

(4) 总结高层访谈结果。列出访谈时了解到的客户目标,总结关键成功要素,分析障碍、问题、牵连影响和需求等,最后把需求与产品对应起来。

(5) 介绍解决方案。阐述客户如何使用产品和解决方案,使用后如何解决问题从而实现目标,并讲解客户将如何受益。

(6) 说明实施计划。列示项目实施阶段、实施任务、责任人、周期天数、阶段成果并标注里程碑。

(7) 分析投资效益。计算两部分效益,一是降低的成本,二是增加的收入,算出每年投资效益,再结合报价和投入算出投资回收期和投资回报率。

(8) 阐明差异优势。列示自己的独特差异优势。

(9) 建议下一步行动。列举建议客户的行动计划,如一周内参观样板客户、召开评审会研讨并达成一致、双方高层会晤达成合作意向等。

（10）提问与答疑。接受评委听众的提问，做出合理回答。

（11）总结与感谢。进行方案汇报回顾总结，表示感谢。

等大家把这些拼凑完，已经是凌晨了！

第二天一早，开始分组汇报。总裁黄中远和几位高管端坐在评委席上。汇报顺序抽签决定。邱柏的组抽到第四个讲。

第一组上去汇报，几个人歪七扭八站在前面，样子很紧张。毕竟，当着黄中远和公司高管，大家紧张是一方面，更多是对这套东西不熟悉，有很多明显的拼凑痕迹，甚至有明显的逻辑错误。

轮到邱柏这组。他们准备比较充分。先由一个销售总监作为领导致辞，销售总监双手抱在小腹前，弓着腰，满脸堆笑："尊敬的ABC公司各位领导，你们好！非常荣幸有机会向各位领导汇报，非常感谢各位领导百忙之中抽出宝贵时间。我们今天汇报的团队成员有……我们今天汇报的主要内容有……"这套话讲下来感觉谦卑得有些刻意。

接下来汇报的哥们做过几个大项目，脑袋圆圆的，毛寸头发，戴着眼镜；看肚子，酒量应该很不错，都能想象他陪客户喝酒不断冒汗的样子。他汇报解决方案部分，列举了一些客户的问题和障碍、应用什么产品、如何解决、达到什么效果、获得什么价值，讲了效益分析和投资回报，讲了方案优势以及和竞争对手的差异。

从汇报这部分来讲，虽然内容素材不是很丰满，前后逻辑和要素上有待推敲，但从总体的感觉上，确实有些不一样。这个汇报一改以前只讲产品的方式，从客户的目标和业务现状出发，找到客户解决问题的要点，然后将自己的产品有针对性地呈现出来，让人感觉到产品的必要性，也没有太多推销的感觉。这个方案的汇报过程，让邱柏感觉到了那么一点点解决方案的精要。

邱柏介绍的是实施部分，这他擅长。邱柏引用了实施方法论，用表格做了实施进度图，还在"方案确认""数据准备""切换上线"等地方用红色箭头标注了里程碑。

他后来理解，这部分不像是在讲项目实施方法论，而像是在讲如何给客户把这个事情做好，用什么流程和步骤能够把事做成，真正站在客户角度，帮客户安排后续的工作计划。感觉实施计划合情合理，实施的人天投入和收钱也是理所应当的。

邱柏感觉自己讲得还可以，比较自然地移动脚步，在投影上比画着做出解释。他和各位评委有多次目光接触，视线也覆盖了在座每个人。邱柏自认为是组内汇报最清晰、表现最出色的一个，其他人讲得也还行，这次肯定第一了！

意想不到的事发生了。

> **箴言**：解决方案销售是团队销售，由不同人承担不同任务，团队协助完成。
>
> **思考**：1. 解决方案销售为什么要有角色分工？
> 2. 团队成员应该如何协同互助？
> 3. 你将如何设计应用团队角色分工？

剩下"建议下一步行动""提问与答疑""总结与感谢"三个环节，这是相对最容易的部分。汇报这部分内容的是位总经理，他缓缓走上去，站在前面。过了几秒钟，大家发现他只是默默站在那里，直直盯着一个地方，没张嘴。

大家以为他在酝酿感情，或者用沉默吸引大家的注意力。可沉默了很长时间，他还是没说话。

又过了一会儿，下面有人开始小声议论。

邱柏突然意识到：麻烦了！组内几个人也都并排站着，不知所措。时间在寂静中一秒一秒滑过。黄中远和几位评委也面露惊讶，像雕像一样。世界好像突然停止运行，一切都静止在那里，除了时间仍无情地流淌。

就这样沉寂了至少两分钟，感觉相当漫长。直到 Nick 站起身说："不要紧，不用紧张。"大家才缓过神来。那位负责开场致辞的哥们走到台前，敲击了一下电脑，屏幕上出现给客户的三条行动建议，那位"被定格"的老总才缓过神来，支支吾吾地说："我们建议客户下一步的安排是……"

原本顺利的汇报被"定格事件"毁了。

黄中远评价："你们的准备、内容、讲解和表达都非常好，第一名应该是你们的！可你们输了，输在了团队配合上。汇报人愣在那儿如此长的时间，小组里竟没一个人站出来补台！解决方案销售是团队销售，团队配合非常重要！所以，为了让大家记住团队合作的重要性，这次你们不能得第一名！"

这就是结果。

不管结果如何，邱柏对这次培训都很有感觉。

特别是，对于几天来的调研访谈、方案制作、价值计算、实施计划、方案汇报、项目推进等，邱柏都做了全面系统的思考和模拟练习。

这个培训班几乎是君和集团乃至本土软件业内的黄埔一期。每位学员都像闭关修炼的高手重返江湖，内心开始变得强大，一个个跃跃欲试，满腔豪情准备闯荡一番！

邱柏也不例外。

23. 小试牛刀

八月，天气炎热。

君和转型解决方案销售，提出从产品化到行业化。

天门省分公司很快把原来的销售一部、二部打散重新组合，成立了几个行业销售组。公司规定，原来销售一部、二部那些老销售手里的项目，要拿出来统一由各行业小组共同运作。

邱柏和去年销售状元侠姐分在同一行业组。侠姐做事利索，也很勤快。她有一家铸造行业的客户，联系时间不短了。据说她和联系人关系不错，抓起电话就打那种。在邱柏看来，关系做到这种程度已经不容易了。

行业小组准备拜访客户。邱柏先从网上查了一些铸造企业生产特点和流程，结合理解梳理了管理难点和重点，又进一步了解这家企业的基本资料。在邱柏建议下，小组商议准备先做个调研，出个方案，帮客户解决问题，带来价值，从而推进项目进程。邱柏想，这是练手的好机会。

准备了一天多，很快整理出了调研提纲。大家让侠姐约客户，说："我们的顾问想去做个调研，了解一下你们的业务，然后再给你们设计个解决方案。"客户答应得很痛快。

到厂门口，被门卫拦下了。

门卫让侠姐打电话，叫人来接才行。正值八月，烈日烤得地面像热锅。大家穿着深蓝色裤子，拎着电脑，片刻之间，汗水便从脸上往下淌，衬衣前后很快被汗水浸湿了。

过了一会儿，一个戴眼镜的年轻人出现在办公楼前，眯眼朝大门看了看。侠姐挥挥手，凑上去和那年轻人说话，大家在后面不动声色。邱柏意识到，要有顾问的感觉，是来诊断的，不能像很多销售那样凑得太近乎！

三层整个楼道走廊用铝合金门封了起来，是公司的信息中心。大家跟眼镜哥进了屋。

侠姐说："这几位是专门研究铸造行业的顾问，专门来做个调研，了解一下你们的需求，然后制定个方案供你们参考！"

眼镜哥点点头："嗯。你们想了解什么？"

侠姐看看顾问哥，又看看邱柏，没再说话。

邱柏接话说："是这样，我们正在研究铸造行业。在这个行业里，大家对原料、生产和质量都很关注，在这些方面你们关注什么？"

眼镜哥看看邱柏，又看看侠姐，说："这个啊，我们确实很关注。"说完挠了一下耳朵，"不过具体生产和业务方面，你得向管生产和业务的人去了解，我是信息部的"。

邱柏心里咯噔一下：精心准备的问题，客户怎么说不知道呢？他看看侠姐，又问眼镜哥："那我们和他们交流一下方便吗？"

眼镜哥看看侠姐，面露难色："他们啊，平时挺忙的。"

侠姐一看形势不妙，恐怕事情落了空，赶紧说："没事，看看他们谁在，找个熟悉业务的就行，我们简单聊聊。要不，你打个电话问问吧！"

眼镜哥想了一下，说："那你们等会儿。"说完出去了。

邱柏赶紧趁机问侠姐："这人是管什么的？"

侠姐小声说:"他是信息主管。"

邱柏心里凉了半截:业务部门往往认为他们是另一个世界的人。

过了一会儿,眼镜哥回来,看看大家说:"领导们都不在。如果你们想了解,可以去销售部的办公室,那儿应该有人。需要吗?"

侠姐急忙回答:"需要,需要!你带我们过去吧!"

办公楼对面的一排平房里,销售部、采购部、生产部等在那里集中办公,里面是大空间、大隔断、大窗户、大空调,几个人在办公桌前坐着,看上去也没什么事。

眼镜哥找到一个年轻人,说:"小张,有个事。刚才我给部长打电话,他说找你就行。这是君和公司的,想了解一下咱们的情况,准备做个信息化方案,要不你和他们聊聊?"

小张坐在椅子上,扭头看看大家,又对眼镜哥说:"聊什么?信息化?那不是你们部门的事吗?"

邱柏看着眼镜哥,他也看了眼邱柏。邱柏接话说:"张经理,您好!是这样,信息化以业务为核心,是为业务部门服务的。我们想了解一下销售的业务和需求,看哪些可以借助信息化实现。"

眼镜哥跟着点点头:"对,是这意思。"

"哦。"小张有几分不情愿地应了一声,"你们想了解什么啊?"

大家仍站在那里。洽谈区倒有地方,可小张没动地的意思。

眼镜哥见邱柏四处寻摸,从旁边拉过几把椅子,让大家坐下,说:"你们先聊,我回去处理点儿事。"说完冲侠姐点了下头,转身走了。

邱柏看看小张,说:"给您添麻烦了。我们了解到铸造行业是基于订单和预测生产的,销售处理收款和发货容易弄乱,还关注交货期,不知道你们这儿是什么情况?"

第4章 历经磨炼

小张好奇地看看邱柏，又看看顾问和侠姐，说："哦，这啊，我们业务比较简单，我就负责给客户办发货手续。"

顾问哥张嘴了："那您方便给我们介绍介绍吗？"

小张看看自己桌子，说："没什么，真没那么复杂！"

邱柏接着问："您觉得有什么处理起来很麻烦的事吗？"

小张摇了摇头，说："没什么麻烦的，都是工作嘛！"

> **箴言**：销售技巧和方法要在实践中应用，真正融会贯通。
> **思考**：1. 你学过哪些销售方法或技巧？
> 2. 初次应用是什么情况？什么原因？
> 3. 今后将如何应用技巧和方法？

············

没几分钟，大家就出来了。侠姐给眼镜哥打电话："和销售部聊完了，其他部门呢？"邱柏和顾问哥没了兴趣，示意侠姐还是先撤。侠姐在电话里感谢一番，然后挂了电话。

车上，大家都没说话。侠姐也不知道说什么好，有些愧疚，也有些无奈。她以前卖产品，跑得很勤，和客户关系处得也不错，见的一般都是财务部长、科长、会计什么的，没做过解决方案。这次，侠姐通过财务的人找到信息部的眼镜哥，能约上已经尽力了。

顾问哥朝侠姐翻了一眼，继续低着头没说话。销售人员把顾问拉了去，作为顾问就应该专业，遇到什么样的客户都能按住、搞定、拿下才行！

邱柏却不这么想。约到合适的人是销售人员的职责，约到的客户爱答不理，如果全凭顾问搞定了，为啥销售拿提成？

搞成这样，原因到底在哪儿呢？

难道解决方案销售那套东西上了战场就失效了吗？不应该啊！想

143

来想去，邱柏觉得，可能是前期的基础没有打好。客户都不知道我们来干嘛的，也不知道为什么要做，对做这个事情有什么价值一概不知，单纯就是因为关系熟，顺便给安排了下。没有任何目标和期望，怎么可能会有结果？

这让邱柏想到了 Nick 说的解决方案销售的前提假设：在意向客户阶段，客户已与销售人员初步讨论了困难、问题及影响，表达了希望采取行动解决问题的意愿，对销售人员介绍的案例及产品和服务感兴趣；在立项阶段，客户已经成立采购项目小组，明确了采购时间和预算，初频确定供应商评审标准，邀请销售人员提交方案建议书。

而这个项目，哪条具备呢？邱柏觉得，这些都是销售人员要控制好的事情。基础工作没做好，指望顾问和专家现场发挥，没戏！

势能很重要，要顺势而为。

24. 现学现用

邱柏一直和新阳集团接触着。

福哥来天门之后，调资源更方便了，来来回回请了几拨专家、高管去做宣讲，高层拜访、方案交流、报价提供都做了，折腾了很长时间，可就是没什么结果。

财务唐副处长见邱柏一个劲儿地往新阳跑，觉得也挺不容易的，请他给做了个小培训，教教财务人员怎么编制报表。培训结束后，邱柏又把方案和报价改了改，送给唐副处长。唐副处长一如既往没反应。

有一次送报价，财务总监曹总问："你们做过我们这样的企业吗？"

邱柏说:"做过啊,我们做过飞煌集团。"

曹总问:"做的什么?"

邱柏说:"做的集中管理,上次给您的案例册上有。"

曹总笑着问邱柏:"小邱,你来厂里这么多趟了,你了解新阳吗?"

邱柏愣了一下,说:"了解啊,咱厂用的软件我早清楚了,几年前就买了,用得一直不错。"

曹总笑了,说:"你了解新阳有多少分厂、多少科室,大家都在干什么吗?"

邱柏又一愣,想了一下,除了常接触的财务部材料科徐科长,还和成本科科长一起喝过酒,其他资金科什么的,还真不知道了。

邱柏摇了摇头。

曹总呵呵一笑,说:"这样吧,你别总拿个报价来回跑了,安排两天时间调研调研,了解了解情况再说吧,啊,你们回去准备一下!"

客户居然主动提出要做调研!莫非曹总被邱柏的执着感动了?还是曹总自己有什么想法?或是新阳集团面临着什么?

福哥听说这个消息也很高兴,商量后,准备申请大区顾问来支持。申请支持邮件发出后,大区很快安排了一位留分头的"分头哥"来支持。

在此之前,调研都会提前准备"调研提纲"。那种提纲邱柏见过,几乎都是对照产品功能抄下来的。调研时,问客户一些业务处理方式方面的问题,以判断产品是否能解决。之后提交方案,把产品功能介绍订成厚厚一本交给客户。

这次调研主要针对曹总负责的几个科室。分头哥负责提问,邱柏负责记录。会议室里,每个科长轮流进来,聊上半个多小时,下一个再进来。他们知道是曹总和唐处安排的,也比较客气。可他们不明白要干什么,有些茫然。

谈过两人之后,邱柏学聪明了,后来待每人进来后先解释:"新阳集团要搞信息化,我们做个调研,了解一下您这个科的业务和需求……"

接下来,分头哥会问:"能不能请您先说说你们科的岗位设置和主要职责,再说说你们从哪些部门接收什么、给哪些部门提供什么、有哪些单据表格……"对方便开始讲述自己最熟悉的岗位职责和工作内容,基本不费什么劲儿。

等对方说完,分头哥继续问:"能不能说说工作中你感觉最麻烦的三个问题?"这些问题的收集,让他们从客户业务基层获得了"第一手"材料。

两天的调研完成了。

邱柏收获不小。了解到各科室的设置和职责、存在的主要问题和需求,回去稍加整理,再匹配上产品功能介绍,应该就是"方案"了!

邱柏把调研报告整理好发给了大区的分头哥,请他写方案,同时还抄送了福哥和一位大区售前经理老肖。

就在那时候,邱柏参加了Nick的"解决方案销售培训"。

就在那时候,邱柏和老肖在培训班见面了。随着模拟拜访、熬夜编写方案和呈现汇报结束,老肖把邱柏拉到墙角:"哥们,你那个新阳集团不要汇报了吗?能不能用这套方法搞一下?"

邱柏觉得这想法不错,可转念一想,说:"估计不行,都调研完了!调研时也没要到那些信息啊!"

老肖沉吟了一下:"要不试试,就用那些记录?"

邱柏琢磨了一下,他正在等方案,对方案汇报也正没底呢,要不试试？便说："我回去和福哥商量下吧！"

邱柏向福哥汇报了培训感受，也提出老肖建议用这方法进行方案汇报。福哥翻了翻培训资料，看了看邱柏小组做的汇报PPT，靠在椅背上，掐着下巴沉默。

邱柏说："老大，你觉得怎么合适？"

福哥沉默了会儿，说："可以试试。不过，该提交的书面方案，还是要按原计划做好提交。"

邱柏把这想法跟老肖说了。

老肖觉得没问题。

但是，分头哥说："可我那方案还没写好啊，内容太多了！"

邱柏故作惊讶："啊？还没写好？客户都让汇报了。"邱柏知道他还没写——顾问不到"交作业"前一天晚上一般都懒得弄清。

没想到分头哥说："哥们，你看这样行不，后面的方案我写，你参加了调研又做了笔记，要不你把背景和需求部分写写？最好把组织结构图、各部门之间的业务流程图也画一下，怎么样？"

邱柏虽然觉得这哥们在推活儿，但又觉得这是自己理解客户业务的好机会，就答应了。

邱柏花了不少心思，将流程图调整得协调美观，不允许线条和框的连接错位，不允许傻大的框里只有几个蚂蚁一样的小字，几张流程图要清晰、简约、干净。邱柏自己感觉比较满意。

不出所料，分头哥果然把以前给其他企业的方案改了改，又从产品说明书上抄了些内容，加了个提纲发给邱柏。邱柏收到后，把自己的部分整合进去，从头到尾一字一字地读了两遍。除了前面自己写的业务描述还让人有点儿看头，后面的产品说明和技术名词让人头晕。

邱柏和老肖商量了具体安排。老肖提前两天来天州,与福哥、邱柏一起沟通准备汇报的内容。前期调研内容由邱柏准备,解决方案和规划由老肖负责。

那天晚上,在老肖的酒店房间,大家反复检查了PPT,用播放功能走了好几遍,调整了几个地方。福哥琢磨着给每人写了漂亮的头衔,解释了要表达的几层意思,还润色了自己的"领导致辞"。

> **箴言**:销售是导演,而不只是演员。
> **思考**:1. 导演与演员的角色分工是怎样的?
> 2. 销售为什么做导演而不是演员?
> 3. 你将如何把导演的工作做得更好?

福哥问邱柏:"明天都预约好了吗?"

邱柏说:"约好了。"

福哥问:"都谁参加?"

邱柏说:"曹总肯定在,唐处和各科长也参加。唐处说,曹总有意让总经理也来听听,也有可能再叫上一些业务口的人。"

福哥点点头,然后看着资料想了会儿,说:"我看了一下,汇报时间不是很长,内容也不是很多。如果几个人全讲,上去下来会感觉有些乱。"

老肖也看着邱柏,眼神中透露出"要不你上?你行吗?"的意思。

邱柏读懂了,也明白福哥的话,说:"那行,我负责安排。"

福哥又说:"你的任务不光是安排,在这过程中你要特别关注客户的反应,对每个人的提问要做记录。特别关注一下总经理,还有,没接触过的业务部门负责人有什么反应,他们对哪里感兴趣……"

福哥想让邱柏做好指挥官、做好导演,而不是一个登台的演员。大客户销售经理更主要的职责是观察客户方的情况和反应,以获取信息,并有针对性地制定策略。

汇报安排在上午,在培训楼的教室里。

第 4 章 历经磨炼

教室比较大,只有第一排有桌子,后面一排排全都是连起来的软座。前面的讲台稍高,投影更高,大家缩在软座里仰头才能看见,脑袋正好枕在椅背上,那姿势睡觉正好。

唐处不一会儿就到了。邱柏先打了招呼,福哥也打了招呼并表示了感谢。邱柏又引荐了老肖,唐处点点头,也没多说什么,找地方坐下了。

众人陆续进来了。很多人都没见过。这群人中,有的身上散发着钢铁的冷硬味道,有的身上迸发着似火的热情,有的身上洋溢着难以掩饰的优越,有的身上飘着世外高人的淡然……

曹总来了。一些人站了起来,一些人坐着微笑点头,一些人只是看了几眼。

守在门口的邱柏第一个出现在曹总面前。曹总和邱柏握了握手,也和赶来的福哥握了手,带着笑,坐在第一排中间靠走道的座位上。

邱柏回头看看众人,嘈杂嗡嗡声小多了。来的人有三十多个,穿工作服的比较多。徐科长在不远处站着,巴望着屋里的人。邱柏知道,还有几个重要的人没来,一个是总经理,还有新阳信息化处的魏处长。邱柏找了魏处好几次,对方始终半冷不热,没正经说过几句话。还有魏处下面的科长,每次见邱柏都黑着脸。

不一会儿,魏处来了。魏处看上去特别像干部,穿得干净整齐,人很挺拔,脸面收拾得也很干净,让人感觉总拿着劲儿。

邱柏走上去打招呼:"魏处,您来了!"魏处冲邱柏点了下头,转身进去了。福哥还不认识魏处,邱柏也没向福哥介绍,他担心那时候介绍影响气氛和情绪。演讲前,让领导和专家多见增加信心的人;对于那些冷冰冰的，要提前沟通分析好，避免其跳出来搅局，让演讲者下不来台。前一天晚上大家已经分析过魏处，邱柏也有了策略。

计划九点开始，总经理却还没来。

邱柏看看唐处，唐处低头看着自己的本子。看看魏处，魏处抱着胳膊靠在椅子上，抬头看着投影里的交流主题。又看看曹总，曹总不动声色。

邱柏想了想，走到徐科长身边："徐科长，您看是不是问问曹总，要不要等总经理？"

徐科长想了一下，说："我去问问。"然后起身走到曹总旁边，俯在桌前说了几句。曹总没转头，嘴皮动了动。徐科长朝邱柏走来，说："开始吧，先不等了。"

邱柏点了一下头，走到福哥身边，说："开始吧！"

福哥起身走到高高的讲台上，开始了："尊敬的曹总，尊敬的新阳集团的各位领导，大家早上好！"很职业的开场。之后，福哥介绍君和公司。

福哥开始发言十分钟左右，总经理推门进来，迈着疾步，直奔第一排，见了曹总小声说："开了个会。"曹总笑笑，朝福哥挥手示意继续。福哥向总经理笑着点头示意。

这期间，邱柏留心观察魏处：原本，他靠在椅背上，面无表情。看到总经理进来和曹总说话、福哥点头示意时，魏处脸上的表情发生不易觉察的细微变化。

福哥讲了几点，介绍了君和，回顾了君和与新阳多年的合作历史，表明君和为什么适合新阳，也就是君和为什么来到这里，包括彼此的了解程度、双方共同发展阶段的吻合、彼此的文化等。

接下来是老肖讲。老肖简单介绍了方案制作流程，回顾了之前调研的部门，被调研人员的名字都列在了上面。邱柏迅速扫了一下那几位科长，他们突然看到自己的名字暴露在领导和大众之下，略显有些惊恐，个别人低下了头，可能担心他们的抱怨、讲的问题、发的牢骚被当众晾出来。

老肖讲了业务流程，汇总了各科室提出的问题，针对性地提出了解决方案。听的人虽未表现得热情洋溢，却也聚精会神。

到了交流答疑时间。那些被调研过的科长都低着头，他们各部门的困难和问题都被公布出来，不好意思问什么。曹总转头看了看身后，大家也都没什么反应。

魏处一听要答疑，放下二郎腿，摆出一副准备看热闹的架势。让魏处失望的是，只有两个业务部门的人问了几个不疼不痒的问题，其他也没什么。

会议结束，大家呼啦站起来，很快散了。

福哥快步走到总经理面前，弯腰双手递上名片。邱柏也跟过去，掏出名片在旁边等着。总经理掏出名片，给了福哥一张，转身也给了老肖和邱柏一张。

握手告别时，邱柏感觉曹总没想象的热情，有点儿不温不火。

一上车，老肖如释重负，像得胜班师回朝的将军，话也多了起来，对下一步该怎样做提了不少建议。福哥应和着，像有什么心事。邱柏却开心不起来：曹总没有预想的热情，为什么呢？

后来，邱柏又去找唐处。

唐处问邱柏："小邱，你们上次提交的就是解决方案了吗？"

邱柏一愣，心里突然没底了，难道有什么问题吗？邱柏有些紧张：

"啊，怎么了？"

唐处说："没什么。上次听完汇报，曹总不太高兴。"

邱柏懵了，曹总不高兴？怎么会呢？过程和形式也没什么问题啊！大家表现还可以啊，曹总怎么不高兴呢？

见到邱柏的样子，唐处放松表情，说："你们上次汇报方案，讲的都是我们部门的问题，还讲给了总经理和业务口的人听，好像说我们做得很不到位，让曹总觉得很被动。"

啊？

辛辛苦苦准备方案，结果怎么会这样呢？

邱柏呆在那里，他不知道该怎么向唐处解释。他想道歉，可无济于事。他想说去见见曹总，可见了曹总又能怎么说？

> **箴言**：谈及客户"问题"时要关注对方感受，考虑环境、对象和方式。
>
> **思考**：1. 销售中为什么要谈客户的"问题"？
> 2. 谈"问题"应该具备什么条件？
> 3. 应该怎样和客户谈他的"问题"？

那次培训里讲，销售人员要挖掘客户的问题和需求，还说客户迟迟不决策是因为问题不够大，要找出问题，告诉客户"你有病"，让客户的问题变得更加厉害甚至"病入膏肓"，然后告诉客户"我这里有解药"，客户就会感激涕零地说"我要，我要"，还会说"谢谢哦"。

这次汇报也是这样设计的。

调研就是找出每个部门最头痛的问题，然后把这些"小"问题关联起来变成"大"问题，再介绍自己的解决方案，说明可以解决这些问题。客户意识到自己有问题，意识到问题很严重，就会购买。不是这逻辑吗？难道错了？难道 Nick 和黄中远的方法都错了？

这让邱柏有些六神无主。

25. 组团调研

唐处看到邱柏六神无主，仍然笑着。

过了一会儿，唐处说："没事，问题也不大。"

邱柏问："唐处，那你觉得怎么合适？要不，我让我们福总来和曹总说说？"他觉得福哥这时候去见曹总比较合适，自己分量太轻了。

唐处一笑："呵呵，没那么严重。曹总对你们的调研和问题总结能力还比较认可，说你们做事认真、踏实。"

听唐处这么一说，邱柏悬着的心才慢慢往下放。

唐处又说："不过，曹总觉得你们不够重视，上次调研才来了一个人，这么个方案也说不过去啊！"

邱柏无奈地说："这也是协调的大区资源。"

唐处说："光大区的资源哪儿行？要真想做新阳的项目，你们集团必须得重视！"

邱柏赶紧说："是，是！得重视，我回去马上向集团汇报！"

唐处一脸轻松："这次不见见曹总？"

去，当然去，求之不得呢！

邱柏推开曹总办公室门之前，做好了挨骂的准备。

在邱柏面前，曹总更像一位长者。一年多来，每次打电话、上门拜访、组织会议、安排领导会面，邱柏都尽心尽力，加上在曹总面前表现得很听话，邱柏能感觉到曹总对他不错。

曹总表现得仍然和蔼慈祥，指着桌子上的方案说："你们这方案，有些简单啊。"

"哦，是。"邱柏应承着。

曹总拿起方案和报价说："做这事儿，你们不行！"

不行？

莫非没戏了？邱柏被吓了一跳。

曹总说："光你自己跑腾，做不了这事儿。你们总部也太不重视了！"

曹总嫌总部投入资源不够，还是因为高层不出面？

邱柏应了句"是！"他对曹总就一个原则：全心全意，让曹总放心满意。

"这个事，原想我们部门内部做个升级算了，后来发现没那么简单。我们升级了，其他部门不一起搞，解决不了问题啊！"曹总语重心长，像自言自语。

"嗯。"邱柏不明白曹总到底什么意思，应了一声。片刻之后，邱柏突然想起什么，说："曹总，我们之前还报过一个更全面的方案和报价！"之前的全面方案包括了新产品的几乎所有模块。当时，徐科长每次都问"升级多少钱？""加上业务多少钱？""全套做多少钱？"邱柏最后咬牙做了个几百万的价格给了徐科长。

曹总表情严肃地摇摇头，没说话。

邱柏困惑了，莫非那方案曹总也不认同！

曹总沉默了一下，问："小邱，这事能协调你们总部的人参与吗？"

邱柏立即说："可以，我可以让常教授参与进来！"常教授是集团这方面的首席专家。

曹总摇摇头："不是那意思。"

邱柏又说："可以请集团副总裁跟您见面！"

曹总无奈地笑笑："不是，你理解错了。我想，你们要把我们作为集团重点客户来对待，你们集团层面要挂上号才行。如果上升到集团层面，我们也可以作为公司战略级的事情来看待，业务部门也要包括进来。"

公司战略级事情？业务部门？

可业务部门并不归曹总管，他能决定吗？早在两三个月以前，邱柏就给信息处提交过调研业务部门的函，被信息处魏处长给压下来了，一直没什么动静。莫非这次真要动了？

箴言：项目进程会以销售不知道的原因前进，通常都有背后的原因。

思考：1. 你遇到过哪些"客户催你"的情况？

2. 事后证明是什么原因？

3. 遇到类似情况，你将如何应对？

回公司后，邱柏把情况告诉了福哥。

福哥双眼闪着光，笑得像牡丹，问邱柏对后续安排有什么意见。

邱柏对解决方案销售的流程记忆犹新。上次汇报的小意外是策略问题，不是方法本身的问题，所以他建议还是按解决方案销售的流程进行。

福哥点点头，问了具体情况，又和邱柏商量了很多细节，抄起电话协调总部资源。

很快，一支精干的调研团队组建起来了。

这次的团队可以说是君和总部最资深的了，包括：福哥在总部时的搭档，一个财务管理方面非常专业、后来去北大读博士的专家，一个有外企背景、皮肤白皙、戴眼镜的制造专家，一个高端产品最早团队中的细致女生。组建质量和速度足见福哥和总部的重视程度。

邱柏随即与大家沟通了项目情况，把组织结构图和之前的所有资料打包发给了每个人。很快,每个人各自整理出了自己负责部分的调研提纲。邱柏反复确定具体细节后,把团队成员的背景、经验、专长,连同日程和调研提纲,一起发给了客户。

> **箴言**:销售、顾问和服务每次接触客户都是在销售。
>
> **思考**:1. 你遇到哪些顾问影响结果的情况?
>
> 2. 他们如何影响了结果?为什么影响?
>
> 3. 销售如何管理和利用这些"接触"?

邱柏带着大家进驻了。

准备充分,客户方也很配合,进展很顺利。

邱柏当起了调研团队的"后勤主任",内心却有主人的感觉。从联络调研对象、早中晚吃什么、接送车辆安排,到调研休息时吃的水果雪糕、晚饭后到哪里放松……安排得无微不至。

在邱柏张罗下,大家白天访谈,午饭和晚饭时就碰头及时沟通总结,晚上回酒店后每人都要把自己那部分整理成调研报告,第二天一早交给唐处,同时请之前被调研的领导和客户确认。

通过整个调研过程,大家既了解到了真实业务情况和需求,又给客户留下了务实、专业、高效的印象。

调研结束后,大家一起回了天门省分公司。

邱柏悄悄跟福哥说,他很担心一旦放这帮人回总部,他们全国各地到处支持别的项目,或者在总部处理杂七杂八的事,肯定没时间静下心来写方案!必须把他们留下来!最好找个地方"软禁"起来!邱柏要全程参与!他有两个目的,一是盯着他们干活,二是他也想参与讨论。他知道,如此全面深入调研之后的讨论和设计,无论对了解行业、熟悉业务,还是对掌握咨询方法,都是极难得的机会。

福哥听取了邱柏的建议。

邱柏向福哥申请了笔费用。住的地方最好有两间套间,外屋当办公室研讨写方案，里屋睡觉，不仅省了会议室的钱，还能"软禁"得彻底些。要吃好，每顿必须下馆子。要每隔两三天就带大家出来放松放松，这样大家的劲头儿才更大。买些咖啡、巧克力、方便面、火腿肠、啤酒、花生米之类的，然后时不时晚上点外卖串串当夜宵……这才是真正加班的状态。

那一周多，邱柏过得充实而快乐。跟业内顶级专家一起研讨交流，商量甚至争论每个问题的原因、业务流程的交叉点、每个问题到底如何通过流程规划和系统设计解决……多好的修炼机会！

桌子上、沙发上、冰箱上、电视上、地毯上，到处散落着工作手稿和流程草图、歪歪扭扭的咖啡和巧克力，什么都有。收拾房间的服务员皱起了眉头，后来大家索性不让收拾了，直接乱着，说被服务员收拾了找东西不好找。

封闭一周多，方案虽然没全写完，但每块业务都集中讨论了一遍，基本达成了共识。总部领导一再给福哥打电话，要求必须放这些专家回去——全国的项目压了一堆了。福哥顶不住，只好和邱柏说："如果回去能做，就让他们回去吧！"

邱柏知道福哥尽力了，可就这么放回去有些不放心，怕"放虎归山"，方案也跟着泡汤。他的心思全放在这个项目上了，不允许有任何闪失！

想了一整天，邱柏最后决定：人可以不在，心一定要留下！

大家临走前一天晚上，邱柏特意定了一家高档饭店，买了几瓶好酒。经过这段时间相处，邱柏对他们从最初的仰视、很有距离感，到现在可以平视、勾肩搭背称兄道弟了。在邱柏心里，大家是来帮他的，他从内心里感谢和尊重他们。这些人和邱柏也合得来，特别是看到邱柏和客户关系不错，也多了几分认同。

大家热热闹闹坐下聊着，带着梳理清晰的轻松、小有成果的喜悦、即将回家的兴奋，漫无边际地闲扯。桌子上比往常多了几瓶白酒，每人一口杯倒满。

喝了几巡，即将进入状态。邱柏看看大家，站起来大声说："哥几个，这回折腾得大家够呛啊！在客户现场调研的时候，白天访谈、吃饭开会，晚上写报告，回来了还要在这里没日没夜封闭研讨写方案，经常到晚上一两点，这么多天回不了家，大家受累了，我先干为敬！"说完端起杯一饮而尽。

听完这番话，大家感动中透着淡淡酸楚，眼睛略略发红。

酒又倒满，邱柏端着说："我干了三四年，发现咱这行靠的是运气！"

大家看着邱柏。

邱柏说："我知道全国有很多大单，可要碰上一家好客户、一个好项目，是我们每个人的福气。通过这次调研，我们向客户学习了很多，了解到很多在公司无法接触到的东西，我觉得这个过程对我们每个人都很值！并且在这过程中，咱们也看到了新阳集团的管理模式，新阳领导对管理的理解、对项目的重视以及他们的执行力，一切都表明，这是一个非常优质的客户！更难得的是，相信大家感觉到了，客户对我们也很信任。"

大家用力点点头。

邱柏说："咱这套产品刚出来，全国肯定需要一个样板客户，集团领导也很重视这项目，认为机会非常好，很可能出个大单！真有成单那天，在座各位是第一功臣！"

有人不好意思地笑了笑。

邱柏继续说:"所以,和全国其他项目相比,新阳项目什么基础、什么分量、多大机会,我想哥几个心里比我有数。希望在这项目的功劳簿上,在座的哥几个是写在第一页的人!别的不多说了,拜托了!"

箴言: 考虑每位顾问的感受和价值。

思考: 1. 有哪些顾问愿意支持你?

2. 你认为是什么原因让他们愿意支持你?

3. 你将如何发展和维护更多顾问资源?

说完,邱柏端起酒杯,大家纷纷跟着站起来。酒杯撞击在一起,清脆响亮,众人一仰而尽。这杯酒把大家紧紧拴在一起。

26. 水滴石穿

"十一"刚过,就有了动静。

长假后刚上班,邱柏就去了新阳集团,除带去节日的问候外,也为了汇报方案进度,看看有什么新动态。没想到,却得到了个意外消息——新阳成立数字化项目组了!

唐处把红头文件递过来时,邱柏简直不敢相信自己的眼睛。

邱柏凝神看清楚,心头一股热浪翻滚,激动万分。文件说,为了适应市场发展,实现从产品为中心到客户为中心的转型,提升新阳竞争力,要加大数字化建设力度,成立数字化项目组专门推进这项工作。项目组名单里,董事长亲自挂帅,任领导小组组长、总经理、各副总、核心处长任组员,开展全面规划选型和实施工作。

邱柏清楚,这个大动作背后有君和的推动和精心的工作。

心情逐渐平复后，邱柏看到唐处脸上淡淡的笑容。邱柏越来越冷静，越来越感觉责任之重大。虽说成立项目组不算什么，可前前后后曹总、唐处、徐科长他们没少帮自己，不能对不起朋友，这事要做不好，将来怎么面对他们？

邱柏也有些慌了。立项是好事，可在国内这个行业中，像这样规模的企业没一家选君和的，都是选的国外产品，动辄几千万上亿都给了老外！同等规模的企业，别说君和，本土厂商都找不出一家成功案例！

这种情况下，新阳会不会吃螃蟹呢？

这次立项，会不会把群狼都招来呢？

精心推动，会不会给别人做了嫁衣？

邱柏不敢往下想。

无论如何，到这一步必须坚持下去！

邱柏也知道，自己是小米步枪，对手是飞机大炮；自己是游击队，对方是正规军。要把压力转化为动力，要拿到每一分，要把这场即将到来的复杂战役变成自己的展示舞台！

刚出客户门，邱柏便迫不及待地给福哥打电话，让福哥享受下阶段成果带来的喜悦，也让福哥更加重视：客户董事长挂帅，君和应该组建什么样的项目组呢？

领导重视就是不一样。几封邮件、几番电话之后，由君和董事长兼高级副总裁为组长，事业部领导、首席架构师、大区领导和专家构成的项目组很快明确下来。

邱柏借机向君和领导小组汇报了工作，说客户非常期待一个高质量的方案，还在邮件中向领导们提及并感谢了前期参与过的专家。首席架构师常教授回了邮件，相约在总部开个方案研讨会。

运气很好，这时候徐科长给了邱柏一本杂志。

那本杂志是行业协会主办的月刊，那期封面人物就是新阳董事长！这期杂志中深度报道了新阳的发展历程、管理思路、模式创新等内容。特别是几篇关于战略定位、思想理念、管理模式的文章正好为大家写方案提供了素材和方向。更巧的是，那本杂志一个月前刚发行！

有如天助！

邱柏如获至宝。为了让集团领导更细致全面地了解新阳董事长的思路风格，他扫描了这些内容，人手一份。邱柏非常仔细地读了多遍，他必须对自己的客户有更深的了解。

方案研讨会在总部一个小会议室举行。大家先回顾了之前的工作，又谈了自己的看法和思路。常教授听完，起身拿起笔，在白板上边写边说，列出了整个方案的框架与逻辑。

邱柏很敬佩教授：什么资料都不用看，两手空空就能列出逻辑连贯的方案提纲，好像全在他脑子里。邱柏敬佩谁，就会努力向谁看齐。

方案编写，邱柏全程参与，不仅对自己承担的部分精益求精，还认真细读其他人的每段文字和每张流程图，仔细琢磨为什么如此表述，连接线为什么这样画。他就像一块干燥的海绵被扔进水里，肆意汲取着营养。

一天，唐处给邱柏打电话："最近忙什么呢？"

邱柏说："在总部写方案呢！"

唐处说："方案什么时候能出来？"

邱柏说："快了吧！怎么了？"

唐处说："哦，曹总觉得进度有些慢，能不能尽快啊！"

161

邱柏隐约感觉，曹总和唐处的压力不小，对接下来的汇报寄予厚望。做好，能奠定有利格局；做不好，哪怕做得一般，都会给他人可乘之机！邱柏知道魏处长和几家国外厂商打得火热。

方案差不多了，可邱柏心里没底。一大帮人辛苦调研、封闭讨论形成的方案，在客户眼里会是什么样？客户会不会认同呢？交过去是什么结果？

思考很久，最终邱柏下决心做一件几乎不可能的事——把曹总请到总部来，先给曹总汇报一遍，听听他的意见，修改完善后再正式提交！

可曹总会不会来呢？

曹总会不会在立项后专程到一家厂商总部？既然魏处长明确支持国外厂商，曹总会不会亮明态度支持君和呢？

邱柏真拿不准。万一这步走猛了，破坏长期以来精心建立的关系怎么办？为此，邱柏列举了很多条曹总接受的理由，也列举了很多条拒绝的理由，反复斟酌很久，然后精心准备了说辞。

坐在曹总面前，邱柏比平日显得局促和紧张。

"我看上次参加调研的几个人还行。"曹总说。

"这几个人应该是总部的骨干了。"邱柏回答。

"嗯。"曹总眯着眼点了下头，沉默了。

邱柏鼓了鼓勇气，但还是没敢张嘴。

"方案进展到什么程度了？"曹总突然问。

"哦，正想向您汇报呢。"邱柏想了想说，"方案初步成形了，不过我们感觉高度和深度不够，想请您先把握一下。"邱柏说完没敢看曹总。

第4章 历经磨炼

出乎邱柏意料,曹总点头说:"好,找个机会,我是要看一下!"然后低头想了一下,说:"过几天我正好要去北京。"

邱柏有些惊喜,没想到是这样。

邱柏很兴奋,觉得自己太厉害了!客户老总都能亲自到总部来帮着评估方案,有几个销售人员能做到?

邱柏后来也想,曹总欣然同意,可能有几个原因:第一,君和是曹总引进来的,之前一直有沟通,方案弄不好他面子往哪儿放?第二,上次汇报时,方案中提到很多曹总地盘上存在的问题,这次范围涉及更多部门,不提前看看,谁知道还会捅出什么娄子?还有,他自己是不是对方案还有什么想法呢?

君和总部会议室,灯光昏暗,投影中放着PPT。

专家正在讲解。下面坐着曹总、徐科长、常教授,还有君和项目组成员。这次,君和调研很深入,方案花了不少心血,业务流程图也细致精美,以前哪有这么贴近客户的方案!

黑暗中,曹总的脸有些严肃。

之前调研了业务部门,方案针对采购、销售、库房、财务等部门的流程进行了分析优化。总结价值时,专家说:"通过加强管理采购成本可降低5%,如果按采购资金八十亿计算,每年可以节省资金四个亿。""通过加强备件库存管理,可降低库存资金占用10%,按现在备件库存资金三亿计算,可节省资金三千万。"虽然只是简单的几个数字,但这是项目组冥思苦想的结果。培训里说,如果不谈价值,客户就不会接受价格。

大家看着曹总。

曹总没说话,脸依然阴沉着。

邱柏和项目组几个人互相看了看，都没敢张嘴。

常教授也感觉到气氛有些不对，看看曹总，又看看大家，说："看得出来，你们这个方案下了不少功夫，可也有不少地方需要调整！写得过于偏重业务细节和具体问题，忽略了新阳的战略和管理模式。"常教授说完看了眼曹总。

几个顾问交换了个眼色，心想：现在才说，早干吗去了？

曹总沉默了会儿，说："方案这么写，不行！"

鸦雀无声。

曹总说："只站在一两个部门的角度，只说一些表象，这方案没高度，思路也不清晰！你们要站在企业战略的角度，站在企业运营全局的角度，站在整个产业链的角度，站在企业价值的增值角度来看这事儿！"

箴言：客户参与制定的方案更易被认同和执行。

思考：1. 为什么客户参与的方案更易被认同？

2. 如何邀请客户参与，共同制定方案？

3. 你有哪些计划可以开始尝试？

大家愣了。

这些角度，哪是我们能站上去的？

邱柏心里很着急，特别想问："曹总，你说吧，这方案具体应该怎么改？"但没敢问，硬生生咽了回去。

常教授说："对，要站在产业链和价值增值角度看！"

曹总接着说："用采购成本、库存资金那点儿钱，就能衡量这事儿的价值？那样的话，你们就别做了！"

邱柏心里咯噔一下。

曹总说："这个事儿，重点要管好从供应商、原料进厂、生产加工、成品下线、产品出厂、渠道库存、客户消耗的全过程，要管好整个价值增值过程,要管好过程中每个环节增值了多少、消耗了多少、创利了多少!各业务部门的流程协同整合也很关键。脱离了增值过程的物流和资金流管理,脱离了业务的数字化、信息化,只能解决表面问题!"

曹总否定了大家精心准备的方案。

虽然搞得大家很没面子,但也算幸运:宁可被曹总在君和批得一无是处,也总比拿到新阳被其他高层嗤之以鼻强!何况还有一群虎狼在旁边盯着!

随后,常教授和曹总进行了深入沟通,在很多方面达成一致,对方案也有了调整修改方向。在曹总的建议和邀请下,常教授受邀去新阳向董事长和高层做汇报。

邱柏和曹总的关系更近了一层。

对于方案编写和汇报,邱柏总在第一时间听取曹总意见。曹总也不客气,把新阳的战略、思路和自己的想法毫无保留地和盘托出。邱柏能感觉到曹总真心希望君和成功,真心希望借此机会建立支撑新阳发展的管理框架,他真的在用心做事。

邱柏越发敬仰曹总了。

27. 深入现场

那个十月,繁忙有序。

方案评审,方案沟通,高层拜访,君和时刻关注时局变化、时刻关注每个角色变化、时刻关注竞争对手的细微动作并及时制定策略……一步步进行着。

入冬，新阳又安排了一次调研。

这是君和的第三次调研了。第一次，分头哥和邱柏调研了曹总所辖部门。第二次，总部顾问调研了业务部门。第三次调研是由从二十多家供应商中历经几轮筛选选拔出的最后三家进行调研——进入决战阶段了。

其他两家公司之前一次没做过调研，这次需要全面调研所有业务。君和全程八天的调研则把全部精力和心思放在"生产"上。同样是八天，各家深度和效果当然有所不同。

邱柏心里显得踏实。前期君和做了那么多工作，与客户经历了漫长的业务探讨、目标认知和方案共识的过程，项目发起乃至客户心中标准的确定都有君和的参与和影响。再说，君和的方案是曹总点评过的方案，是客户自己的方案。

但邱柏也不敢有丝毫大意，有几个原因：

第一，销售调研本质上是销售过程，接触的客户庞大且分散，会给每个人留下印象。而客户内部之间彼此是什么关系，每个人的角色、处境、动机、态度是什么，以及一旦和部分人走近了，其他人是什么想法、对决策关键人会有什么影响，都不得而知。唯一能做的，就是力争给每个人留下专业印象！

第二，这次三家公司同时调研，其他两家皆虎狼之师，都是久经沙场的高手，如果君和在过程中表现得稍有欠妥，都可能露出破绽，给对手机会。那帮家伙都是能从鸡蛋上找到缝、从鸡蛋里挑出骨头的人，君和必须表现得更沉稳、更谨慎、更低调。

第三，每次调研，都有客户隔窗望着你，或希望你成功，或希你出错。调研既要对得起"朋友",也要对得起"敌人"。

第四,这也是邱柏的学习机会。和高人一起调研,听高人问问题,听客户回答,自己在旁边记录,不清楚的可以直接问客户,再不清楚的回来后还能请教专家,不仅能看到高人的思维角度和模式,还能深入了解客户的真实想法。邱柏见过很多销售人员,跟着调研时把顾问往客户面前一推,万事大吉,自己低头玩手机,都为他们可惜!

戴上安全帽,钻进车间,邱柏有种全新感觉。

全集团有好几个分厂、几十个车间。每个车间,按生产流程从头走到尾,整个过程在眼前过一遍,增加了直观感性认识。徐科长全程陪同,每到一个车间,徐科长就找个人陪着走访讲解。负责人边走边解释,生产线、设备、工序……也会介绍投料点、过程控制点、质量检测点、车间库存堆放点、产品下线点等。

每个车间参观完,专家都要和车间主任或骨干交流。车间主任先介绍一下生产流程和关键任务,然后由专家提问。专家会问一些准备好的问题,了解业务收集信息,也与车间主任建立良好关系。

然后是和分厂的领导沟通。分厂领导的角度和高度与车间主任又不太一样,他们更多谈如何完成公司下达的各项指标,如何与其他分厂配合好,如何管好各车间生产任务,如何激励车间的工人。这些分厂领导都很有想法,他们提的很多意见和需求,对大家认识生产过程、理解生产内涵起到了关键作用。

在这个过程中,邱柏学了很多行话和土话。后来真正让邱柏在这行业有所建树的,正是生产现场那一幕幕鲜活的场景、车间主任说的一个个故事、那一句句行话和土话。后来,邱柏每次和客户交流,会很自然地冒出句行话或土话,再聊起一些生产现场的细节,和客户的距离一下子就拉近了。邱柏很享受穿着西服、打着领带、拎着电脑同客户互扯一些行话和土话的感觉。客户有时很好奇甚至兴奋：这些话从车间戴安全帽、穿着工作服的人嘴里说出来不足为奇，从一个西装革履、搞IT的家伙嘴里说出来，感觉有些奇怪，像个行家！

面对小吉、面对油哥、面对挺哥，邱柏找不到自己，不敢谈销售。唯有和客户在一起，他才更有感觉。论业务，他不如客户懂；论信息化，他不如专家懂。而他比客户懂信息化，比专家懂业务细节，他就是业务和信息化之间的架桥人！

调研中，通过客户的现场表现，邱柏也能判断出竞争对手的表现。

午后刚上班，邱柏他们来到噪音震耳、弥漫着粉尘的车间办公室。说是办公室，就是并排几张桌子，周围有些椅子，地上还有烟盒和烟头。科长说这是开调度会的地方。

大家挑了位置坐下。过了一会儿，车间主任"砰"地推门进来，身后跟着六七个身着工作服、头戴安全帽、嘴叼着烟、眉头微皱的人，他们刚吃过午饭。

邱柏起身示意。

来人纷纷"咚"地坐在椅子上，不耐烦地瞟了邱柏几人一眼，转头小声嘟囔着什么。邱柏听不清，但从有些厌恶的表情判断，好像在说"又来折腾我们"。

一连串的动作和表情，加上那句嘟囔，邱柏能感觉到这帮人心情不好，要么被批评了，要么上午对手调研把他们搞烦了。再看大家看邱柏他们的眼神和表情，距离感很强，很漠然，很事不关己，很可能是竞争对手调研时出了问题。

就这样，做调研、写方案，时刻关注任何细微的动态和变化，邱柏竟没什么紧张的感觉,好像都在掌控之中。即使明知国外厂商已经突破了魏处长,邱柏心里仍比较坦然。

魏处长确实是个难搞的角色。邱柏几次试图接触,魏处长虽然很客套,但能感觉到仅是表面的,内心拒人于千里之外。邱柏潜意识里已经"放弃"他了。

一次到总部,邱柏去见了黄中远请来的另一位大师级副总裁。这位副总裁一直在外企做大单销售,主管君和全国大项目。去之前,福哥让邱柏专门向这位副总裁汇报一下新阳项目。

邱柏把大体情况做了汇报。副总裁问:"这项目里都有哪些人?"邱柏从董事长、总经理、每个副总到几个核心处长,在白板上按层级逐一列示。这些人,以及他们之间的内部关系,邱柏已烂熟于胸。副总裁看完,指着魏处说:"这个人很重要!"邱柏心里咯噔一下。不是怕,而是有些说不出的感觉。

副总裁接着说:"这个人是个支点,要用他撬动整个项目,去影响高层、影响董事长。目前,他对我们怎么样?"邱柏说:"嗯……曹总和唐处比较支持我们,另外几位副总没有表现出反对,目前主要是他反对我们。"副总裁问:"有没有什么办法把他翻过来?"邱柏笑笑:"难,业务线领导和我们关系好,信息口一般就不支持,他们很难站在一条线上。"副总裁说:"哦,看看有没有机会,我接触一下他。"

邱柏理解副总裁的想法,有合适的机会也可以安排他们见一下。但说实话,君和这边与曹总和业务线的领导接触那么深,又达成了共识,魏处长怎么可能会支持君和呢?

换个角度想,副总裁来自外企,外企是不是通常都绑住这样一个人呢?当年国外就两个套路:通过理念影响高层,再绑定一个信息口的忠实拥护者撬动项目和掌控局面。

箴言：销售无法搞定所有人，建立根据地后可以选择"放弃"，但不能忽略或放任不管。

思考：1. 你有哪些放弃某个角色而又赢单的经历？

2. 你觉得选择和放弃的标准是什么？

3. 你将如何在今后的销售中实践？

信息化源于工业自动控制系统，信息处那些人搞工控自动化还行，但要搞经营管理信息化，对业务又不是很精通。新阳怎么可能让一个不懂业务管理的信息部门主导一个管理变革项目呢？从前到后，君和的策略就是"紧贴业务"，得到曹总支持也顺理成章。

综合考虑，放弃魏处长已是必然。

进入招标流程。

一切按部就班。

一切如履薄冰。

一切又尽在设计中。

问题是，君和的报价竟是另两家报价的和！

28. 角逐冲刺

君和报价最高，是另两家的和。

这件事虽然在君和意料之内，却给新阳的项目组和管理层出了难题。面对三个方案，三家供应商，一家报价三百万，一家报价八百万，一家报价一千两百万。能有这么大的差异吗？

曹总知道这个价格后，也非常不客气地向邱柏发泄了一通："你们这价格，怎么这么高！"虽然之前邱柏就价格与他沟通商量过，也透露过价格会比较高，但成了这个样子，他可能有一种被架空的感觉，主要他觉得这事可能会在他控制之外，怕到时收不了场。

这个价格，也是集团项目组经过周密测算，与相关方面沟通多次才秘密定下来的。投标之前，这个价格只有包括邱柏在内的三五个人知道。

邱柏心里也有些担心，价格是决策中非常重要的一个因素。贵可以，但不要贵太多，何况产品和服务本身没有明显优势，公司实力和经验上也没差出那么多，甚至国外公司品牌和项目经验比君和还出色，这怎么能说服决策层呢？现在好了，客户有意见了，要说法，怎么弄！

这可以说让福哥和邱柏费尽了心思。从项目需求范围和实施效果来看，确实也需要如此大的人力和成本投入，但怎么向客户解释呢？

邱柏记得 Nick 说过，价值越大，客户可承受的价格越高。君和这边也给新阳算过价值：库存资金占用、采购成本降低……算出来不少钱，可这种显性价值的计算不是被曹总否定了吗？给公司带来的战略价值，怎么能够体现出来呢？

这时候，邱柏想到了另外一个词：关键成功要素。对啊，战略转型、数字化经营体系建立、集中化管理加强……这之间谁是因、谁是果呢？他们又把客户的战略、董事长的讲话、各位副总的关键举措、客户典型业务环节的管理难点等，进行了系统梳理，把客户战略目标实现分解为主要举措，然后把关键举措中的目标和所需要的能力列举出来，将项目要做的具体事情、投入资源与各业务对应起来，这些就是客户战略目标的关键成功要素，也是项目实施的关键成功要素，以此将每笔投资与客户的目标关联起来的时候，就发现没有那么"贵"了。

不仅如此，福哥和邱柏还从客户组织、文化、管理思路与数字化融合的角度，谈到了深度融合的战略意义和价值，对于行业的创新性、引领示范性价值。这样的一个全国标杆，当然不是随便一些投资就可以搞定了。

邱柏觉得自己都被这些理由说服了。

项目进入了最后的关键时刻，标投完了，该说的说了，该做的做了，客户还在"决策的黑箱"中。那两三天，项目没有任何消息，问谁也没消息。

春节将临，再过两天就放假了。

一年多来处心积虑，一年多来处处小心谨慎，一年多来的付出，是瓜熟蒂落还是付诸东流，马上就要见分晓了。邱柏能没压力、能不紧张吗？

邱柏和福哥回顾分析了整个过程，分析了内外部很多因素，心里比较有底。董事长哪天召集会议，几点开，都谁参加，邱柏都了解。这些人谁关心什么，谁会讲什么，谁会支持，谁反对，谁手里有什么筹码，谁什么时候可能会说什么话，邱柏也能知道个八九不离十。

话说回来，不出结果，什么可能都有。

放假那天，邱柏就得到了内部消息：决策会议结束，方向定了，春节后安排具体工作。邱柏提前知道了结果，但他并没什么异样的感觉，只不过觉得心里有块石头落地了。

接到唐处电话，是在回老家的车上。

"在哪儿呢？"唐处笑着问。

"回老家的车上。"邱柏不动声色。

"行啊，都放假回家了？你是不是都知道了？"唐处对邱柏的反应很意外。唐处觉得，没得到正式通知，邱柏和福哥应该心提到嗓子眼儿了，接到她的电话邱柏应该很兴奋、很激动。而邱柏如此淡然,出乎她意料。

"呵呵!"邱柏笑了两声。

"怪不得,都回老家了!"唐处揶揄邱柏。

"谢谢处长!"邱柏笑了笑。

"回家过个好年吧!"唐处也没多说。

"那提前给您拜年了!"邱柏说。

唐处笑笑,挂了电话。

邱柏如释重负。

望着窗外,终于可以松口气了!

放松了五六分钟后,有种莫名的兴奋从心底深处冉冉升腾,邱柏这才反应过来:我签单了!我签大单了!我成功了!

那种兴奋从心底迅速冲上头顶,邱柏感觉头发都竖了起来,眼睛开始有些酸胀,血液开始沸腾。我签大单了!想到这个,他情不自禁握紧拳头,暗中用力晃晃。

曾经的苦闷和纠结、深夜的无助和迷茫、新阳项目的一幕幕——参与调研,讨论方案,每次电话短信,每次交流,以及曾经的挣扎、淡然、紧张、压力、运筹帷幄、重重围困……这些场景瞬间在脑海中飞速闪过,邱柏愈加兴奋了,兴奋得几乎从座位上弹起来了!

邱柏突然想到小吉、挺哥,还有油哥,他们知道了一定会震惊的!一千多万,一千多万啊,他们一单才几十万!

这可是君和历史上第一个千万大单!

首付款几百万到账,邱柏没算过提成有多少,他知道钱是水到渠成的事,他更关注自己的成功与自我的证明。

一天,邱柏接到福哥电话,让他赶紧到公司,说有事。

进了福哥办公室，财务经理也在，福哥桌子上堆了一大堆现金，好多捆。邱柏有些好奇，问福哥："有事吗？"

福哥看看邱柏，朝那堆钱抬抬下巴。

邱柏的目光回到那堆钱上，莫非这是……

啊！哈！

邱柏无法想象，拥有这堆钱是什么感觉！

福哥说："这是你第一笔回款的奖金。为了让你找到感觉，我让财务取了现金给你。怎么样，什么感觉？"

邱柏美得有些发飘。在财务经理递过的纸上签字时，邱柏都没看清那数字！签完字，这堆钱是他的了！

他想伸手抓，发现根本抓不住，又想俯身去抱，却发现财务经理在看着他笑！邱柏立即转头往外走，想去找个袋子，刚走两步，又停下来回头看着那堆钱，好像担心一走开就失去了。看到福哥在笑，邱柏脸一红，迅速转身以百米速度跑回工位，把电脑从包里拽出来，使书包底朝天，把东西全抖在桌子上，拎着空包跑回了福哥办公室。

来不及数，他把那堆钱以最快速度装进包，都不知道有多少。

福哥说："去银行存上吧，小心点儿！"

邱柏拎着一书包钱下楼，来到公司对面的银行，一进门就冲着保安问："存钱在哪儿？"

保安好奇地瞪眼看看邱柏，朝里扭扭头。

人不多。他到最里面的柜台，冲着柜员说："存钱！"便拉开书包往外掏。

柜员抬头看看邱柏，问："存多少？"

"多少？"邱柏一愣。多少？他也不知道！财务经理那张纸上的数字他没看清，也没数过，"嗯……等我数数！"

邱柏抓起一沓，开始一张一张数。

刚数了十几张，柜员说："整的不用数！"

哦，对，整的不用，主要数数零的。

邱柏越数越激动，手越哆嗦，越数不清。唉，反正就这么多，让银行数吧。他跟柜员说："就这么多，你数数吧！"然后全塞了进去。

柜员数了一遍，说了个数，问："是这么多吗？"

邱柏犹豫了一下，说："好像是吧，差不多。"

"别差不多啊！"柜员又数了一遍，问："是不是这么多？"

邱柏说："算是吧！"

…………

邱柏是幸运的。

用心工作一年半，处处小心谨慎，体会了大项目销售的奥妙。无论是信息获取、策略设计，还是精心安排、巧妙推进、心理博弈，这样的经历对大多数销售来说可遇不可求，邱柏运气确实不错。

没这单，就没邱柏的销售之路。

29. 秘密武器

选择很重要。但选择只是开始，选择后怎么做更重要。

邱柏选择了销售。选择之后怎么坚持和投入，才是关键。

赢得新阳项目，到底什么最重要？

首要一点，是"知识"！

邱柏学过一些企业管理知识，在同昌学过会计师和 CPA 的财务管理与经济法，通过咨询服务接触了企业知识，进君和后对产品有了更深的理解，按说也算有"知识"了。可参加完 Nick 的培训，特别是全程参与新阳项目后，发现那些仅仅是"知识"！

这些远远不够！

经历了新阳项目整个过程，他开始明白一家企业到底是如何运作的，这个行业有什么核心设备、用什么原料、产品怎么分类、原料经过怎样的处理加工过程、具体用什么设备、有哪几道工序、每道工序都有哪些关键控制点、各道工序之间如何关联等，这些都是实打实的"知识"。

可这还不足够！

客户每个部门、科室的岗位是如何设置的，每个岗位的职责是什么，岗位之间的业务流程什么样，过程中可能存在什么漏洞，都会发生哪些异常，每个岗位最关键的任务、最关心的问题、最大的矛盾、最急迫的期望分别是什么，没有这些，真无法想象怎么可能做下这项目！

这仍然不足够！

客户所在行业有什么特征，当下有什么变化，国家政策有什么干预和影响，业内有什么大事发生，行业发展趋势如何，其他企业正在做什么，客户的战略定位是什么，面临着什么样的挑战和机遇，客户有什么优劣势，我们有什么优势可以帮到客户，没有长期用心收集，这些从何谈起？

这些知识慢慢烙在邱柏脑子里。

在同事眼里，他开始成为半个行家。客户也说："你比我们厂里的人还懂我们，我们是站在自己部门上看，你是站在多部门上看！"客户这是在抬举邱柏，邱柏心里明白。客户在专业性和全局观上远胜过邱柏，业务人员在细节和具体操作上又烂熟于心，他们才是真正的行家，也是邱柏真正的老师。

有人说，知识就是力量。

邱柏发现，知识并不是力量。

知识本身没有任何力量，只是一种潜在的力量源。只有运用起来，与客户的目标和需求结合起来，跟客户的具体行动结合起来，知识才能转化为力量。

邱柏感受到了知识的力量。自从深度参与项目，他在行业内已经能和总部专家平等对话了。有些事，总部专家也征询邱柏的看法。邱柏预感到，自己有机会成为君和在这个领域最专业的人！

后来，邱柏给自己定了个规矩：每月去一次新阳项目现场！在回访客户、关怀团队的同时，主要是拷回项目文档。那里有每个部门、每个岗位、每条生产线、每道工序的职责、操作规范和流程图，有具体的岗位业务说明、特殊情况处理方法，还有规划出来的目标组织和流程，这对一个销售人员意味着一份巨大宝藏！

邱柏还参加了几次项目组讨论会，又向曹总和几位处长单独请教过几次，搞清楚了他们的管理思想，弄明白了很多专业问题。每参加一次会议，和曹总、唐处聊一次，邱柏都会把沟通记录整理出来，做成业务素材。一个偶然的机会，邱柏得到了新阳的一个宣传片，据说是不久前拍的。邱柏如获至宝，一口气看了很多遍，还从录像里截出很多图片，有大型设备的，也有热火朝天的生产场面的，用来做PPT。

邱柏独立思考并做出一份PPT。为了一句话的表达、一条连接线的衔接、一张图片的选择和摆放，他都要反复琢磨，经常要用去五六个小时，甚至通宵。做出来的几页PPT全是图片和动画，很鲜活，也很震撼。那套PPT成了君和的经典，在这行业被一直沿用了很多年。

会学习的人，知道从哪里获得知识、获得哪些知识，也知道如何关联起来，运用到实践中。

> 箴言：面向目标和问题学习知识，学以致用。
>
> 思考：1. 为什么先有目标和问题，再学知识？
> 2. 你需要哪些类型的知识？
> 3. 你将如何学习以丰富自己？

邱柏发现一个秘密：成功人士总在不停地汲取与目标相关的知识，总是通过成为一名专才创造"无可取代的位置"——做专才能做强！而成就他们的不是那些大家都知道的表面知识，而是要更深入具体细节、深入逻辑内核、深入细微领域，然后在那个细微领域做到无所不知。将自己置于一种知识稀缺的紧急状态，你会发现到处是知识。没有目标，没有问题，没有困惑，没有自己的思考，再多的知识也如过眼烟云。

要想这样，仅是平时随手翻翻书就行吗？别人喝酒聊天时，他们在干什么？别人唱歌纵情时，他们在干什么？别人闲极无聊刷朋友圈时，他们在干什么？别人困意袭来、倒头便睡时，他们又在干什么？

有人说，任何一个愿意牺牲业余时间在家学习的人，身上通常都具备做领导者的素质。

除了知识，就是做销售记录的习惯。很多人都说邱柏运气好，邱柏始终不否认。但只有运气还不够，除了知识积累，他还保持着做过程文档记录的习惯。

首先是"项目大事记"。

大事记相当于一份"项目事件清单"，表头包括时间、客户方参与人、我方参与人、事件内容、进展与共识、输出成果等几项，表格里记录着每次交流沟通或重要事件的具体内容。

从最早的第一次一直到最后,何年何月何日、谁去拜访了客户方的谁、沟通了什么、获取了什么信息、提交了什么资料、取得了什么效果都有详细列示;客户每次参加活动会议、高层会晤、调研、方案汇报,甚至还有客户内部的重要会议和决议,都一一记录其中。纵观整份大事记,就是项目进程全景图,一目了然。

"项目大事记"是一剂奇药,用处很多。

销售人员可以用它管理自己的项目,通过记录可以看到接触了哪些人、到什么程度,哪些人没接触、有什么风险,作为项目分析的依据。

大事记对内可以说明项目进度和情况,协调资源时不用过多解释就能让领导和相关人士知悉具体情况。

大事记还可以记录内部哪些人支持过,成功后要给哪些人发感谢邮件、该给哪些人送小礼物致谢。

因为大事记记录了客户方哪些人参与,所以待后期项目推进或客户关怀时,销售人员能提起何时何地和那人谈过什么,让对方感觉到被重视和尊重,增加好感。

大事记还可以作为商务谈判的重要工具。双方僵持不下时,大事记可供双方"重温旧梦",帮助客户记录和回忆采购流程,提醒之前达成的共识和付出的努力,可以增加客户对"已付出成本"的认知,引发客户"避免已知损失"的情绪,从而在心理博弈上占领主动。

大事记是公开的,记录的是一些官方的关键事件。而每次重要拜访和电话沟通等关键销售动作,则要单独做"沟通记录"文档:在项目文件夹下面,按不同阶段分为多个单独文件夹。

每次销售行动都会有一份简洁的单独文档记录,包括背景、目标、时间、地点、人员、内容、共识、效果、下步计划、自我总结等。这是邱柏只给自己看的，不轻易示人。

如果有重要事件需要汇报，他会把那一次的记录重新整理，另存并标注"汇报"二字后再发出去。

"项目大事记"和"沟通记录"是邱柏自己整理的模式。

君和要求大家填《项目进程管理表》，邱柏觉得太麻烦了，那里面信息太多，且大多没用。他一直很反感总部那一堆没尽头的表格，很多细节填了也没人看。

箴言：项目分析要动脑，更要动笔。

思考：1. 你分析项目一般用哪些方法？

2. 你认为"想"和"写"有何不同？

3. 今后你想试着采用什么方法？

还有，在新阳项目之前，邱柏不知道应该从哪里下手，不知道销售应该怎么去思考，甚至也不知道为什么思考，只是困惑于"客户为啥还不签单"。在新阳项目的进展过程中，邱柏记录每次拜访、调研、讨论的内容，记录福哥及领导专家的观点和说法。这种记录做多了，把前后信息对接，再分析思考。随着信息越来越全面深入，思考越来越清晰有条理，项目分析记录已经比较全面和细致了。而整个客户的思维过程、销售推进过程、不同阶段的销售策略都清晰可见！

每个销售人员的漏斗里都有一些项目，早期可能记录简单，到后期记录就会越来越详尽。而哪个胜算多大、哪个不能丢，销售人员自己心里最清楚。动笔写下来的过程，也是一个系统化和逻辑化的思考过程，可以对销售的过程进行反复审视并完善。

有一个不得不提的销售工具，就是邮件。

这里的邮件指内部邮件，主要有三个作用：汇报进程、申请资源、提醒注意事项。

先说邮件的内容和形式。

据说，邮件超过一百字就少有人看了。邱柏也没耐心去读大段文字的邮件，一看就烦。如果真有重要事情一百字无法说清，就要分成条目、框架。总之一个原则：邮件要清楚、清晰、清新，废话和官话尽量少。

邱柏的习惯是问候、开头、主旨、目的等要写得简洁直观，与正文隔一行。正文最好不要用大段文字，争取一行说清楚一件事。确实用多行才能说清楚的，列成1、2、3几条。如果不能列成几条，说明自己还没想清楚。

一般大项目都会成立多人的项目组，高层领导挂帅，事业部和大区领导重视关注，各级专家顾问提供方案和技术支持，分公司总经理和大客户经理亲自上阵。如此一种团队作战，而竞争环境又很复杂，涉及很多机密信息，邮件怎么发就更有说道了。

邱柏听说，无间道在销售行业里司空见惯。不能把任何一个人当坏人，但销售人员必须谨慎面对，假设各种可能，提防各种不测。销售输不起，因为内部更输不起。

邮件有很多重要信息，必须慎重，有必要分层分级管理。

进程汇报邮件，可以全部抄送。

进程汇报邮件分为几部分。

题目，说明哪个项目、什么时间、关于什么事件的汇报。

内容，首先是致谢。比如，邱柏常说"感谢各位领导和专家的关注与支持，经各位指导和共同努力，某某项目有了新的进展，特向各位汇报"，然后对关键事件的时间、地点、参与人、内容、结果、影响、下步计划等总结说明，最后请大家提供更多指导和支持。

这类邮件的主要作用是总结汇报，有些"告知"性质。有些事，即使销售人员不说，大家也会道听途说。正式发个邮件，不仅增强对方的参与感，让对方感觉到被重视，还有利于协调资源和后续推进。

这种邮件最好不要把话说得太满，留些余地。毕竟是发给项目组所有人，万一出现什么情况会"无颜见江东父老"。原则上只说"客观发生"的事实，尽量不掺杂自己的判断或想法。如果有必要汇报进度或预测，可以说"进展正常，估计应该一月份有结果"而不说"应该一月份能搞定"。

行动计划邮件，要谨慎些。

行动计划的邮件要让参与行动的同事明白目标和任务，他们的上级领导也要知会，所以除了写清楚项目当下情况，还要特别说明此次行动的目标、对象、具体计划、任务分工、预期成果、注意事项等。一定要强调注意事项。有些行动，可以做不成但不要做砸，可以没成果但不要出差错。

如果行动计划涉及项目关键人应对策略，邮件范围就要再小些，抄送谁也要反复琢磨，最好和老大商量，内部很复杂。

在项目参与人的称谓方面，可以有意识抬高一下对方，让对方知道"我是这样向客户介绍你的"而让他感觉更舒服。

核心策略邮件，能不发就不发。

比如客户关键人最新动向、应对策略，以及竞争对手的一举一动和对客户的影响，这些事关成败的信息最好不发邮件。邱柏曾遇到过某位老总的邮件被他人全部"监控"和"代收"的事情，这种事件发生概率虽然比较小，但一旦发生就是毁灭性的。保密事关生死。

这些都是在销售中逐渐摸索出来的。邱柏发现，这么做不仅让自己清晰全面地掌握情况，还能提高与客户及内部的沟通效率。更加重要的是，邱柏通过应用这些方法在脑子里形成了大项目销售的思维模式，这些经验和模式慢慢变成定式甚至潜意识。

如果没有对知识的不断探索和积累，没有对项目进程严谨细致的记录，没有站在全局分析客户内部形势及敌我形势，没有行之有效的策略，没有群策群力，有再好的运气，也未必会有结果！

春节后，君和与新阳双方的董事长出面，在北京一家五星级酒店搞了个非常隆重的战略合作签约仪式。也是那次，邱柏第一次正式见到了君和的大老板。

开始前，邱柏在电梯口恭候。福哥陪着大老板过来时，指着邱柏说："这是新阳项目的客户经理邱柏，从头到尾盯了一年半，很负责任！"大老板伸出手和邱柏握了握，笑着说："辛苦了！"

很快，全国的君和人都知道了"新阳"这个名字，也知道了"邱柏"这个名字！不仅是邱柏，福哥也成了君和的风云人物，到天门第一年拿了业绩全国第一，转眼第二年刚开头就签了一张千万大单！

在销售上，邱柏开始有自信了。

邱柏成了有大项目签单经验的 sales。一路走来，他知道大项目怎么玩，他成了过来人，成了别人眼中的"神秘人物"！

30. 朝花夕拾

天门全省渠道伙伴大会上，福哥让邱柏做经验分享。

经验分享PPT是邱柏自己精心做的，题目是"大项目运作沟通"。内容分三部分：大项目销售漏斗、大项目中的客户组织、大项目销售关注点。

刚一开始，邱柏搬出了"销售黑箱"：左边进去的是商机、顾问、高层、费用等资源，中间是黑箱，右边要么没结果、要么签单、要么丢单，其中的原因到底是什么？这个黑箱引起了大家注意。

邱柏谈到，大项目运作要捕捉客户的"目标与能力"、分析客户的"背景与需求"，再进行"伟大的销售策划"，把握好"目标、背景、需求、进程控制"几个关键要素。

首先，要有目标。

要知道客户的目标是什么、客户到底想干什么，这是项目能否启动的关键。客户得先有想法。而客户实现这目标"需要什么能力、我们是否具备"是赢得客户支持、让客户在内部推进、与客户"风雨同舟"的关键所在。

其次，是客户的背景与需求。

客户有什么历史、什么背景，出现了什么问题，是什么原因造成的，怎样才能解决，解决问题的需求怎么满足，销售必须要关注和考虑。

最后，要拿下单子，最关键的是销售过程中的"策划"与"整体把握"，这是一个大项目操盘者的绝密武功！

邱柏在新阳项目中进行过多次分析策划，每当获得了新信息，便从各个角度思考各种可能性，制定出三种以上的行动方案，反复比较、研讨、商议，最终确定最佳执行方案。这让邱柏得到磨炼和提升。

邱柏总结了大项目销售的特点。

(1) 销售周期长。新阳项目从开始接触、不断送资料，到客户在"狂轰滥炸"下有兴趣了解产品，再到开始报方案和报价，然后客户有了自己的想法……直到签单，前后近两年时间！在大项目上，客户往往要来回折腾很长时间。

(2) 项目金额大。这是大项目的必备特征。项目金额一旦大了，与跟单一部门采购这样的小金额项目不一样，各方面的情况就复杂了。

(3) 项目浮在水面。供应商整天到处乱飞，见了项目就像苍蝇见了肉。从采购角度来讲，在大项目上客户会多找几家供应商做对比，一家供应商悄悄签掉的可能性很小。

(4) 多家竞争激烈。这种大项目不仅回报高，而且是战略要地、市场标杆，丢个大项目就丢失一片客户，所以各家都会拼了命去抢。再说丢了也不好向总部交代，竞争激烈是必然的。

(5) 覆盖部门较多。大项目提供的产品会牵扯客户多个部门，产品应用也会覆盖多个部门，不仅销售要面向多个部门了解需求、呈现方案，而且客户也会拉进更多部门来参与选型和决策。

(6) 企业看重实效。邱柏原以为销售靠"关系"和"回扣"就能搞定，可在大项目中这些却不再是成败关键，而如何带来"实效"，即带来实实在在的效果和价值，则成了建立竞争优势和差异化的关键。

(7) 涉及人员较多。因为涉及客户部门多，覆盖范围广，涉及组织业务流程变化，客户高层和各部门主管都会参与进来。这么多人参与，其复杂程度可想而知。

(8) 内部盘根错节。有人的地方就有江湖，有组织的地方就有派系，客户也不例外。因业务、职权、派系甚至性格之间的冲突，客户内部关系非常复杂。只不过那些都是四五十岁的"老江湖"，不会像邱柏这样的年轻人一样将情绪和好恶都写在脸上，他们藏得非常深，表面做得非常完美。如果不是用心深入了解和剖析，销售人员很容易被卷进这个漩涡而葬身海底。

（9）决策流程复杂。大项目一般经历取得联系、激发兴趣、产生意向、明确目标、初步需求、汇总需求、细化需求、确定标准、制定方案、评估方案、招投标、成本和价格评估、风险评估、最后决策这一系列步骤，客户方的业务、技术、采购、高层，甚至质检、监察、法务、财务等部门都会在不同阶段参与，流程非常长且复杂。

（10）过程变数很大。做销售的都知道，任何一个"变化"都可能导致前功尽弃、一切努力付诸东流，这种变化往往不是销售人员能预想到的。这就要求销售人员对信息足够敏感，对局面和关键人把握到位。

（11）必须团队合作。大项目不可能一个人做下来，适当的场合必须有适当的人出现，与客户方的不同角色进行沟通和交流，所以必须是团队作战。

（12）全是救命稻草。不能忽略客户方的任何一个角色。可以没"拿下"，甚至可以放任自流，但所有人都必须在销售的雷达监测之下，必须关注。一旦有哪个角色不在视线中，可能就是潜在的风险。任何一个机会都不容放过，任何一个小错都可能导致全军覆没。

这十二个特点每个都是邱柏的切身感受。

邱柏还分享了大项目中的"组织"问题。

大项目涉及客户多个部门，高层乃至大老板会亲自参与。组织结构图上层包括董事长、总经理、营销副总、生产副总、运营副总、财务副总、技术副总、行政副总、信息副总等，他们一般都有决策权，能参与最后决策并表达意见。他们可以根据事情的轻重缓急决定做与不做、花多少钱做。他们关注花钱有什么回报，而不仅是价格。这些副总下面的各位处长、科长、骨干、科员等是项目参与者，他们可能是执行者或使用者，也可能是销售的信息源，他们可能不会直接影响决策结果，但他们的意见会成为"导火索"。

面对这张组织结构图可以提出很多问题，项目有多大、报价多少、选型组织中谁是决策者、接受程度如何、如何结成同盟、如何引导项目、如何建立优势……每个问题的答案就藏在这张神秘的组织结构图中，这张图就像一张藏宝图，有宝藏、有食物、有水、有地雷、有野兽……

销售必须知道组织中哪里是支点，可以从哪里切入、以什么理由切入，哪里有障碍、为什么有障碍，哪里是跳板、为什么是跳板，谁会进入决策圈，谁是跳梁小丑，谁会扛价格，谁会压价，谁会支持，谁会反对，对手会从哪个薄弱环节进来，应该在哪儿给对手挖陷阱……

这些只是邱柏的感觉，只是感觉而已，并未形成套路和方法。除了心得，邱柏还总结了大项目成功的经验。

（1）按流程向总部和大区及时汇报、沟通。没有上级的指导支持和资源保障，拿下大项目很难。

（2）全方位了解客户。对客户管理模式与水平的了解、对客户业务的深入理解、对客户真实需求和想法的把握是成功的首要因素。

（3）满足需求与创造需求。很多需求并不是一上来就有的，而是在接触中通过不断沟通和引导显现出来的。"创造需求"的出发点不是产品本身，而是客户的业务现状、管理需求、发展诉求，甚至战略方向。

（4）销售漏斗要严格执行与借鉴执行。销售漏斗是一套科学的流程法，一个项目都会经历漏斗的各个阶段，所以要严格执行。同时，要审时度势、因地制宜，参考借鉴地执行，不能照搬照抄。

（5）脚踏实地做项目。不能抱有侥幸心理，必须扎扎实实地把每件事做到位，只有这样，项目每一步进程才能做到脚踏实地。

（6）体现客户认同的做事风格和企业文化。大项目中，客户选择的不仅是产品和方案，也是长期合作伙伴。客户的风格和文化是什么，如何找到更多的共同点，如何通过说话做事体现出来，如何在双方组织间建立共识，很重要。

（7）不要过早圈定产品或报价。过早圈定产品，然后把产品"推销"给客户，这不是大单的玩法。过早报价，后续客户需求不断增加，而价格又无法同步调整，会让销售进退两难。一上来就圈定产品或报价，等于给自己上紧箍咒。

（8）需求分析要覆盖所有相关人员。要考虑参与和可能会参与项目的"所有人"的"全面"需求，包括个人背景、企业地位、人生价值、个人利益等。邱柏对每个客户做了深入了解，包括毕业学校、在哪个岗位干了多久、负责哪块业务多久、现任岗位多久、在企业中的政治地位、当下得意或失意状态、变化趋势、个人追求的价值观是什么等信息，都努力收集和分析。

（9）对细节敏感，把握过程，全面收集掌握对手信息。做大项目既像在战场上拼命，又像在绣花，需要智慧和勇气，又必须心细如发。做事必须把握得精准，恰到好处，时刻留意"弦外之音"和"细微变化"，那是一种很美妙的感觉。对于对手的各种动态，必须建立自己的信息获取渠道。

（10）完美策划高层和顾问出场时间、沟通内容，控制效果和下一步安排。销售人员是指挥官，是导演。公司高管、领导、教授、专家、顾问阶段性地点状参与，每次参与都要听取之前的情况汇报，分析现状，制定目标，然后完成特定任务，再对后面做个部署。有时候他们心里惦记，但精力又不允许他们持续关心细节，所以，销售人员要对每个人的受邀请和出场精心策划，并提醒注意事项。大项目销售就像一列长途车，走走停停，上上下下，从头坐到尾的就那么几个人。

（11）选择朋友与获取相关信息。销售中有"共同的朋友""我们的朋友""同盟"。有些人必须成为共同的朋友，哪怕是对手的朋友，即使神离也要貌合。与对手的支持者和自己的反对者撕破脸是下下策。也有些老好人是共同的朋友，销售人员要避免因这些人礼貌客气而将其错当自己人，从而掉进"温柔陷阱"。"同盟"才是销售成功的关键，必须有志同道合、有共同使命和目标的朋友，而不是那些只建立在"经济基础"上的朋友。

对比之前没成功的项目，邱柏还总结了一些独到观点。

很多销售人员从业务员、科长等底层开始接触，而且把很多资源砸了出去。销售人员给科长讲了十点优势，科长向上逐层汇报，到了处长那儿只剩五点，处长向副总汇报时只剩两点，副总和总经理讨论时基本没提，到了董事长那里变味了。邱柏称这种现象为"信息贪污"。

同一份资料，给了科长就不好再给处长；同一次演示，处长看了副总就不看；同一位高层，见了副总就不好再见总经理。邱柏称这种现象为"资源吞噬"。

邱柏觉得销售人员都应该是神枪手，"每一颗子弹都要消灭一个敌人"。资源是有限的，思路交流、技术讲座、方案展示、产品演示、会议活动、公司考察、样板参观、价格优惠、特殊政策等都是子弹，销售能打的子弹就那么多。

再有威力的子弹，如果要穿透一层层去影响高层，必定打折，一定会"强弩之末势不能穿鲁缟"。对于赢单来说，取决于子弹是否打到了"关键决策层"，是否打出了影响！

"工欲善其事，必先利其器"。除了子弹的数量，还要关注子弹的威力和质量，即每次交流、演示、参观以及每份资料、方案是不是高质量。如果打不中，必定会有副作用。销售人员犯的错误不是因为无知，而是因为自己以为知道，往往自以为子弹很好，就像君和精心做好的方案在副总眼里一无是处一样！

产品销售和方案销售，切入点不同，效果不同。

从产品切入，演示功能。客户会拿功能做对比，再比价格，结果就是："你五折，我四折！"

从客户业务和需求切入，展现咨询能力和方案价值。客户关注投资回报，关注供应商是否理解他们的业务、能否解决问题，这时即使竞争对手抛低价，客户也会相信自己的判断，结果就是："你六十万，我两百万！"

邱柏演讲结束，掌声雷动。

参加了培训，特别是参与了新阳项目，邱柏发现自己在建立一种新的思维方式，一种全局性思维，一种站在每个人的角度思考、关注每个人的感受的方式。

因为有了思考，邱柏也开始留意与客户的沟通方式，他开始放慢说话速度，在给客户打电话或在见面之前都做准备，把想说的话列出来，然后看着这些话想想客户听了会是什么反应、会是什么感觉，客户会有几种回应，每种回应分别该怎么应对，如此"话出口前，先在脑子里转三圈"。

成为一位为客户提供建议和忠告的顾问，成为一位受尊重的专家，敏于事而慎于言，这是邱柏追求的。

经历让人成长。

箴言： 销售要三思而后说。

思考： 1. 你认为销售为什么要三思而后说？

2. 你说话前都做什么思考和准备？

3. 今后你将怎么思考和表达？

第 5 章

铁骑闯关

成交一单难免靠运气，能复制成功才能屡战屡胜。面对所谓业内"行规"和客户对产品、价格的传统认知，不盲从，在提供高价值解决方案、为自己赢取高价格订单的路上，真正的对手是自己。

31. 巧挖商机

那年春天，邱柏幸福地忙碌着。

单子签了之后，邱柏主要跑跑新阳，开展商务谈判、协调交付、协助安排顾问住宿。实施基本步入正轨，闲下来的邱柏意识到一个问题：必须要找新项目了！

之前，邱柏没少关注冶金行业，他从网上找到了二十多家生产流程类似的制造企业，一家家上网查了产量、人数、规模、产品、主要生产设备和工艺，再从中圈了一些规模适中的企业作为目标客户跟踪。之所以要选中等规模的，是因为规模太大的看不上君和，规模太小的可能不具备条件，君和也看不上。

怎么和陌生客户联系，很有门道。

联系之前要想明白几件事：第一，为什么找这家客户；第二，找哪个部门；第三，怎么找到联系人和联系方式；第四，找到后和对方说什么；第五，想要什么结果。

为什么找？因为这些企业是目标客户。邱柏经过与新阳的长期深入接触，对同类行业有了初步了解。新阳关心的问题，这些企业很可能也关心，君和又能帮它们解决这些问题。

找哪个部门？两条路：信息部或业务部。邱柏觉得，信息部那帮人懂技术，谈深了邱柏不懂，他们还有些固执，不如找业务部。业务部邱柏熟悉，谈起来还能应付两句。

怎么找？企业对外公布的电话很容易找到，估计不是销售部门就是办公室的。必须通过这个电话顺利转到要找的部门那里，并找到负责人，这是一项比较艰巨的任务。

找到了说什么？经过一年多的深入参与，邱柏很清楚哪个部门有什么问题，他们关心什么，如何巧妙地表达出来。邱柏觉得，能主动说出客户关心的问题，那是本事！

想要个什么结果？或者了解一些信息，或者预约见个面，或者约对方安排一次交流，这个要视沟通情况确定。

看着这些企业的信息，邱柏思考着上面的几个问题，把想法和准备在本子上写下来，然后抄起电话打过去。

电话是办公室的。

"喂！"那头传来了浓厚方言的沉降音。

"是天全吧？"邱柏直接问。天全是这家公司的名称。如果客户是国有或很正规的大型企业，一般称为"天全集团"；如果是规模不大或者"乡土气息"较浓的民办企业，一般都会称"天全"，不会加"集团"二字。

可能因为问得突然，对方本能地回答："是，你哪儿啊？"方言更浓了。

邱柏说："我君和的！"他同样没带"公司"二字，因为带了会让人觉得距离远，彼此有合作或熟悉的单位一般都不以公司相称。邱柏故意说得有些快，没给对方反应时间，紧接着问："是财务吗？"

对方回答："不是，是办公室。"

邱柏赶紧说："咦？不是这电话？那是多少？"

对方脱口而出一个号码。

这次，邱柏比较幸运。

曾经有一次，对方警惕性很高，听说找财务，问："你刚才说你是哪儿？"邱柏说："是君和。"对方问："找财务干吗？"邱柏说："是成本的事儿。"一听这话，对方可能不知道"君和"是干吗的，也不知道"成本的事儿"是什么事，总之认为是业务上的事，一般也就不阻拦了。

邱柏挂了电话，深呼吸了两次。看着这个号码，邱柏有些紧张，这是个非常关键的电话，不知道那头会是什么人、会问些什么。

拿起电话打了过去。

"喂！"一个女声传来，声音有些上扬。

邱柏说："你好，是财务吧？"这时候不能问"是财务部吧"，不知道是"部"还是"科"，一旦称呼错了，对方马上就警觉了。

对方问："是，你哪儿啊？"

邱柏说："我是君和公司的。我想咨询个事情。"

对方问："什么事？"

邱柏说："你们做账用软件了吗？"

对方说："用了，怎么了？"

邱柏问："我想咨询一下使用情况，咱这儿谁比较清楚啊？"

这个问题，问得很有机关。

首先，向对方"咨询情况"，不是要告诉对方什么，更不是像很多销售人员上来就问"你们打算买吗"。"咨询"这个说法让对方有种优越感，甚至有种同行想买软件请教他们的感觉。

其次，问"谁比较清楚"也有玄机。如果对方是一个会计，她可能会用，但可能仅限简单操作，应该还有一个负责日常维护或比一般人精通些的熟手，这种人很愿意同君和这种公司打交道。如果实在没有，总会有一个被他们视为"清楚"的人。

当然，也有意外。如果对方说"你想咨询什么事"，可能就需要正式沟通了。先问一下对方怎么称呼，之后介绍自己的身份，然后提到同行都会关心的一个问题，想知道对方是怎么解决的。问题本身并不重要，关键是让对方觉得是在向其请教。

一旦对方从陌生和防卫姿态转移到对问题的沟通上，就有了基础。

这种情况也实属无奈。有经验的销售人员会避免打这种完全的陌生电话。一个销售人员的成熟度与他打的陌生销售电话数成反比。后来，邱柏很少打陌生电话，因为他总能从老客户那里知道联系人和联系方式，甚至还会让对方帮忙推荐一下。而恰恰是那些不成熟的新销售人员，整天被逼着去打陌生电话，因为没老客户的销售机会，更没老客户资源帮他们介绍新客户和项目，而这种情况对潜在机会和客户的品牌认知损耗巨大。这是销售的悲哀。

不知是邱柏运气好，还是准备得好，抑或是对方警惕性不高，那边没质疑，而是说："哦，这样啊。我们这里有个人懂，你等一下。"然后扭头喊了句什么。

"喂！"时间不长，电话里传来一个男人的声音。看来这人应该是"比较清楚"的了，和他交流不能太随意，专业些才行。

"您好！"邱柏郑重地问候。

"你好！"这次对方说的不是方言。这是这次电话里最标准的一句普通话了。对方也在"专业"地和邱柏对话。

"我是君和软件天门省分公司的，叫邱柏！"邱柏自我介绍。

"哦，我知道君和，我们在用你们的软件。"对方回答。

啊！太幸运了！居然是一家老客户！听说在用君和软件，双方的距离马上拉近了。这是机会，但处理不好也是危险。老客户对产品很熟，很可能会抱怨功能不好或服务不及时，再提出一堆问题让解决。本来想找商机，结果找来一堆问题，很多销售人员经常这样。如果问题解决得好，销售机会自然也就来了；而如果回避，对方更不会信任自己。

邱柏问："是吗，用了什么模块？"

"用了财务的，然后我自己开发了一些小程序。"对方说。这句话把邱柏整郁闷了，怕什么来什么。邱柏就怕和自己会开发软件的客户打交道，觉得啥都不用买，自己全能搞定！

"哦，是吗？您怎么称呼？"邱柏问。

"我叫唐军，信息部的。"对方说。

"哦，唐部长，听说咱厂是两百万吨铁吧？"邱柏话锋一转，用这样的行话问。

对方对"部长"的称呼没反对。

"是啊，最近又在上炼钢。"当时，铸铁是低端产品，只能供给大企业做原料，挣不到多少钱。而上了炼钢，加工就延伸了一步，价值也就大些。那些企业都以此决定行业地位。

邱柏听说在上项目，看了看本上写的，说："哦？是吗？那咱们就是一家钢铁联合企业了！最近，我一直在新阳钢铁做咨询，他们要进行集中管理，包括集中财务和库存，还想搞成本管理。"新阳的管理在业内颇有名气，很多中小企业相当仰慕。

"是吗？"唐部长随口说。

邱柏说："嗯，我还去过金丰。"金丰是行业民企翘楚，行业内都想学。

199

> **箴言：** 商机不是找来的，是准备出来的。
>
> **思考：** 1. 你怎么找商机？之前做了哪些准备？
>
> 2. 找商机之前为什么要做好准备？
>
> 3. 今后你将做哪些方面的准备？

"嗯，我们也在学他们。"唐部长说。

邱柏一听有机会了，说："咱们这种连续生产企业有好多车间，他们现在特别关注物料和备件怎么供应、之间的物料怎么转移、成本怎么计算分摊，确实有讲究。"

"对，你说的是！"唐部长说。

接着，两人又聊了天全的产能产量和产品情况，没聊软件。最后，唐部长竟主动说："你什么时候来一趟？"

邱柏缓了一下，说："我安排一下，近期吧！"他没说："好好，明天行不行？"因为表现得太心急就没了顾问的感觉，还会让对方产生"上当了"的感觉。

就这样，邱柏发现了这个商机。

这次无论是从目标客户收集、联系方式整理，还是从如何绕开障碍找到切入的目标岗位和目标角色，用什么样的话术和问题去引起对方的兴趣，邱柏都做了充分准备。

挖掘商机的本质不是勤奋，而是知识，是对知识的有效组织运用。不知道哪类客户适合自己，不知道找客户什么岗位的人，不知道他们的业务什么样，不知道自己的产品对他们有什么用，不知道用什么故事或问题和对方沟通，即便打进电话，就算找到老板，那又怎么样？

32. 初闯黄辰

邱柏一周后才去的天全钢铁。

第 5 章　铁骑闯关

天全钢铁在天门省黄辰市，厂区离黄辰市区还有六七十公里。去的时候，邱柏叫上了黄辰代理老安。毕竟在黄辰地盘，那地方人生地不熟，有当地代理商一起好有个安排照应。

邱柏到黄辰市区时，老安已经到车站来接他了。老安个子很高，很挺拔，不胖不瘦，年龄比邱柏大不少。不像有些老总油光水滑的，老安让人感觉很实在、很踏实。老安的公司规模很小，三五个人，在一个写字楼租了间办公室。当地还有一家代理商规模比老安大，也比老安有实力。但找老安，除了他人实在，更主要的是和他合作应该会更顺畅。

从黄辰出发去天全，要走国道。过了县城的郊外，绕过山坡，就看到一个村边不大的厂区，三层办公楼有不少年头了，楼前的厂门有些简陋。

厂区门口横七竖八地停满了摩托车、三轮车、自行车，还有小货卡和私人出租车。门卫看得很严，听说老有人进厂里去偷东西。

远远看见天全厂区和几座高炉，邱柏心里咯噔一下：跟新阳差远了。厂门口的氛围让邱柏心里更没底了，他们真的会买软件吗？就权当练手吧！

"找谁？"门卫见邱柏穿着西服，侧着眼问他。邱柏说找信息部唐部长。门卫又看了他和老安几眼，转身伸手从门卫窗户里抓出电话。

没几分钟，办公楼里出来一位高个年轻人，直冲邱柏而来。

邱柏走上去，笑着伸出手："是唐部长吧，您好！我是邱柏！"

唐部长笑笑说："哦，你好，来啦！"邱柏也笑了笑，没再接话。唐部长又和老安握了手，转身说："走，上楼吧！"

邱柏一边进楼一边说："咱企业规模不小啊！"

唐部长说："哦，还凑合吧，正扩建呢！"

邱柏说："听上次说是年产两百万吨铁？"铁代表初级产品，两百万吨代表产量不大，在行业里算是比较初级的企业。邱柏在奠定谈话的心理格局。

唐部长说："嗯，我们正在上炼钢。"炼钢是炼铁的下道工序，工艺和技术水平都更进一步。

邱柏没刻意吹捧，也没套近乎，沉默了一会儿，说："我上午刚从新阳过来，他们的项目刚启动，实施人员刚安排好，事儿比较多。"邱柏借机抬高自己的身份。

邱柏就没再说话。因为有之前电话交流产生的兴趣和认同，邱柏觉得此刻说话应该少些，要有分量，最好说给有分量的人听。唐部长也没再说话。这不是冷场，而开始有些"不一样"的感觉，那种感觉让邱柏想起两个字——气场。

唐部长带邱柏和老安去了二楼财务部。财务部外屋像银行柜台一样，主要对外结款，几个衣着像长途司机的人手里正紧紧捏着张纸条排队。里屋是部长和会计办公的地方，还有张单人床。

财务部长没在。唐部长说："坐，坐吧，你们坐一下，我去找找部长。"然后转身出去了，把邱柏和老安晾在那里。

邱柏四下看看，办公环境有些简陋，但配置相对齐全。几个办公桌上放着打印好的凭证账本和文件夹什么的。

老安的眼神有些迷茫。

邱柏低头盘算见了财务部长说什么。财务部长应该关心成本，像这种企业算清成本比较难，可能也会关心仓库……

这时，一个衣着朴素的四十多岁的女人疾步进来，看见邱柏就说：

"来了啊,刚才出去了!"后面唐部长跟着说:"这是我们财务裴部长!"

邱柏站起身,说:"裴部长,您好!"

"坐吧,坐吧!"裴部长坐到办公桌前的椅子上,一手搭椅背,一手搭桌子,冲着邱柏和老安说,"听说你们刚从天州来,辛苦了!"

邱柏笑笑说:"不辛苦,上次唐部长说咱们这边有些想法,约我过来一趟。正好拜访一下裴部长,看看您这边的情况。"

裴部长笑了:"我们的情况,唐部长和你们说了吗?"说完看着唐部长。

唐部长说:"哦,上次我们电话里说了一下。"

邱柏说:"裴部长,是这样的,之前听唐部长说咱们厂正在上炼钢,可能将来分厂多了,想了解分厂之间该怎么处理,成本该怎么算,是吗?"

裴部长点点头:"是这意思,我们正在考虑这个事。"

唐部长跟着说:"邱经理刚从新阳回来,他们正给新阳做呢!"

裴部长有些惊喜:"是吗?"

邱柏点头说:"是的,我们正在给他们做项目。除了新阳,我还去过金丰、飞龙,也和他们交流过。"这两家公司在业内很知名,邱柏也确实接触过。

"啊,你去过金丰和飞龙啊?他们怎么做的?"裴部长略显急切。

邱柏笑了笑,说:"是的,我和他们交流过。"

裴部长兴奋了,跟唐部长说:"老板今天好像在吧,要不一起跟老板谈谈?"

裴部长这句话让邱柏顿时紧张起来。

唐部长不置可否。

"你们坐一下,我看看老板在不在。"裴部长说完,起身出去了。

邱柏看看唐部长。唐部长也没想到会这样,冲邱柏轻轻一笑,没说什么。邱柏看了眼老安,老安显得有些愕然。

还好,邱柏和新阳曹总、唐处学艺一年多,对他们的管理思路也了解一些,做了生产现场图片的PPT,对业务也不算陌生。见了客户老板,大不了把新阳的思路讲讲。手中有粮,心中不慌。邱柏掏出笔记本准备资料。

工夫不大,裴部长回来笑着说:"老板在呢,咱过去吧!"

老板办公室在走廊最里面,很大。豪华的老板桌正冲着办公室门,靠墙有一大两小黄色真皮沙发,中间摆着茶几,望过去感觉老板很遥远。

裴部长说:"老板,他们来了!"然后对邱柏说:"这是吴总"。

吴总看上去不到四十岁,长得很精神,脸上带着不易觉察的微笑,内敛而城府很深,和善中像是能洞察一切。

吴总抬头看了一眼,起身向外走来,伸手和邱柏握了一下,说:"欢迎!"又和老安握了一下,指了指沙发说:"坐吧!"

邱柏想暖场,随口说:"吴总,咱在上炼钢啊!"

吴总说:"是啊,天全必须抓住机会先走一步。"

邱柏没继续吹捧,却问:"那下一步的方向是做线材还是板材?"

吴总眼睛一亮,看着邱柏说:"线材!"

邱柏又问:"建筑用材还是标件用材?"建筑用材是盖楼用的钢筋,标件用材是加工机械配件的原料。

吴总看着邱柏说:"建筑用材,盘条!"

邱柏点点头。

吴总继续说:"黄辰地区周边近几年工程建设很火,线材有市场。"

"哦。"邱柏点下头,想了想,又皱着眉问,"现在上了炼钢,钢坯怎么办?"

吴总说:"供给4578。"他说的"4578"是深山里的一家钢铁厂,老牌军工企业,产品在国内属于"高精尖"。

裴部长这时说:"邱经理他们专门给钢厂做,做过几家,比较熟。"

吴总问:"你们给哪家做过?"

邱柏说了几家钢厂的名称。吴总迟疑地看着邱柏——这小伙子如此年轻,有些不太相信,又问:"你们怎么做的?"

这时候,邱柏可以介绍新阳买了什么软件,管哪些业务,想实现什么。可又担心一提软件让对方没感觉。和吴总接触还是第一次,要小心。

邱柏看看吴总,吴总脸上带着善意的微笑,等待着。

邱柏暗中鼓了鼓劲:"好,那我就把一些思路给您介绍一下。"

"据我了解,像咱们这种钢铁企业从铁前的造球、烧结到高炉炼铁,再到炼钢、轧钢,是长生产流程,物料在多分厂和工序之间流转实现增值,难点在于如何管好多个分厂和生产环节……"这都是邱柏从曹总那里学来的。说话间,邱柏把准备好的电脑打开,调出那套PPT。他必须用几句话建立好感和暂时信任,尽快亮出真本事。

接下来,邱柏用自己学习、借鉴、思考、整理的那套PPT,开始向吴总阐述钢铁企业生产总体流程、利润影响因素、可控因素及管理目标等。针对天全即将上马的新项目,他还强调了多厂的集中管理模式。

吴总对这些内容很感兴趣,对邱柏介绍的管理模式和思路也比较认同。在这个过程中,邱柏在说,吴总一直在听。邱柏想用有限的时间告诉对方更精准和有价值的内容，让对方感觉自己"懂行""专业"。

邱柏也想提问，了解吴总更多的想法，但又担心刚刚见面，还没"捂热"，以他的年龄和资历向吴总提问，对方未必和他探讨，还不如先做好汇报。

> **箴言**：销售要提问，前提是先让对方有兴趣并产生暂时信任。
>
> **思考**：1. 你有过上来就提问而效果不好的情况吗？
>
> 2. 你觉得是什么原因导致未达到预期效果？
>
> 3. 你今后将有什么措施和计划？

见吴总是下午五点半，邱柏汇报大约进行到六点多。这期间，吴总手机连续响了五次。每次铃声响起，邱柏都会停下来，吴总会看邱柏一眼，然后直接按掉。只是最后一次响起的时候，吴总接了。吴总接完电话，看了看表。邱柏介绍得也差不多了，停下来看着吴总。

吴总见邱柏停了，突然问："你打算什么时候回去？"

邱柏一愣，没反应过来，脱口而出："一会儿就走。"

吴总又问："能不能多留一天？"

邱柏面露难色。他原计划是要赶去新阳现场参加项目会的，那个会很重要，有他要沟通协调的内容。可吴总这么问，让邱柏犹豫了，衡量之后他说："之前确实有安排。"

没想到吴总说："就明天上午行不行？九点开始，再给我们讲讲。"

邱柏想，既然董事长都这样说了，如果再拒绝就彻底"被拒绝"了。裴部长、唐部长也看着邱柏。邱柏想了一下，说："那好！"

大家和吴总一起出了办公室。吴总忙，先走了。

邱柏、老安、裴部长、唐部长四个人一起往回走。走了几步，财务裴部长高兴地和邱柏握了握手，说："辛苦了！"

邱柏说："谢谢您，明天见！"

裴部长笑着点点头，回了财务部。

唐部长要送到大门口。

老安看了邱柏几眼。邱柏明白，老安在想要不要请唐部长吃个饭，他觉得这机会难得，这种情况下也很容易约出来。邱柏没理老安。

很多销售人员一上来就把约客户来吃饭作为目标，认为只要上了酒桌事情都能搞定，搞不定那是因为酒喝得不够。老安自己怎么做邱柏不管，但现在，对于天全的项目，邱柏要按自己的套路来。如果此时向唐部长发出邀请，刚见第一面就请对方吃饭，那意味着什么？感谢唐部长？是有求于唐部长？都不合适。

虽然没发出吃饭的邀请，邱柏还是在厂门口握着唐部长的手郑重地说："唐部长，感谢！没有您，我就进不了这个大门！接下来该怎么做，您还要多指导，天全的情况您最熟！有机会再感谢您！"

唐部长乐了："感谢你们，大老远来了！再说这也是我的工作。今晚辛苦你们好好准备，明天好好讲讲，老板关心成本该怎么管。"

等待他们的，是第二天的见面。

33. 险出奇兵

从天全出来上了车，老安一路上很兴奋。

以前做小单，科长就够难缠了，这次竟一鼓作气直接见了老板！

在和福哥电话安排好第二天的项目会议之后，老安带着邱柏直奔当地最好的一家酒店。晚饭吃得不错，老安请的。他很老实，也很机敏，他知道这项目做下来对当地市场意味着什么、对他意味着什么。

餐桌上，老安支支吾吾："明天上午给吴总讲……"老安的话基本上都只说半截，然后等着对方接后半句。

邱柏边吃边说："我想想吧，这得下下功夫。"说实话，邱柏自己做的 PPT 今天都讲完了，手里没什么货了。明天怎么讲，他也没想好。

回到酒店，邱柏坐到桌子前面，打开笔记本。老安半靠在床上，打开了电视，但邱柏能感觉到他一直在关注自己的笔记本。

邱柏觉得自己如果有机会和唐部长聊聊就更好了。不过，唐部长的想法未必是吴总的期望。当然，如果有机会，可以问问吴总："您期望明天上午讲讲，讲哪些内容，达到什么效果？"可这样的话，感觉问吴总也不合适。

邱柏打开之前的方案和 PPT、公司的产品介绍，还有以前调研和参加客户会议的记录，琢磨着明天到底怎么讲。唐部长说吴总关心成本。成本这东西谁都关心，可天全是小公司，成本怎么管呢？再说了，他们还真能上一套成本系统吗？高端产品适合他们吗？再看看中端产品模块里，也没适合的功能模块！怎么办呢？

邱柏想起厂门口那些摩托车和出租车，想起那些在财务部办手续结款的货车司机，想起财务部裴部长办公室里那些票据账本……想来想去，邱柏突然有了想法。

成本的核心是物料，要想算出成本是多少，必须知道仓库发料多少、车间用了多少、采购用了多少钱！要想算出利润，还得知道销售卖了多少钱！吴总关心如何算成本，而成本的百分之七十是物料成本，不知道采购多少钱买来、仓库进出多少，成本怎么能算准？如果不讲财务和成本，反过头来讲物料的采购、仓储、结算、耗用、管理，是不是就在天全现有管理的基础上，抓住了最关键和好解决的问题了呢？

对！反其道而行之！

可讲什么内容呢？采购、销售、仓储、生产耗用、财务核算全讲？肯定把人讲晕了。邱柏琢磨了好半天，想来想去，与其全讲，不如把一部分讲透！

想好之后，他开始把资料往一起攒。

老安看邱柏发了半天呆，又磨蹭了半天，终于开始动手写了，小心地问："你看明天是讲……"邱柏说："讲采购！"

"啊？讲采购？唐部长不是说老板想听成本？"老安很惊讶。

邱柏笑着说："没事，他想听成本，我偏讲采购，看谁拧得过谁！"

老安眨巴着眼睛看了看邱柏，想说什么，却没张嘴。

邱柏还有一个考虑：成本是内部管理，肉烂在锅里。可采购是花钱的事，真金白银往外流，哪个老板不关心？当然，不能只讲这一部分，前有"盖帽"，后有"结尾"，中间有"骨架"和"血肉"。

开头部分，邱柏引用了一段话："企业必须创造价值，企业必须对其开展的每一项活动进行分析，寻找它们之间的相互影响。如果企业对于那些在战略上具有重大意义的活动，能够比竞争对手付出更低的成本或者做得更加优秀，那么它就可以获得竞争优势。"这是竞争大师迈克尔·波特的话，那段时间邱柏在读《竞争优势》。

刚一上来不知道怎么开场，就找一段话念念，自己紧张的情绪也会开始平复下来，呼吸也就匀了。开场"引经据典"能帮不少忙。

接下来讲对行业特点和环境的理解，目的是先求同，先让对方觉得自己不外行，说得还算"不错"。行业分析包括对行业趋势、经济环境、企业的应对策略等的分析，力争做到权威、公正、客观、准确，同时更要分析相关举措的原因，也就是根因。

邱柏没少下功夫积累研究。他想把自己放在一个行业顾问的角色上，让对方感觉不是在推销，最后不经意地提一下"借助数字化"就达到目的了。从客户视角和思维进行分析，容易产生共识。

刚写个开头，一看表，快十二点了。

老安仍然靠在床上看着电视，这期间问了两次要不要帮忙。

讲完外部环境，该讲企业内部流程和管理了。邱柏不想告诉客户"你应该买软件""不上就有损失""不尽早做要落后"，他想和客户一起分析企业如何运转、哪些环节有什么管理目标、容易出现什么问题和挑战，再和客户共同寻求用什么方法去解决、预期达到什么效果，这符合一套逻辑。

整个思路其实是和客户共同回顾流程、明确目标、审视现状、归纳问题、分析原因、找到症结、提出方案、展望效果，从而帮助客户形成自己的结论。

邱柏也不忘在PPT里加上几张火花四溅、轧制切割的图片，这会给客户一种很强的心理暗示——这就是我自己的事！

邱柏把PPT整合完，已经三点多了。老安早开始打呼噜了。夜出奇地安静，电视还开着，调得没一点声音。邱柏起身倒了杯水，活动了活动，又坐了回来。他在想，该怎么收尾呢？该为下一步挽个什么"扣"呢？

邱柏把写好的部分重播了两遍，边看边想：如果自己是吴总，看到哪里会有兴趣，看到哪里会觉得多余，看到哪里会瞪大眼睛，看到哪里会上厕所……看了两遍，调整了几个地方，还在想如何收尾。

邱柏想到的还是吴总。

如果自己是吴总，看完这套东西有何感想？接下来可能会做什么？邱柏作为一名销售人员，要给客户一些压力，可吴总能承受的压力底线又是什么呢？

邱柏想起了销售漏斗。

联系之前是潜在客户阶段，那么今天见面客户表达出了兴趣，应该进入了意向阶段。下面呢？进入立项阶段吗？他想起解决方案销售七步法，要不让客户迈出解决方案销售的第一步，来个"高层对调研和制作解决方案的承诺"？

邱柏想了很久，最后结合销售漏斗和项目实施方法论，精心帮吴总设计了交流结束后要做的事，别出心裁地做了一页PPT。

终于可以长出口气了！

伸个懒腰，邱柏盯着自己最后那页杰作，突然感觉自己有些大胆，这么玩儿也太悬了吧？

要么成功，要么成仁！

管它呢，到时形势不妙，大不了不播放这一页！

洗洗睡！

箴言：方案要以客户购买的逻辑而不是销售人员卖的逻辑呈现。

思考：1. 你之前是如何向客户介绍方案的？

2. 为什么要按客户购买逻辑而非销售逻辑？

3. 你打算如何优化你的方案逻辑？

早晨邱柏醒来时，老安已洗漱好，并已穿戴整齐。邱柏睁开蒙眬的双眼问："几点了？"老安说："七点多。"邱柏不情愿地起床、洗漱、退房、吃早餐、结账，出发时刚好八点。

唐部长把二人带到一个小会谈室。会谈室里靠墙有一排木沙发，前面放了两张茶几。邱柏判断应该是跟供应商坐下来抽烟谈事的地方。

沙发对面的墙没挂什么东西，刚好可以放投影。唐部长找来个插座。老安把投影仪架在茶几上，开机调试。邱柏拿出笔记本，打开PPT，又从头到尾快速播放了一遍，然后切换到全屏播放状态，插上投影，一切正常，这才看了看唐部长说："行了！"

唐部长转身出去了。

没一会儿，裴部长先进来，坐在最里面的单人沙发上。她没昨天笑得那么轻松自在。过了一会儿，进来个四五十岁的男人，衣着朴实，看样子在厂里待了不少年头了，比较有实权的感觉。邱柏朝他点点头，他也朝邱柏笑了一下，坐在最外边的单人沙发上。

很快，吴总进来了。邱柏站起身。吴总朝邱柏点点头，径直坐在中间的沙发上，就在邱柏左边。唐部长坐在了他右边。吴总左右看了看，指着中年男人跟邱柏说："这是我们企管部长！"

邱柏欠了欠屁股，冲那男人笑笑。

那男人向前探了探身，又靠回去。

吴总跟那男人说："你也听听。"那男人点点头，但好像不知道要干什么。

一上午，六个人，一间会谈室，一个投影仪，一个笔记本，一套PPT。邱柏在讲，大家在听。没人打断，也没人上厕所。

吴总偶尔接个电话，邱柏马上就会停下来，等他接完再继续。吴总接电话也很简洁，低声几句也不多说，很快就挂了，然后略有歉意地看邱柏一眼。

企管部长在邱柏讲到多部门集中管理，特别是集中采购流程时，前倾着上身，伸长了脖子。

裴部长和唐部长一直默默地听。

到最后一页时，已经快十一点了。

邱柏看看吴总，又看看企管部长和唐部长，感觉他们听进去了，也认同了。邱柏感觉自己所谈方案引起了他们的兴趣，他们面对规模扩张带来的未知风险，有着降低成本的急迫和期待，至少是有内容可以借鉴和尝试的。基于这些感觉和判断，邱柏决定最后一搏。

邱柏想用最后一页PPT直接拿下天全！这是个大胆的设想。但又不能明确要求客户去做什么，必须让客户自己心甘情愿往前走。

最后一页是"项目实施流程"。

邱柏强调，大家要做的是个项目，和上炼钢项目一样，要有"项目管理"，要分成前期探讨、前期咨询、项目准备、项目建设、项目交付、运行支持等几个阶段。

前期探讨阶段，包括前期沟通交流、认识问题及影响、明确实施目标、达成合作意向。其中"合作意向"做了标红，表示是里程碑。

前期咨询阶段，包括初步调研分析、业务诊断、实施方案设计、方案汇报与评审、制作项目建设书、签署商务合同。其中"方案汇报与评审"和"签署商务合同"做了标红。

项目准备阶段，包括确认实施计划、项目组建设、调研准备、前期培训、项目启动会。其中"项目启动会"做了标红。

项目建设阶段，包括业务流程调研、流程分析与优化、目标流程确定、系统安装测试、项目组培训、系统配置与测试、客户操作手册、项目试运行报告。其中"目标流程确定"和"项目试运行报告"做了标红。

项目交付阶段，包括最终用户培训、权限设计分配、内部支持体系、系统切换、系统上线运行。其中"系统上线运行"做了标红。

最后是运行支持阶段，包括现场支持、持续支持、持续改善。其中"持续改善"做了标红。

这个东西源于君和实施方法论和项目管理方法，以及 Nick 培训中的实施建议。邱柏又把销售阶段与实施阶段对接起来，形成了一个整体的"项目流程"，这是站在客户角度的全流程管理，而不是站在"销售"和"实施"的卖方角度。

邱柏逐一向吴总做了解释，然后用激光笔指着投影，看着吴总说："我们做了前期沟通交流，刚才认识了问题及影响，也汇报了建议的目标和内容，现在是在这个阶段。"邱柏指着前期探讨阶段接着说："按流程来讲，下一步需要请您确认实施目标与范围，达成合作意向，然后就可以进行初步调研分析和诊断了。"

吴总问："初步调研分析要钱吗？"

邱柏说："因为调研要投入我们的顾问和资源，原则上是收费的。实际上，有的项目单独收费，有的项目先不收，等签合同时再一并考虑。"

吴总想了一下，说："就按你刚才讲的目标和范围，先做个调研吧。"

邱柏说："那需要达成合作意向。"

吴总说："可以。"

邱柏说："要签个合作意向书，不涉及钱，主要是双方保密条款什么的，也是对双方负责，我们也好拿这个协调和安排资源。"

吴总说："可以。"

邱柏说："那我和唐部长打印一下，一会儿找您签字？"

吴总站起身，说："可以。"

第 5 章 铁骑闯关

这时,唐部长也站起身,不知什么原因他有些着急,小声嘟囔着对吴总说:"其实做信息化的公司还有好几家,要不再看看,比较一下?"

吴总边往外走边说:"不用。"

企管部长和裴部长也朝邱柏点头,各自出去了。

剩下唐部长站在那里,尴尬地看着邱柏和老安。

邱柏急忙找到笔记本里的"战略合作意向书"样本,把名称改成"天全钢铁有限公司",急忙检查了一遍,只有一页多,没什么问题,然后拷给唐部长去打印。邱柏的手有些哆嗦,不知道是紧张,是激动,还是心虚。

唐部长去打印了。

邱柏这才有时间掏出手机——有好几个未接电话。

不一会儿,唐部长拿着几页纸回来了。邱柏在上面签了名,然后和他去了吴总办公室。吴总接过去看了起来。

邱柏一看吴总没直接签而是拿着看,紧张得要死,恐怕再有什么异议,更怕他突然"冷静"下来。那几秒,如此漫长。

吴总看了几眼,抄起笔,签了字,递给了邱柏。

吴总的字不算龙飞凤舞,没什么特色,在邱柏眼里却非常帅!

邱柏尽可能让自己保持平静,说:"我们回去尽快拿个计划,安排调研。"

吴总说:"可以。"

邱柏看了一眼唐部长,问吴总:"那调研安排上的一些具体事情,是不是和唐部长联系就可以了?"

吴总说:"行,找他安排吧。"

邱柏说："好。"然后转身往外走。

他当时突然有一种很奇怪的感觉——快跑！就像做贼偷了一件宝贝想尽快逃离现场一样。他特别怕吴总再把他叫回去，然后说"我签的字不算了"。

邱柏回到会谈室，老安在那里等他。他拎起包，冲着跟进来的唐部长说："唐部长，那我们就先回去了。"

唐部长主动说："马上中午了，一起吃个饭吧！"

邱柏说："不了，下午还有事！"

快速辞别了唐部长，邱柏和老安快速下楼，走得气喘吁吁，头也不敢回，真可谓"仓皇逃离"。直至开车走出了两三公里，邱柏才回头看看天全那片厂区，长出了口气。想不到这么不起眼的一家企业，老板居然这么有魄力！

到这时，他从仓皇中冷静下来，一种兴奋和成就感在心中冉冉腾起，血液也跟着热了起来。老安也很紧张，掩饰不住脸上的兴奋，朝邱柏笑着。

邱柏也笑了，掏出手机。

福哥在新阳刚参加完项目会议，正在去饭店的路上。邱柏问福哥："那边的项目会议顺利吗？"福哥说："很顺利！你那边怎么样？"

邱柏说："还行！"他把话强压在嘴边，故意没告诉福哥。

福哥"嗯"了一声，他没听到结果，心里一沉。

邱柏突然说："进展一般吧，就是签了个战略合作协议！"

"哦？！"福哥很惊喜。

邱柏随口说："估计也就再搞个两三百万吧！"

"行啊你！"福哥笑开了花。

34. 细致诊断

打铁要趁热。

回公司第一件事就是协调顾问安排调研。

邱柏刚做完新阳项目，觉得自己从能力上完全能独自把控整个过程。之所以还要再找人，是需要不同的角色，组成一个团队开展工作，告诉客户这些是"请来的专家"，否则从头到尾自己一人做，客户感觉也不好。

找谁呢？虽然和总部那帮专家顾问很熟了，可天全毕竟是一家小民企，也用不了君和的高端产品，那些顾问都是做高端的。后来，北方大区推荐了一个顾问，听说刚给东北一家同行业客户做过咨询。邱柏看了简历，觉得还可以。

三天后，邱柏做了调研计划和调研提纲，提交给了客户。说是调研计划和提纲，其实是做销售的工具，虽然这都是邱柏自己临时一点点拼凑出来的，但每份文档字里行间都要让客户感觉这是很成熟的、标准的流程和工具，要给客户留下专业的印象。

调研计划里，邱柏不仅明确提出了时间、地点、对象、范围、目标、结果等，还提出加强相关人员意识，确保按时完成，并保证调研效果。除此之外，邱柏还提出了一项建议："强烈建议天全成立项目组并指定项目经理全程参与调研，要求项目经理熟悉业务并具备一定的计算机应用基础。"

之所以这么说，邱柏有两个用意：第一，怕客户认为所有工作都是君和干，他们只要结果，不承担责任。第二，想在吴总面前推一把唐部长，因为这个标准只有他符合。如果唐部长因为这项目与君和的推荐担起重任，他当然会更配合和支持君和方面。

调研提纲也做了调整。君和之前的调研提纲更多是基于产品模块，让客户选择一些参数和功能。邱柏觉得那不是售前调研，而是实施调研。他重新做了设计和调整，针对吴总、企管部、财务部、库房、各生产厂等每个部门都单独列了一些问题，包括组织结构、主要工作内容、业务目标、遇到的障碍和问题、造成的影响、希望如何解决等，并注明了需要每个部门提供的资料和表单。

这套计划和提纲提前发给客户，有几个效果：首先，让被调研的人有所准备和思考，便于提高效率；其次，让客户感觉到很受重视，以准备充分；最后，通过一些专业问题触动对方的痛点，让对方意识到调研是为了准备解决这些问题的。

调研前一天，邱柏和大区顾问到了县城。

那哥们个子不高，留着分头，胡茬很重，说话时一阵阵眯起眼，折射出他的心虚。邱柏晚上请他吃饭，在饭桌上说："在客户眼里，你是北京来的顾问，是我请来的高手，是行业专家，要给客户这种感觉，要有那种威严和架势。不用多说话，具体问什么咱们吃完一起看下提纲，有些问题你问，有些问题我问。另外，我们只提问、不解释、不回答、不多说。"那哥们"哦哦"回应，不断点头。

签订意向书五天后，调研开始了。

先调研吴总。

经过前两次接触，邱柏感觉吴总是一个非常睿智稳重的人，特别像《基业长青》里描述的"第五级领导人"。还有一本《执行》也不错，邱柏备了《基业长青》和《执行》各一本，作为礼物送给吴总。

吴总很配合，特地预留了时间。就在他办公室。

问及目标，吴总说，要发挥当地资源优势，三年内实现铁前、炼铁、炼钢、轧钢、发电完全配套以实现成本最低，产品定位在线材。当年建一座五百立方米的高炉，下一年建一座八百立方米的。下一年建一百八十平米的烧结机、六十万到八十万吨的焦炉，同时开始上轧钢项目。持续建设七千五百千瓦和两万千瓦的发电机组。三年后具备铁前、铁、钢、线材配套目标生产能力，年产值达到百亿元左右。

问及实现目标的关键成功要素，吴总说，要控制产品成本，控制资金流转，加强资金收支计划控制。确定管理模式，不断优化组织机构、职能和层次，严格管理采购、信息传递、资金支付，建立绩效体系和激励机制，建立企业内部监控机制。同时，原料采购在未来两到三年实现50%进口、50%利用本地原料。

吴总想得如此清晰，让邱柏由衷敬佩，更让他心里一阵窃喜，这不正是君和系统要帮他做的吗？

接下来调研了企管部长。

他关心工资管理和经济考核指标，以及各分厂的考核方式；关心设备器件的采购与使用周期问题，觉得那方面漏洞太大；关心原料市场信息收集、价格管理与供应商选择等。他希望加强对采购流程和信息的管理，确定管理模式，通过培训提高员工素质，实现合理的绩效。

财务裴部长关心财务和成本计算、预算管理和资金计划管理。她认为，人员素质亟待提高，业务和分厂数据不到位，资金随意性大，资金体外循环严重，等等。

邱柏他们还去了仓库，仓储科长接待了他们。天全的仓库就是一个空荡荡的大厂房。仓储科长说每天有两三百张单据要处理，忙不过来，根本没时间和精力，更别说对计划的控制。

邱柏这次调研和在新阳调研时的感觉完全不一样。天全钢铁很多地方都不正规，管理水平也差很多。越是如此，邱柏对提升天全的管理水平就越有信心，起点低，稍加努力就会大不相同！

这次调研不仅让邱柏了解了天全，更让天全人认清了自己。唐部长跟着调研，也很惊讶天全原来是这个样子，很多事情发生在身边却不知道！

从销售人员来讲，调研让客户感觉到销售人员是在认识、了解、分析他们，这个过程很重要。就像病人去看病，如果医生不问情况就直接开出药方，病人连自己哪儿不舒服都没说完，他会相信这个药方吗？会相信这个医生吗？

调研就像请病人坐下来，说说自己哪里不舒服，再针对现状问一些具体问题，探讨一下可能的原因。而调研报告，就像病情分析和诊断报告，解决方案就是治疗方案。

只要对方把他的症状清晰地传达给销售人员，销售人员认真地倾听，并且问出了让客户觉得很准确、很专业的问题，客户对销售人员的信任感就会陡然上升，对其开出的药方也很容易相信！

箴言：售前调研的目标是了解客户，更是赢得客户信任。

思考：1. 你调研关注内容多还是关注信任多？

2. 如何在调研中赢得客户的信任？

3. 你在今后的调研中将如何加强？

好的调研要起到几个作用。

第一，了解业务流程，了解客户的战略和业务目标、实现目标面临的障碍和问题、需要的能力（关键成功要素），还有具备能力解决问题之后的价值。通过面对面交流达成共识，作为方案的依据和素材。

第二，调研是销售人员学习行业知识、企业知识、客户业务知识的好机会，可以提升销售人员对客户的理解能力和对话能力。

第三，通过提问引发客户更深入的思考，使客户关注跟产品或服务相关的目标及问题，使客户意识到可能存在的某些潜在需求。谁先挖到需求，谁就会"先入为主"，更容易获得客户的信任。

第四，在调研过程中，客户被关注、被询问、被倾听、被诊断，客户会认为销售人员在为他着想，会认为销售人员所提交的方案将针对并解决那些问题，从而更有利于方案被认可。

第五，客户在这个过程中对"人"和"公司"产生好感，从而有利于项目有效推进。

邱柏这次调研达到了预期目标，客户该说的都说了，信息该掌握的也基本掌握了，专业印象也留下了。邱柏很享受这种感觉。

回去之后，要写方案了。

方案分成三部分。

第一部分是调研报告。根据调研记录，邱柏对每个角色、职责、存在的问题及影响、关键成功要素进行了归纳整理，总结列示得很清楚，并在最后做了总结。大家都很关注的关键需求一共有六条，其实每一条都对应着君和的方案和产品，但没在这里提。

第二部分是解决方案规划。邱柏结合调研归纳出几个核心问题，针对性地提出了解决方案，包括每个问题用什么产品和哪项功能解决，以及项目实施范围、应用产品、实施周期、项目组织、实施流程、实施计划等，都一一列示清楚。因为包括吴总在内，大家都担心人员基本素质不够，所以邱柏还单独增加了"培训计划"，加入了"计算机基础操作""常用软件操作""业务流程培训""管理培训"等培训计划。

第三部分是价值分析与投资回报。只有计算出价值和回报，让客户感觉方案能带来价值，才能报出高价格！邱柏选择了五个关键指标，包括库存周转率、应收周转率、制造成本、采购成本、付款周期，将这五个指标结合行业平均水平和客户预期，预估了实施后可以改善的空间，从而推算出节省的资金。

这么一算，发现居然能节省资金 40 394 072.39 元！不行，太大了，有些不靠谱！邱柏想了一下，节约的资金还不能算收益，如果再按 6% 的机会成本折算一下，是 2 423 644.34 元，也就是说，软件上线后，每年能为天全带来 242 万元左右的潜在收益！

很惊喜！

邱柏对自己的方案更有信心了，他知道天全的现状和提升空间！

又反复看了君和的产品报价单，发现按标准报价只能报出几十万元，虽然这在君和的中端产品线里已经很大了，但离这一单做到两三百万元的目标相去甚远！

邱柏放弃了标准产品价格，根据相应模块重新调整单价，列了一套行业版产品价格，这次一算，产品部分能报到 85.91 万元！

邱柏看着这个数字又激动又怕。激动的是，这数字对于当时只卖几万、十几万元的中端产品来说是个很大的数字了！怕的是，天全那样一个小企业，能接受吗？

不多想，就它了！

毕竟每年能给客户带来 240 多万元的价值，相比之下，这价钱高吗？

这只是产品的价格，还有实施费。

以前君和做产品销售，客户买了产品都

箴言：报价的支撑来源于可能为客户创造的潜在价值。

思考：1. 你平时都是根据哪些因素报价的？

2. 为什么将报价与潜在价值关联？

3. 你打算如何优化你的报价策略？

是免费上门安装培训的，后来卖解决方案才有了实施的概念。邱柏根据实施计划，把每阶段需要的天数和投入人员列了一个表，结合人天报价标准，算出了实施报价是 97.55 万元。将近 100 万元的实施费？天全的工人一个月工资才多少钱，君和的顾问一个月也才挣多少钱，一个实施人天就向客户收几千元，讲理吗？

更"不讲理"的是，邱柏还把许多杂费列入报价，顾问食宿费每人每天 200 元，市内交通费每人每天 50 元，补助及其他每人每天 80 元，实施周期五个月，累计投入 283 人天，这些杂费有 93 390 元！

总体报价算下来 192.8 万元！

邱柏看着这个数字想了半天，最后在这个价格下面写了一句话："每年潜在收益 242 万元，上线一年投资回报率即达 125.39%！"

就这样，邱柏把这些分别打印，到天州一家装订店做了个精美的封装。接下来，邱柏要把这个有挑战性的价格报给天全。

等待他的会是什么？

35. 酒桌较量

做方案和报价用了一周。

这期间，老安给邱柏打了两次电话，问他可以做些什么。邱柏明白老安的意思，他一方面想知道方案和报价是怎么做的，另一方面也在试探是不是和唐部长"出来坐坐"。

邱柏觉得，唐部长比他大不了几岁，人很实在，对自己工作和生活的状态也比较满意。大项目里需要有中层为高层决策做"支撑"，必须有人能指导销售，邱柏就把唐部长当成了这样的角色。邱柏判断，唐部长还年轻，他更关注自己的事业成就和获得老板认可，把项目做好比"出来坐坐"更重要。

邱柏做完方案和投资回报，就更觉得没必要"出来坐坐"了。邱柏靠的是专业，是价值，不是像小吉和油哥那样的"关系"。

方案汇报定在调研后第九天。

直接给吴总汇报，早晨九点开始，还在那个会谈室。

邱柏讲了项目总体目标，讲了各部门目标和关键成功要素。看得出来，吴总比较满意。因为有详尽的调研和分析，对各部门的业务分析与实现举措也丝丝入扣，更像是企业内部自己的管理分析会。讲效益分析时已经十一点了，邱柏严谨清晰地呈现了潜在收益，吴总的表情也让邱柏多了几分信心。

报告里把报价称为"投资规划"，也是一种心理暗示。

邱柏并没有直接抛出总价，而是通过项目范围、所需功能、岗位数量等汇总了产品价格；通过实施过程需要多少人天、什么工作内容、什么成果，让对方知道钱都花在了哪里，从而认同报价的组成和总金额。

画面切换到报价。

吴总表情并没太大变化，看似很平淡。旁边的唐部长却伸长了脖子，眼睛瞪得贼大，惊愕不已又欲言又止，几乎要急眼了。

汇报结束时，将近十二点。

吴总慢慢站起身，看上去有些尽兴，也有些思考，平淡地对邱柏说"时间不早了，我还有些事，不能亲自陪你"，然后转身和唐部长说"你陪他们吃个饭"，说完转身走了。

这顿饭肯定要吃了。

这不是邱柏第一次和唐部长吃饭。调研那几天,唐部长、邱柏、大区顾问、老安几人吃过两顿。第一天中午,唐部长带他们去了天全食堂,当晚老安做东去了市里。可这顿饭不同,不仅是吴总亲自指定,而且是报价后的第一顿饭。

不知道吴总是否提前安排让唐部长在饭桌上杀价,灭灭来者威风。这种企业经历的"采购"和"谈判"太多了,工程和设计项目不比这样的采购金额大多了?那些供应商不比邱柏这帮人精明多了?天全这样"身经百战"的民营企业,面对如此"不讲理"的价格,一场深度心理较量在所难免。

唐部长坐中间,邱柏坐右边,老安坐左边。

一个个表情凝重,这顿饭不好吃。

点菜时,大家彼此推让,最后老规矩:每个人点一个,剩下的由老安搭配整齐。

唐部长先点了一道。邱柏也迅速点了一道,把菜单推给老安,然后冲着唐部长说:"唐部长,感谢您的精心安排啊!今天终于告一段落,我们交作业了!"邱柏言外之意:下一步如何选择决策是天全的事了。

唐部长实在地笑笑:"呵呵,这过程中我也学了不少东西。"

不简单,对方能压抑住谈价格的欲望,邱柏更不敢掉以轻心。

"瞧您说的,这么客气干嘛!今天汇报完了,下午也没什么事了,喝点儿吧!"邱柏说。

唐部长说:"不行不行,下午还上班呢!"

老安抬起头,目光从菜单转到唐部长脸上,说:"没事,吴总安排您出来陪我们，喝点儿正常！再说了，不喝点儿，也感觉您的工作没做到位啊！"老安说的"没做到位"不是说陪客人，而是指砍价。

"呵呵。"唐部长笑笑。

邱柏趁机说："喝点儿吧！"

酒是个好东西。有些话，衣冠楚楚没法说；几杯酒下肚，领带松了，扣子解开了，话也就可以随便说了。

开始推杯换盏。要了一瓶酒，就仨人，单独敬会让第三人感觉生分，索性倒满一起干。

价格还是要谈的。唐部长率先出招："你们除了给新阳做，还给哪家做过了？"这是个很有挑战性的问题。如果说了给谁做过，他会问那家花了多少钱。那些企业顶多十几万、几十万。如果说没做过，那就更没道理一上来就开价两百万。

邱柏想了一下，说："你知道新阳为什么和我们合作吗？"

唐部长随口问："为什么？"

邱柏说："新阳想和我们共同开创国产软件应用的先河，用他们的管理思想和管理模式，结合君和的数字化手段和服务能力，一起创造属于中国人自己的数字化平台！之前，这类大企业都是老外垄断的。大家有信心，也有决心做好这件事！"

唐部长说："新阳是有魄力！"

邱柏紧接着说："天全在当地第一个上炼钢，也很有魄力啊！"

唐部长被忽悠了，不好意思地笑笑，突然意识到第一招没起作用，有些索然，和邱柏喝了一杯，又说："可新阳毕竟是大企业，有钱啊！"

"嗯，是啊！"邱柏笑了，等的就是这句话。他更没着急回答，夹口菜放嘴里，慢慢嚼完咽了，看看唐部长说："我也想过这事儿，那种大项目要看缘分，可遇不可求，百年不遇，千年等一回啊！"

大家呵呵笑了。

邱柏又说："其实，真正能规模复制的，还是高速发展的中型企业。这种企业数量多，机会也多，一旦做出样板，后面跟风似的有一大批！"

唐部长说："是啊，这种企业数量是很多，可意识也比较落后，要让老板花很多钱，难！"他终于按捺不住拐到价格上去了。

邱柏说："确实难。事因难能，所以可贵。正是因为大家意识都比较落后，谁先做了，谁就会占有先发优势。一步领先，步步领先。同样，君和为了树立一家中小企业样板，肯定会投入最精干的力量，一定尽全力做到最好！后面复制起来，恐怕就不会投入那么大了。来吧，喝酒！"

话在酒里，谁都明白。

唐部长开始有些犹豫，或者说矛盾。最开始和邱柏接触，他以为几万、十几万就搞定了，没想到会到今天将近两百万的地步，这让他始料不及。他担心没法向吴总交代，更担心事情压在自己身上责任重大，他担不起。但同时，又如邱柏所说，当地中小企业在这方面确实是一片空白，他们是第一家；如果他率先做成，会成为当地首屈一指的专家，这他很清楚。

唐部长一矛盾，心就有些乱了。

邱柏正琢磨着，唐部长突然说："说实话，这个价格太离谱了，其他软件公司我也都了解过。"

邱柏一听，笑了。这时候，他完全可以说"咱们签了协议的，再看其他家不合适"，可这么说就表明怕对方看对手的，也就等于承认自己在挟持他们。

邱柏说:"现在的价格没什么可比性。同一个项目,有报二十万的,有报两百万的,也有报两千万的,怎么想的都有,没法说!唉,一想起来就头痛,算了,喝酒!"大家又同端一个。

唐部长说:"这个价格确实太高,吴总不会花这么多钱的。"

邱柏明显感觉到,唐部长可能是吴总的马前卒,这话很可能就是吴总的本意。跟了老板这么长时间,唐部长对老板这点心思还是能看明白的。

邱柏说:"这价格是根据调研内容、各部门需求,结合平台模块和工作站点,根据君和的价格政策严密测算出来的,计算过程你也看到了。"

唐部长问:"能便宜多少?"

很直接了。

邱柏也直接回答:"能便宜多少,取决于去掉多少功能和站点。"

唐部长笑笑,说:"你回去,再向公司请示一下吧。"

邱柏说:"呵呵,这个项目,我说了能算。"

话说到这个份上,第一轮的价格已经谈完了。

后来,大家开始玩"蒙混儿"。

一人一只碗,五个色子,手抓着色子散在碗面,用手盖着,彼此猜自己碗里加对方碗里各点数的有多少个,既是数学概率也是心理博弈,更是互相唬人。邱柏一直玩得不好,输多赢少,心理素质不行,脑子也跟不上。不过,那天邱柏没多叫,叫得比平时少些,显得比较保守和实在,他想让唐部长知道他不是那种满嘴跑火车的人。

那顿饭,把邱柏和唐部长的关系从"朋友"又吃回了"商人"。

离开黄辰前,邱柏对老安说要和唐部长保持联系,了解动态。

三天后，老安说唐部长请邱柏他们第二天去谈谈。

邱柏知道是这结果。

离开酒桌时已经把球抛给了天全，当然是对方先出牌！价格怎么也得降，毕竟对方主动邀约，再不降很可能激怒对方。但要降，一定得有降的理由，不能一上来就降，也不能被对方一折磨就降，否则对方一定会折磨起来没完。一定要找个降价的"理由"，而"面子"往往就是好理由。

不同的人有不同的"面子"。

老大出面降一些，既给老大面子，也给对方面子，一举多得。

邱柏和福哥商量好策略，驱车直奔黄辰。

36. 隔空博弈

那天是签订意向书的第十九天。

不到七点就出发了，司机开车。从天州到黄辰要一个半小时的高速，再到天全，六七十公里的国道也要将近一小时。

路上，邱柏和福哥聊了之前的情况。那天饭桌上，唐部长做了价格探底，邱柏的态度和理由比较明朗。这次，吴总肯定有所准备。邱柏和福哥的策略是，邱柏先从方案角度坚持，福哥择机松口，让步是赠送一套办公自动化软件，这样可以保持总价不减少，不影响收入和业绩，争取达成初步共识，推动签约。

到天全时，差十分钟十点。

这是福哥第一次来。唐部长出来迎接，他对天门总经理福哥很客气，从走路和说话都能感觉出来。唐部长把他们请到那间会谈室，沏上茶，然后说："你们稍坐一下，我去看看吴总。"然后转身出去了。

福哥神态自若。

一出好戏即将上演。

唐部长没一会儿就回来了，平静地说："吴总忙点儿事，稍等一会儿吧。"然后坐在福哥旁边，礼貌地问："福总几点出来的？"

福哥不动声色："早晨七点多。"

"哦。"唐部长点了下头，又问："路上挺顺利的？"

福哥说："挺顺利的。"

唐部长又轻轻点了点头，愣了一下，然后说："福总，要不你们先等一下，我去处理些事情，一会儿吴总那边忙完了，我再来叫你们？"

福哥说："好，你先去忙。"

唐部长推门出去，顺手半掩上门。屋里剩下邱柏和福哥。福哥端起茶杯，低头吹了吹，喝了两口，看着茶杯上升腾的热气，没说话。

半个多小时过去了。

有几次门被突然推开，来人发现里面坐着人，西服领带的，愣一下，知道这是来谈判的供应商，也知道这房间被占用着，缩回去又半掩上门。

又过了二十多分钟。

福哥坐不住了，站起来踱到窗前，隔着走廊眺望；然后低头看着自己的脚面，慢慢走回来，坐到沙发上。水杯喝干了几次。屋里有两个热水壶，邱柏记得上次这屋没有水壶，莫非是对方提前放好的？看来天全早有准备。

邱柏不知道跟福哥说些什么，想打开笔记本电脑干点什么，又怕吴总突然叫他们进去。手上有份打印好的方案和报价，无聊地反复翻了很多遍。

又过了一个多小时，快十二点了。

这期间，邱柏出去了两趟，一趟去厕所，另一趟去了吴总办公室门口。吴总办公室的门关着，门口也没像平时一样有帮人等着，倒是很清静。估计吴总没在。邱柏回来告诉了福哥。福哥仍然低着头，没说话。

差五分钟十二点，唐部长推门进来，满脸歉意："福总，让你们久等了。吴总刚才突然有事，被市里叫去开会了，估计下午就回来了，不好意思！要不，咱们先去吃饭吧！"

邱柏看看福哥，心里有些愧疚，感觉是他没安排好。

福哥没责备邱柏的意思，平淡地说："行，先去吃饭吧。"

那顿饭安排在一个中档饭店。福哥坐中间主位，唐部长坐右边，邱柏坐在福哥左边。唐部长点菜很主动，也没推让，一下全点好了。这顿饭是他请。

邱柏听服务员重复了菜单，想到这饭店的档次和菜价，心中粗略一算，这顿饭也就三百来块钱。这是销售的基本功：点菜，凉热荤素鱼肉蔬；不点，粗略翻过菜单，听对方点完、服务员报菜单，基本上就能推算出这顿饭大约多少钱。

唐部长说："下午还有事，就不喝酒了，喝点饮料吧。"然后问福哥："福总喝什么饮料，果汁？"

福哥说："不用，茶水就行。"喝了一上午茶水，还没喝够。

唐部长说："别别，来点儿饮料吧！福总来了，怎么也得表示表示！"

邱柏说："来个大雪碧吧！"

邱柏以为唐部长会在饭桌上先谈一轮价格，形成一个"有分歧"的双方意见，再去见吴总。结果，那顿饭只是闲聊了，谁也没提价格的事。

吃完饭一点半，又回到天全厂里，又被领进那个会谈室。

下午比上午难熬多了。

来时路上的激情、想法、话术、说辞一套一套的，中午就有些乏力了。再到下午，那些好像成了"强弩之末"，自己都觉得没什么分量了。

福哥也开始站起来，踱几步，再转回来，或坐下，或再转回窗前，站在那里望着窗户外发呆。邱柏不知道该说些什么，尽管上午还觉得是自己没安排好，但现在他已经感觉到不是自己的问题了。

邱柏又出去，远远向吴总办公室瞄了几眼，门依然关着，有几个人站在那儿，好像也在等。半小时后，又瞄了一次，这次人少了。邱柏刚想回头，突然发现有人出来，看来吴总在办公室了。

邱柏赶紧转身往回走，到会谈室门口时又慢了下来，故作镇定，缓缓推门进去跟福哥说："吴总好像在。"

福哥看了邱柏一眼，"嗯"了一声，继续站在那儿望着窗外。邱柏也跟着望着，除了天全的厂房，也看不到什么。

邱柏说："要不，我先去吴总门口等？"按道理，他不应该说这话。他和福哥是天全请来的客人，是唐部长联系安排的，安排好了自然会来叫他们。绕过唐部长，直接跟那些人一起排队，那是什么心理格局？还怎么谈合同？

福哥沉默了一下，没想到竟"嗯"了一声。

邱柏去了。

门口等的人大多是找吴总签字的，也有送图纸的、递报告的，空着两手的只有邱柏。几个人进去，又出来。邱柏没进去的理由，只能等。

下午三点左右，吴总突然推门出来，无意间看到邱柏，一愣，说："你们再等下，我还要处理些事情。"没等邱柏回话，转身和一帮人往外走了。

邱柏灰头土脸地回到会谈室，见到福哥，说："吴总又出去了，让我们再等一下。"福哥看了邱柏两眼，面无表情，继续低头，像在琢磨什么。

下午五点半，邱柏和福哥气血几乎耗尽，唐部长来了。

唐部长满脸歉意，笑着说："不好意思，本来约好了，今天项目上突然有些情况，吴总急着处理，刚弄完，咱们过去吧！"

到了吴总门口，唐部长推推门，没推动，莫非没人？唐部长回头望望楼道，表情迷茫。

邱柏内心备受摧残，这次和前两次进这门时的心情有天壤之别！

唐部长看看福哥，略带歉意地笑笑说："刚刚吴总给我打电话，说马上回来，让我请你们过来，我再去看看。"说完，又朝楼道走去。

邱柏和福哥站在那儿，彼此看看，都没说话。此时的福哥不像威风八面的君和天门的老总，颇有平凡路人的感觉。

过了一会儿，吴总快步走来，看到邱柏和福哥，满脸歉意地说："不好意思，不好意思，处理些事。走吧，进屋！"

邱柏介绍福哥："这是我们天门省分公司的总经理，福总。"然后介绍吴总："这是吴总。"邱柏已经没心气了。

> **箴言：** 谈判是双方心理的博弈。
>
> **思考：** 1. 你在谈判中有过哪些"被折磨"的经历？
>
> 2. 当时感受如何？心理受到何种影响？
>
> 3. 你今后将如何面对类似"被折磨"的情况？

众人入座。

吴总看着福哥和邱柏，没说话。

福哥看着吴总，也没说话。

邱柏看着吴总和福哥，不知道说什么。

过了五六秒，福哥开口了："吴总，邱经理跟我说了天全的项目，这次来是看看吴总有什么想法和要求，看后面如何推进。"

吴总说："嗯，之前邱经理和我们接触过，方案也谈过。我们也想找一家公司合作。"

福哥接着说："吴总，我也了解，咱们行业这几年发展很快，天门也是产业大省，有几十家民营企业。我们希望借助君和在这行业的经验，开拓这个市场。君和会首先选择一家作为中小民营企业的样板，建设好之后再推广。"

吴总说："这是好事，这个市场确实很大，后续机会也很多。"

福哥说："邱经理跟我说吴总带领的管理团队意识很超前，也很有魄力，是当地第一家上炼钢项目的。经过调研，也感觉到各部门的需求比较迫切，借助数字化、信息化提升管理和运营水平，助力企业实现发展战略，他觉得是有基础的。"福哥说完看了邱柏一眼。

邱柏在旁边看了一眼福哥，然后冲着吴总深深点了两下头。

吴总笑了："好啊，有机会的话，我们可以做你们的样板工程！"

福哥也笑了。

吴总看看唐部长，说："那接下来的事情，该推进就推进吧。"

唐部长在旁边点点头。

邱柏看看福哥，福哥也看看邱柏。

会谈结束了。

等了一天，谈了不到二十分钟。

还是在六点多，天快黑的时候。

邱柏和福哥回到天州已经晚上八点多了。路上，福哥没批评邱柏，也没说什么。

可能这一天太累了。

37. 报价释疑

回到天州的第二天，邱柏和老安通了电话。

老安说他知道昨天的情况了，唐部长告诉他的。看来他们关系发展得不错，这也是邱柏期待的。

邱柏对老安说："接下来的时间，你每天要和唐部长保持联系，探听他们在方案和价格方面的动静，特别要注意他们是不是开始联系其他软件公司，要特别注意。"虽然之前使用了君和的产品，但项目搞这么大，什么可能都有的，不得不防。

之后几天一直没什么消息。老安的反馈也是没什么动静。邱柏心里发毛了，天全到底还做不做呢？

正纠结着，唐部长来电话了："我们也不知道你们的系统都能实现什么，你能不能给我出一份项目范围和目标的说明？对了，你们上次的报价也太高了，重报一次吧，考虑得实际些！"

上次福哥被晾了一天，邱柏心里早明白，吴总的事业做这么大，肯定不是一般人。报价确实有些高，降也是一定的，关键是以什么理由降。

邱柏在电话里对唐部长说:"你觉得有什么模块或站点可以去掉?"

唐部长说:"你看吧,可以先少上一些,等试运行效果好了,我们再增加也可以。"意思是,为了降价,哪怕先少买一些。这恰恰是邱柏不愿意看到的,可唐部长都这么说了,怎么也不能不动。

跟福哥说了情况,福哥让邱柏自己决定。

邱柏根据之前的方案整理了一份关于项目范围和目标的函,两页纸,给唐部长发了邮件;然后就用报价表反复测算,左碰右凑,一直想找出个合适的数字。

报价的数字很重要。

数字是一种心理暗示,也是潜意识的传递,第一眼看上去的感觉很重要。比如176和182虽然差不多,但让人感觉176比182便宜不少,所以宁七不八;再说了,销售也信"七上八下"嘛!其次是尾数,可以带7但尽量不带4,最好是8或6,而9有些耍小聪明,比如179一看就让人想到180,而不会想到170多。用178、179或181、182之类的,对方感觉是180左右。尽量不要"五入"而多找"四舍"的感觉。

根据经验,让人感觉比较小的数字有1、2、4、6、7,让人感觉比较大的数字有5、8、9。而3这个数字虽然小,但从形状上来看像8,又谐音"散",邱柏很少用。

天全项目邱柏第一次之所以报192.8万,是想给对方一种心理暗示,令对方很容易想到190或者200,这是对方的直觉,也是邱柏想传达的心理预期。

经过反复测算,邱柏把价格定在了169万。看上去感觉降了不少。

邱柏还给客户写了一份清晰的报价说明函:"对于天全公司的信息化项目,君和公司站在长期战略合作的角度,为将天全公司打造成行业样板企业,从保障项目成功实施、追求项目效益和管理效益出发,结合天全实际情况,从天全角度出发,对报价做出如下调整……"并说了什么地方有调整。

函里的"长期""战略""样板",是想告诉客户,君和要看长远,不计较一城一池的得失。同时,函里也没提到"我们"这词。虽然之前在调研、汇报方案过程中用"我们"比较多,但那是为了能拉近距离,便于双方站在同一角度达成共识。如果这个函里用"我们",会有些"示弱"的感觉。

邱柏把这封盖章的函传真给了唐部长。

没想到,唐部长当天就回电话说:"你明天能不能过来一趟?"

和福哥一起被"晒"两周之后,邱柏又来了,这次和老安一起。唐部长见面很客气,也没主动谈价格,反而直接一起去了吴总办公室。

吴总还是那样稳重睿智,脸上带着浅浅的笑,看着邱柏。

唐部长把降价和项目目标说明,连同之前的解决方案、投资规划一起递给了吴总。吴总接过去,扫了一眼,放在一边儿,看着邱柏问:"这项目投资不小,范围和目标还得再明确下。"

邱柏听吴总这么说,问:"吴总,您觉得还有哪些范围和目标要明确啊?"

吴总问:"我们要一下上这么多内容吗?一起建吗?"

这问题确实让邱柏后背冒汗。

听出来了,客户想分期做,那样投资会分散一些,风险也会小些。可这对邱柏就不一样了,分期做不仅合同额小了,平台系统这东西签单之后实施部署需要一定的时间，短期之内再签的可能性不大啊！

邱柏想想，说："是这样的，信息化项目和别的项目不太一样。别的项目可以拆开，按厂房土建、设备进厂、安装调试、操作培训几个阶段，一步一步来。而数字化项目涉及企业组织和业务流程，上之前要总体规划，进行组织结构和业务流程调研，分析每个部门的职责、每笔业务的流程、每张单据的流转过程，不仅如此，还要基于现有流程进行优化，减少手工重复劳动，对有漏洞的、不合理的进行优化，形成一套目标业务流程，然后用系统平台固化下来。"

邱柏看着吴总，吴总边听边思考。于是，邱柏继续说："特别是天全扩张发展要新建多个分厂，很多业务流程要重新定义，这就更需要提前把组织和流程搞清楚。一块一块上，没法进行组织结构规划和目标流程确定。"

吴总沉默了片刻，说："你们顾问来一天，顶我们工人两个月的工资啊！"

果然这么说！

这是邱柏最怕的问题之一。

那年，君和开始要求"实施"单独卖，要求必须按人天报实施费。大家看了总部下发的标准：实施顾问一天的要价，等于销售自己一个月的工资，他们凭什么这么贵，有那本事吗？邱柏自己都想不通。要不是后来在新阳项目中和集团专家有接触，知道实施是干什么的、能给客户带来什么价值，真不知道怎么说！

邱柏尽量让情绪稳定下来，对吴总说："顾问的价值，不只是帮企业调研清楚现在的部门和流程，关键是能帮企业优化并确定未来合理的流程，知道哪个环节应该怎么去优化。不仅如此，在企业面对一个流程难点或一个管理问题不知道该怎么应对时，顾问应该讲出同行其他企业三种以上的解决方法，以供客户参考，并分析确定哪个是最适合自己的。"

吴总听后，低下头，像在思考。

邱柏一看这情况，补充说："吴总，相信咱们厂也有很多老师傅，他们对生产起着至关重要的作用。这些老师傅，也不是生来就都懂，而是在生产线上不断实战积累，慢慢历练出来的。我们的咨询顾问也类似。公司不仅要找到行业精英人才，还要花费成本培养他们，让他们在多个项目中不断经历实战的历练。他们才能承担咨询顾问的工作。"

不知什么原因，邱柏感觉这次见面有些被动，不像前几次那么有底气。吴总一直在问，问完之后就默默看着邱柏，邱柏就想尽量解释清楚，越想解释清楚话就越多，话越多就越说不清楚。

好不容易结束了。

吴总从头到尾没问最低多少钱，也没让邱柏降价，这让邱柏感觉有些奇怪。不就是谈价格吗？怎么放着价格不谈，扯来扯去呢？

邱柏和吴总一起出了办公室。分手时，吴总突然说："你们的顾问得懂炼钢吧？要不，怎么弄！"这一问把邱柏问呆了，还在未置可否中时，吴总已经走远了。

邱柏和老安被唐部长请进了会谈室。

唐部长正式地问："咱们这项目，具体能达到什么效果啊？"

一听又问，邱柏不由得有些烦了。唐部长电话里问，吴总当面问，谈完了还继续问。不就是那目标吗，早给了啊，怎么问起来没完了？

邱柏觉得唐部长就是纠缠，故意为降价找理由。他想挡过去，说：

"这样吧，回去我给你们整理一个《天全项目应用效果》，把实施范围、内容和目标清晰完整地列清楚，这行吗？"

唐部长无奈地说："行吧，那就麻烦你写一个。"

此行，又以未谈及价格无功而返。

三天后，邱柏把整理好的二十多页《天全项目应用效果》发给了唐部长。该说的都在方案和规划里说过了，实在没什么可写的，就从产品说明书里摘抄了一些下来。邱柏一边抄一边想：也真是，费尽心思写的方案还不领情，非得让我用"CV大法"才甘心！

提交了文档，邱柏在电话里和唐部长预约下次见面时间，定在周二，邱柏和福哥一起去，直接和吴总面谈。这次总该有结果了吧！

周二一早，邱柏和福哥刚准备出发，突然接到唐部长电话，说今天吴总有事，时间再约，还说给邱柏发了一封邮件！

邮件发送时间是前一天晚上23：34。

邱柏经理：

你好。

吴总和我都已阅读过你发来的《天全项目应用效果》，感觉内容比较详细，对应用能达到的效果有了更进一步的了解，非常感谢你付出的辛苦劳动。

不过，吴总觉得方案只限于供应链、财务和管理会计方面，涵盖范围不太全面，深度也不十分理想，于是决定暂缓项目实施。

我们准备认真对大型集团公司做一番调查学习，以及比较其他管理软件公司提供的方案，定出切合我们实际需要的、相对低投入的信息化计划。

这需要一段认识的时间，我相信君和提出的方案是高质量的，我们还会继续合作。

鉴于以上情况，定于5月13日的会见暂时取消，过一段时间后再面谈，你看可以吗？

烦请把此事向福总汇报，代我解释。

礼

唐军

5月12日

邱柏看这封邮件，疑问重重。

真的是吴总临时有事，还是在找借口？

读了发去的资料，感觉内容比较详细，有了进一步了解，那为什么要"非常感谢"邱柏付出的"辛苦劳动"？

吴总不是想分开上吗，怎么又觉得范围不太全面、深度也不十分理想？怎么不全面？怎么不理想？莫非真因为范围和深度原因暂缓？那为什么要学习大型集团公司？为什么还要比较其他公司的方案？"我们还会继续合作"什么意思？既然还会继续合作，为什么还要比较？"过一段时间后再面谈"是过多长时间？邮件发送时间是晚上十一点半多，为什么是这个时间？是什么原因让他深夜发出这封邮件？

一字一句，这封邮件不知花了多少心思构思、下笔、琢磨、润色！

怎么办？

38. 自陷绝境

天全唐军部长深夜发来邮件，推迟了原定的面谈。

邱柏把邮件转给福哥，然后到福哥办公室，两人一字一句分析。福哥默默坐在办公桌后面，依然靠在椅背上，右手托着下巴，低头不说话。

邱柏闭着嘴，不知道怎么办好。

本来觉得，第一次见面就签了合作意向书，又严格按解决方案销售方法进行了专业调研，提交了精心制作的方案，还分析了潜在价值，以为又可以签个大单，怎么突然停了？玩到这种程度，万一让竞争对手签了，有何颜面见江东父老？

邱柏看看福哥。

福哥也看看邱柏，问："你觉得怎么做合适？"

邱柏咬了咬牙，说："这项目很重要。"

福哥没动声色，又问："你对客户认可方案有多大把握？"

之前的一幕幕在邱柏脑中快速闪过，他又多了些自信，说："我觉得客户还是很认可的。除非他们找国外软件公司，这又不太可能。国内其他软件公司还不如我们专业，更不会找小公司做开发。我觉得，方案上应该没什么问题！"

福哥点点头，说："你判断准就行。"

邱柏说："应该差不多。客户要么跟我们做，要么不做！"

福哥说："好，那就这么办：你去写一个函，突出君和本想和他们一起打造全国行业样板，我们通过调研觉得天全很合适。另外，强调一下这是天全自己的事，我们尊重天全的决定。写完再商量！"

怎么？不玩儿了，还是欲擒故纵？听福哥这么说，邱柏心里有些虚了。万一天全真去找别人，怎么办？

不过，除了主动降价，也只有孤注一掷了！

原本计划早上六点半从公司出发的,现在是早晨七点多。司机出去吃早餐了,公司就只剩福哥和邱柏。初夏的早晨,空气还有些阴冷,空荡荡的大厅只有邱柏一人,一股凉意直冲头顶。

直到十一点,邱柏才把起草的函发给福哥。福哥给了一些指导,邱柏又调整,再发给福哥,福哥又让邱柏琢磨。反复了四遍,福哥才说:"对了,你把天全项目的大事记整理一下,一起给客户。"

邱柏继续整理,把那封函调整了很多遍,页眉加了君和Logo,题目调成三号黑体,正文调成小四黑体,显得厚重、凝重、沉重,看上去有种"壮士断腕"的悲痛。

函是这样写的。

君和软件致天全的函

尊敬的天全钢铁有限公司:

您好,感谢您对君和软件的关注与支持!通过多次沟通与交流,我们共同对贵公司的信息化进行了探讨,对信息化建设进行了规划。

天门省是全国钢铁生产大省。随着行业竞争日益激烈,借助数字化提升竞争力已成为行业共识。行业数字化转型需求近年明显增多,君和软件将助企业创造优势。

通过沟通,君和了解到天全正对管理结构与管理模式进行调整,信息化工作也有一定基础,是君和树立中小钢铁企业样板较为合适的企业之一。集团及北方大区对样板用户的树立提供了很多支持。

君和公司始终认为,数字化建设是企业自己的事,解决方案提供商只是提供建议与帮助,所以我们尊重贵公司的选择,希望双方对前期相互提交的资料保密。

作为君和公司的重点行业和重点工作部署,在此期间君和不会停止树立中小钢铁企业样板的工作。

感谢天全为我们提供的调研机会,感谢吴总能够安排时间与我们沟通,使我们进一步加深了对中小企业的理解与认识。

希望以后能够有机会合作。

君和软件股份有限公司天门省分公司

20××年5月13日

悲壮凄凉,但没办法。

选择放弃,就要彻底。

写完这封函,邱柏就做好了放弃天全项目的准备。

邱柏还整理了大事记,列举了君和与天全的接触历程,还加了一句"在此,简要回顾双方交流历程,以供入档备案"。

"入档备案"四个字,邱柏考虑了很久。

整理完大事记,邱柏心里反而坦然了。

虽然接触只有短短四十天,但四十天里双方紧锣密鼓地工作,每两三天就沟通一次,每周都有重要推进,双方投入的时间、人员、精力等不可忽视。看着大事记,邱柏想,如果天全重新选择一家供应商,要不要重新安排沟通?要不要重新安排调研?要不要重新让他们出方案?要不要重新让他们报价?天全有这时间吗?天全真会像与君和接触一样投入和关注吗?

邱柏尽量不用"我们"二字,而刻意用"天全",就像恋人分手时彼此不会像往常一样称呼昵称,而称呼平时不怎么用的有陌生感的姓名。那种欲说还休、难以割舍又不得不放手、酸楚到心头的感觉,只有经历过的人才知道。

邱柏发的是PDF。

第 5 章 铁骑闯关

唐部长发的邮件口气比较柔和，也更私人些。PDF 就不一样了，感觉更正式，更直观，更有视觉冲击力，更能代表"官方"的态度和决心！

邱柏也担心过于强硬，是不是柔和一些好呢？

他和福哥一直在判断，这到底是"需求问题"还是"商务问题"？

通过和吴总两次正式沟通、一次方案汇报，他判断吴总对需求比较清晰了。作为决策层，应该更关心战略，具体细节功能是唐部长要关心的事。既然不是需求问题，那就用商务手法应对。

这封自陷绝境的邮件发出后，客户真的采取了行动。

没两天，老安打来电话，说唐部长和他联系了，唐部长说君和分公司的方案太复杂，不如先上一些简单模块把采购、仓库管起来，还让老安在邱柏的方案里挑一部分，报个价。老安问怎么办。

听到这消息，邱柏心里咯噔一下。

真的假的？天全真的甘心放弃深入调研、精心出具的方案？天全真要先上一些简单模块？天全真相信老安那几杆枪的实力？

邱柏判断不好。

邱柏想了想，只好告诉老安，尽量拖着，先别报价。如果唐部长一直追着要，你就说需要做个调研。如果再追，就说怕总部和天门省分公司处罚，不敢报价。

箴言：自陷绝境可以在冲突中加强自身地位。

思考：1. 你遇到过哪些"置之死地而后生"的情况？

2. 你觉得是什么原因导致你敢于如此操作？

3. 今后你将如何有效用好此方法？

作为黄辰地区的代理商，老安的公司才几个人，一般的单子很小，两三万就已经很大了！老安和邱柏全程参与了天全项目，知道邱柏报了小两百万。按这架势，老安自己接着弄，好歹也得签个几十万！面对这诱惑，老安难道不会动心？

老安是个实在人。他也觉得，局面这么被动，客户说要考察其他公司，君和分公司也发函说要暂停，万一客户真把对手引进来，真和对手签了，自己这边还不把肠子悔青了！老安没做过大单，这次又是黄辰地区的最大项目，想来想去，宁可签低了，也比被对手抢了去强！他一直忐忑着。

邱柏也担心真停了。

虽然发了"分手函"，他也没停止"眉目传情"。

三天后，邱柏发了一封邮件。

唐部长，您好！

感谢您的支持！

对于在君和天门省分公司向君和总部申请了优惠政策、向北方大区申请动用顾问资源、项目组已确定、实施计划已制定好的情况下，天全决定暂缓，优惠政策和顾问资源有可能不能用于天全项目建设，我个人感觉比较遗憾，同时我也非常理解并尊重你们的选择。

在君和启动其他样板项目建设的同时，希望我们经常保持联系。

为配合天全进行全面考察，现以我个人的名义提供给你两份资料，希望你与吴总共享，了解一下行业内信息化的总体框架和内容，包括国内外大型企业的一般做法。特别是对于天全这样仪器仪表计量和数据采集系统不完善的发展型企业，自动化控制系统建设也不是短期内能完成的，从管理信息系统入手是见效最快、投资最省、综合成本最低的选择。

另一个附件是日成本分析流程，是君和在大型集团企业的日成本分析方案基础上简化、应用于中小企业的方案，供参考。

希望您与吴总沟通。作为朋友,我们多多沟通。

祝健康、顺利!

　　致

礼!

君和软件天门省分公司 邱柏

发这封邮件,有几个目的。

首先,让天全知道邱柏在为对方着想,即使分手了,对方如何找好对象、要注意哪些,邱柏也要善意提醒一下,因为邱柏更了解天全的"性格"和"脾气";其次,告诉天全,信息化总体规划是前提,分步实施才有章可循,不通盘考虑很容易浪费投资甚至推翻重来;最后,天全可能开始考察了,提醒他们别在考察中迷失了自己。

唐部长邮件回了两个字"谢谢"。

这招失手了。

天全让老安报价,邱柏此招一出,心理上落了下风。

就在那几天,邱柏其实不知道,在巨大的心理压力下,老安百般纠结之后,居然按天全的要求私自报了价!

他没和邱柏商量!

老安报了三十八万多。报过去后,唐部长问了一些细节,让他再优惠些,还说合适的话马上签合同,尽快开始实施。老安心动了,当场就降到三十万。唐部长将三十万的价格向吴总做了汇报,回来和老安说吴总同意,让老安回去准备合同。

兴奋、紧张也有些担忧的老安,回来后仍没跟邱柏提这事。草拟并打印合同时,老安一直在想:要真签了,可怎么向君和公司解释?怎么处理跟福哥和邱柏的关系?

老安抓得很紧，第二天就把合同送了过去。

唐部长没想到老安这么快。

天全让老安报价、准备合同，是向福哥和邱柏传递一个信息，更是在拿和老安签约探测君和的真实态度和心理底线，换取谈判筹码。天全觉得，老安是福哥和邱柏的岗前哨，肯定有密切的联系，邱柏和福哥一定会制止老安去签合同，一定会让老安一拖再拖，直到心理防线崩溃后主动与天全联系，那时候再谈判，心理格局就完全不一样了。

谁知道，居然弄巧成拙！

老安不仅报了低价，还拿着合同去了！

老安一大早就去了，开始和唐部长谈合同。唐部长拿着合同去了吴总办公室，时间不长就出来，然后开始和老安一条一条抠起具体条款、模块、站点、单价、付款比例，甚至每句话、每个字，从早晨一直谈到下午四点多。

谈完了，唐部长出去了一趟，时间不短，回来时手里拿了一个红红的印章和一个印台。唐部长拿着章来回比画，观察着老安的态度。而老安自己早下定决心，他要自己签掉那个合同！

无论唐部长如何拿着章晃悠，老安都没任何变化，急迫地希望签下来，不仅没跑出去给邱柏或福哥报信儿，更没收到来自天州市的电话。

事情到了这一步，面对老安这份合同，天全总不能说："算了，别签了，让他们回来继续谈吧！"可面对三十万的价格，签还是不签？

看着老安淡定的表情，唐部长最终抬手一挥。下午六点多，红红的合同印章盖在了合同上。

唐部长望着合同上的红红印迹，心情复杂。

他们认为，邱柏和福哥真的放弃了这个项目！

而此时，邱柏和福哥真的不知道！

39. 缘来如此

福哥曾问邱柏，老安会不会报低价。邱柏说不会，以他对老安的了解，老安应该不敢。

老安签了合同，以为可以收钱开始实施了，他开始不断往天全跑，问什么时候给钱，他好订货。这时，天全却慢了下来，不是说"领导比较忙"，就是说"试生产顾不上"，总拖着不付钱。老安也怕鸡飞蛋打，甚至跟唐部长说："要不，先让我们的人来实施？"唐部长却说："等生产稳定了吧！"

恰恰在这时候，"无知"的邱柏不断"暗送秋波"。

之前那封邮件是五月十三日的。

第二封是五月十五日的。

邱柏注意到君和网站有几篇签约报道，跟天全行业相近，就复制下来做了整理，群发给自己的目标客户。邱柏有意识地把行业客户的信息主管邮箱收集起来，定期发送一些行业信息，以拉近彼此的距离。这次虽然群发给多家行业客户，真正用意却在天全。邱柏想让天全感觉到，不仅君和业务开展正常、订单不断，和天全一样的其他企业也都开始行动了，而天全还在等！

第三封是五月十九日的。

也是一条同行业签约信息，题目是《君和与某集团达成协议，双方携手共推企业数字化转型》，文中提及"随着企业规模的不断扩大，企业运营水平也越来越依赖企业数字化建设情况和信息管理水平"，"此次某集团通过广泛选型、慎重考虑，最后选择了君和公司的系统平台，一方面说明了他们对君和平台的信赖和认可，另一方面也证明了君和在技术含量和服务水平上的优势"，"君和公司通过前期详细的调研了解，为某公司提供了成本管理系统及相应的解决方案，以解决企业复杂的成本核算问题，从而能很好地控制企业成本，提高企业竞争力"。人家选来选去，还是选的君和；天全不选君和，自然有人选！看到人家结婚，天全不着急吗？这是一种心理暗示。

第四封是五月二十二日的。

也是一家客户的签约信息。里面谈到"中方财务总监和英方总经理一致决定选择君和软件作为其提升企业管理的助手。该企业领导透露，在选择软件的时候他们特别看重的是软件产品是否能够针对本企业特点，理顺内部物流管理，节约企业成本，从而最大限度地提升企业的核心竞争力"……

看着别人一个个牵手步入殿堂，天全还在僵持，什么心情？

果然，局面出现松动。

就在第四封邮件发出当天，唐部长给邱柏打来电话，随便扯了两句，然后说这个项目想分成两期做，让邱柏重新做个报价。

分不分期不重要，关键这是个信号。

到这种程度，邱柏必须拿出十足的诚意和实在的价格，有理有据，一步到位，那才有可能一拍即合。如果再不降，或象征性地表示表示，折了对方面子，那可就真不好办了。

邱柏根据唐部长提出的分期要求，经过深入思考和谨慎测算，以一些合情合理的理由做了让步，报送了过去。

天全有反应了。

两天后，唐部长给邱柏发了一封邮件。

但出乎邱柏意料，邮件里依然没提价格的事，反而列出了一份问题清单，是这样说的："君和系统能够解决一些重要问题，但还有许多问题如何来解决，还存在疑问。现把大约能想到的几个问题列在下面，请指教。"

下面列了几个问题，包括合同管理、资金支付计划管理、设备管理、生产统计与考核、原材料的采购与库存管理、运费结算、运输在途统计、采购比价招标等问题。每个问题都编了号，一共八条，每条下面都有大段文字的业务现状描述，以及天全期望实现的目标。

看得出来，这份问题清单不是唐部长一两天写成的，而是其经过很多天的思考与总结的成果，结尾还说："以上仅是现在想到的问题，还不是全部，随后再讨教。祝周末愉快。"

邱柏原以为是天全挽回面子的一些说辞，仔细读过才发现，这些问题才是从天全经营管理角度提出来的，这才是客户真正关心的问题！

此时，邱柏才幡然醒悟。天全反复问"能达到什么目标"，真的是有不清楚的地方！

原来，天全对项目真的有困惑和担忧！

除了方案和目标效果说明材料，邱柏没提供具体方案细节和关键问题的解决说明，也没再展现怎么达到那些目标。或许邱柏对数字化比较熟，可对天全业务有太多的未知！天全对业务很熟，可对如何实现数字化一样有更多的未知！这种不对等，很难让天全做出决策。

> **箴言**：销售知道的，客户未必能够想象。客户知道的，销售未必能理解。
>
> **思考**：1. 你有过哪些因为不理解对方真实想法而产生误解的情况？
>
> 2. 你分析主要是什么原因造成的？
>
> 3. 你今后将如何避免发生类似情况？

此时回顾反思，在天全的调研和交流中，邱柏给了吴总多少说话机会？每次邱柏滔滔不绝，有几次深度有效的提问？有几次全身心的倾听？有几次和客户深度研讨，真正让客户参与了解决方案的制定和共创？邱柏认为最重要、最紧迫的那些问题，天全也那样认为吗？

邱柏一直没给他们表达的机会！

当天全反复提出疑问时，邱柏什么反应？他当成了对方压价的说辞，当成了对方商务谈判的筹码！邱柏以自己成交的欲望，臆断了对方的动机，忽视了对方的真实诉求！

销售过程中的自我表演，缘于销售人员认为一切尽在掌握中，而客户更关注的是自身业务！

销售人员"控制"单子的小伎俩，在客户眼中如此可笑！

面对天全"唐八条"问题清单，邱柏无地自容！

恍惚了多半天，邱柏开始很感谢唐部长提出的"唐八条"，这让邱柏知道，中小型企业和大集团不一样，他们有很多很实际的具体问题急待解决，这才是他们真正关心的！也是这"唐八条"让邱柏真正了解到客户的想法，成了他后来与同类企业交流的关注重点！

这件事再次告诉邱柏，客户才是最好的老师！客户一直是最好的老师！每一家客户都是最好的老师！

对这"唐八条"，邱柏不敢怠慢，一条条和产品功能对照，提出具体解决方法；对于不知道能不能解决的，也逐一与顾问确认，然后在每条下面分别回答，能实现的用蓝色字体做了清晰描述，不能实现的用红色字体标注出来,并提出了具体建议。

两天后,邱柏回复了唐部长。

唐部长,您好!

感谢您的支持与合作!

本来明天要去天全,由于公司有相关安排,我们晚一两天过去。

在此期间,我们可以通过邮件和电话就天全的管理目标进行深入沟通,希望您有何问题尽管发过来一同探讨。

再次感谢!

致

礼!

君和软件天门省分公司　邱柏

邮件发出第二天,唐部长有了反馈。

虽然天全反复强调"价格高",但又未直接谈及价格,而是要探讨实施日程安排、投入哪几个顾问,还要求把简历发过去。

邱柏虽然最着急"什么时候签单",但因为有了"唐八条"的教训,他对客户的要求不敢怠慢,便和实施经理把计划细致地分解到每天、每个人,做出了严谨清晰的实施计划和工作任务书,甘特图画得非常漂亮,也用心地把几个顾问的简历修饰了一番。

随即,邱柏做了回复。

唐部长,您好!

感谢您的支持!

我们的商务阶段有些长了,大家都希望把项目早些确定下来,把事情做好,所以我们把首付款调到最低,并且首付款中包括了办公自动化系统的产品、培训、安装、实施,以便用于项目管理过程。

希望我们通过邮件和电话把您该请示吴总、我该请示福总及集团的事项,提前请示确认完成,等我们过去时可以节省吴总、福总的时间。

有以下事情需要我们提前得到吴总及福总的确认,以提高双方效率:

1. 付款比例;

2. 合同正文及附件;

3. 合同正式签署日期;

4. 项目正式启动时间。

再次感谢!

  致

礼!

君和软件天门省分公司　邱柏

这封邮件在向客户索取行动承诺。

邱柏正式提出"什么时候签合同"这个"天下销售第一问",这是销售成交的关键动作,形势判断好之后及时提出,速战速决!

接下来的几天里,邱柏和唐部长通过邮件和电话沟通多次。

终于,条款都谈妥。项目不分期,价格没再降。

去和吴总签约那天,邱柏和福哥没有表现得像对其他项目一样热情和兴奋,而是一副很有压力的样子。

"沉重"的是,这是君和全国样板,必须做好!

签字前,福哥和吴总交换了意见。

首先,天全是样板工程,本来应该两百万,考虑各种因素,合同额有所降低,这价格君和是赔钱的,所以这价格对外要保密。有其他企业问,大家对外统一口径是两百万,"天全花了两百万上信息化",这样说出去,天全也好听!

其次,吴总在当地很有影响力。当地有十几家同行企业,如果黄辰市或天门省要开行业交流会议,或者企业老板之间谈起来,吴总要多谈些信息化对企业的帮助,多谈些对君和的印象。客户说自己选择了专业的全国知名公司,也有面子。

最后,适当的时候,请吴总在天全安排一次现场会,同时以吴总名义邀请其他企业前来参观交流,也帮君和多介绍几家客户!

吴总欣然应允。

签约仪式,原以为天全会摆个桌子,请两位礼仪小姐,福哥和吴总坐在签字台前,后面站上一排人,上面再拉个条幅……没想到,还是在那个他们熟悉的会谈室,福哥和吴总两人弯腰趴在那张熟悉的茶几上,就把合同签了。唐部长、邱柏、老安在场,场面不热烈,没有鲜花,也没有掌声。签完字,吴总仍然不动声色,反倒是福哥兴奋地笑了笑,主动伸手和吴总用力地握了握。

邱柏跟唐部长说:"我们回去尽快安排顾问入厂。"

唐部长淡定地回答:"好。"

飞奔在高速路上,邱柏意识到自己又亲手运作了一个大单!

这是继签下君和高端产品第一个千万大单之后,签下的中端产品的第一个百万大单!从第一次接触客户签下合作意向到签单,不到两个月!

可以想象,这对邱柏意味着什么!

可以想象,这对君和天门团队、对天州市场意味着什么!

兴奋之余，邱柏渐渐平静下来，深入思考。

虽然销售周期不到两个月，但从接触到调研出方案用了二十天，进入商务到签单却用了四十天，商务时间是方案的两倍！这意味着什么？意味着客户没有完全信任他的方案，意味着客户还有很多顾虑，意味着还有很多他不知道的，比如"唐八条"！

暮色降临，邱柏望着窗外，不禁又多了一层担忧。

销售发现和创造价值，而实施服务兑现价值。

只有成功实施，才能真正让客户满意。

天全要建成全国样板，实施费用又高，顾问一天的收费顶天全员工两个月的工资，似懂非懂的实施顾问能实施好吗？

福哥把邱柏叫到办公室问："实施方面，你怎么考虑？"

这正是邱柏心里没底的，他想了想，说："分公司这帮实施顾问也不行啊，态度和能力都一般，产品懂一些，行业差远了！"

福哥接话："行业方面需要你带一带！"

邱柏挠了挠头，他早就预感到这是个挑战。天全签单前，他就曾经跟实施团队开了一个内部沟通会，将天全项目的背景、组织结构、几个关键人之间的内部关系，以及调研报告、需求汇总、产品配置方案、项目实施规划等一一和几个顾问做了沟通。按福哥建议，邱柏在分公司成立了一个行业虚拟组，包括销售、实施顾问、开发人员等，定期给他们讲这个行业和客户的业务情况。

在客户那里"行话和土话"听多了，流程见多了，需求了解多了，对行业自然就熟悉起来了。大家在邱柏带领下，针对行业总体流程、每条业务流程、每个部门、每个管理目标，结合具体问题和需求，把君和的产品、模块、功能、参数设置、操作方法等一一对应，包括客户的业务领域、业务流程、相关部门、管理难点、业务需求（解决什么）、对应产品（用什么）、解决方案（怎么解决）、基础数据设计方案、产品操作要点、应用目标和效果等，全部罗列出来。

针对客户业务需求，君和产品功能实现不了的、要变通解决的，用红色标注出来，这是售前和实施中的难点和风险，要心里有数。对客户特别关注的流程、任务、需求、功能、价值点，用蓝色标注出来，这能引起客户更大的兴趣。

箴言：销售发现价值，实施服务兑现价值。
思考：1. 你如何看待销售和服务的关系？
2. 为什么说服务是兑现价值？
3. 你今后将如何强化服务的价值兑现？

在大家的商议下，郑艳成为项目经理，她做实施年头不短了，对中端产品也算比较熟，有些经验。她个子不高，性格直爽中有些倔强，客户关系一般。

福哥让邱柏拿出项目实施预算。

商务谈判的结果：天全不承担食宿。不是不想承担，是天全没有自己的酒店和餐厅。实施成本首先要考虑食宿。邱柏咨询了老安和唐部长，了解当地有经济型酒店。要考虑给大家的资源配置，每天往返最好常租一辆车，再给大家买上洗衣机……这么一算，不少钱。邱柏不会让为他做项目的兄弟吃亏。除了这些，还有每月回家的差旅费、每周聚会以及一些机动费用，所以要打出不少富余。

这么一算，实施两个多月，费用就十几万！

这意味着什么？

君和那年按利润提成。利润是收入减去成本和这些直接费用。实施费用预算做得越多，邱柏的奖金就越少。为了兄弟们能更舒服一些，邱柏为他们考虑得周到！按百分之十算，邱柏少拿一万多提成！

邱柏觉得，宁愿损失一笔奖金，也希望兄弟们舒服些，希望他们把天全项目做好！只有这样，才能不辜负客户信任、兑现客户承诺，才对得起吴总和唐部长！

在顾问的兴奋、唐部长的沉重、福哥的淡定和邱柏的忐忑中，天全项目如期启动了。

40. 资本积累

为了照顾好顾问的起居，邱柏少拿了一万提成。

有人笑着跟邱柏说："你真傻！"

邱柏偶尔也心疼过，但更多的是告诫自己"贪小便宜吃大亏"。要是不贪小便宜，甚至放弃本应得的小便宜，会不会另有收获呢？朦胧中，邱柏感觉"舍"与"得"之间有什么关系，放弃了别人似乎不会放弃的，可能偶然中会得到别人没得到的。

当年读了日本人罗伯特·清崎的《穷爸爸富爸爸》一书，邱柏对"投资"多了些感触。

在邱柏看来，有些钱不是"费用"而是"投资"。比如销售的一些装备、自己的一些工具，虽然是自己花钱，貌似也没有获得直接经济收益，但提高了工作效率，提升了客户眼中的专业形象，这种回报是无法衡量的。

销售要知道什么是费用、什么是成本、什么是投资。

投资有经济层面的。

那年，邱柏无意中看了一段关于"基金"的介绍，记住了一句

"请专业人士帮你打理钱财",他意识到这种方式应该比存银行更合算,就跑到楼下银行打听哪只基金在发售,直接买了两万元基金。当时也没想有多大收益,没想到后来居然涨得很快,几年下来翻了几倍!

邱柏拿了销售提成,看到天州市中心在卖精装公寓,首付几万元,每月还贷,房租基本就够还贷款了,也就是"以租还贷",他粗略盘算了下,定了一套。这逐渐成了邱柏生活中的资本。

有个词叫"财务自由"。财务自由后可以不上班,不用指望每月工资度日,这就必须要有"资本"产生"资本性收益",而不是工资类的劳务性收入。

很多人为自己设定了某个年龄实现财务自由的目标。为了实现这个目标,需要有更多的"资本性收益",比如房产、基金、股票等,本身可以增值,每年的现金收益可以补贴生活或用于再投资。邱柏也在积累这些经济"资本"。

"资本"既包括经济资本,也包括很多无形的东西,比如知识和挣钱的能力,比如圈子、人脉和名声,无不具备一种"变现能力"!

邱柏开始关注对"软资本"的积累。

自我学习、利用业余时间学习、利用他人娱乐时间学习,这就是在投资。邱柏特别喜欢一个故事,时刻用来激励自己。

有两个和尚住在隔壁,所谓隔壁就是隔壁那座山,他们分别住在相邻的两座山上的庙里。这两座山之间有一条溪,这两个和尚每天都会在同一时间下山去溪边挑水,久而久之他们成了好朋友。

就这样,时间在每天挑水中不知不觉过了五年。突然有一天,左边这座山的和尚没有下山挑水,右边那座山的和尚心想:"他大概睡过头了。"便不以为意。

哪知道，第二天左边这座山的和尚还是没有下山挑水，第三天也一样，过了一个星期还是一样。直到过了一个月，右边那座山的和尚终于受不了，他心想："我的朋友可能生病了，我要过去拜访他，看看能帮上什么忙。"

于是，他便爬上了左边这座山，去探望他的老朋友。

等他到了左边这座山的庙里，看到他的老友之后，他大吃一惊，因为他的老友正在庙前打拳，一点也不像一个月没喝水的人。他很好奇地问："你已经一个月没有下山挑水了，难道你可以不用喝水吗？"

左边这座山的和尚说："来来来，我带你去看看。"于是，他带着右边那座山的和尚走到庙的后院，指着一口井说："这五年来，我每天做完功课后都会抽空挖这口井，即使有时很忙，也没有间断过，能挖多少就算多少。如今终于让我挖出井水，我就不用再下山挑水，我可以有更多时间练我喜欢的拳了。"

在公司挣钱，是在卖体力，是在"挑水"。

挖一口属于自己的井，才能保证自己有水喝。哪怕每天一铁锹，只要坚持，日积月累，势必会有自己的井。白天只是在求生存，晚上才是为自己赢得发展和未来。

邱柏也开始关注对"人"的积累。

在新阳项目里，邱柏有幸结识了总部很多高人，邱柏很用心地和他们交往，真心为他们考虑周全。邱柏很关注他们的感受，希望这些顾问走遍全国之后，留下"天门省的邱柏还不错"的印象，这是邱柏要的，所以他很用心。

他会为支持项目的顾问端茶倒水，看他们住的房间怎么样，自己花钱请他们吃饭。他会带着他们出去喝酒、唱歌、娱乐。不只因为顾问在支持邱柏的项目,不只是想让顾问愉快地把事做好,也不只是要从顾问身上学更多东西,更是要结下非同一般的情谊。

邱柏确实真心感谢帮助过他的人。

项目成功了,邱柏会第一时间告知并感谢所有参与过项目、指导或帮助过他的人(没有他们的支持,不可能拿下项目)。项目成功第一时间,对有的人邱柏会发短信感谢,对有的人邱柏会发邮件感谢,还有的人邱柏会自掏腰包买个礼物以表谢意,哪怕是一条烟或者一个钥匙手包。

邱柏为自己定了一条规矩,只要是他销售成功拿到提成,一定会从自己奖金里拿出一部分作为"感谢基金",或多或少,都要有所表示。

不仅是售前顾问,还有那些实施顾问。

总部来的顾问长时间驻扎在项目里回不了家,邱柏便让司机开着车,送去很多新鲜水果和生活用品,每隔一段时间就会跑一趟,除了看看有什么新成果可以丰富自己,更主要的是和双方项目组一起好好吃一顿、喝一顿,关心一下他们的生活,拉近一下彼此的感情,化解项目中出现的一些矛盾。邱柏一直坚持着,直到项目结束。

后来,那些顾问成了邱柏非常好的朋友,甚至是最贴心的朋友。多年以后再见面也格外亲切,共同回忆起那段岁月,感到格外温暖,不由地相互微笑。

邱柏也关注自己"声誉"的积累。

人们当面听到的话往往不是最真实的,特别是他人的评价。自己不在现场,认识或不认识的人向第三人提起时,那时的评价才是最真实的。遗憾的是,人们往往无法听到他人对自己最真实的评价,而这些评价的影响才是最有影响力的。这就是所谓的"声誉",这也是销售人员最大的无形资产。

人往往无法意识到自己随意而为的事,这是本能。而正是随意而为的事,每时每刻影响着个人的声誉。

邱柏开始关注自己的这方面,在他与总部和大区的领导、顾问、专家们沟通时,尽量给他们留一些积极正面的印象,办好他们交代的事,多想一步,超出对方期望,这会让对方感觉他是个"严谨可靠""细致认真""负责任"的人。

邱柏很关注邮件的书写:称谓是否准确,哪些人该发送,哪些人该抄送,抄送顺序该什么样,用什么主题能言简意赅地把意思表达清楚,问候语怎么写,怎么把事表述得条理清晰,需要对方知会什么、审批什么或做什么,最后如何感谢、如何落款。都说外交无小事,任何邮件往来也无小事。

向上面报送的文档资料也能体现自己的形象。以前是"字如其人",现在成了"版如其人"。看到一个人的文档格式,就像看到了一张脸。内容是水平问题,版式是态度问题。

邱柏也很关注和人交往的礼仪。

什么时候走在前面,什么时候走在后面,什么时候走在侧面,什么时候帮开门,什么时候帮拿包,眼要比司机还尖,心要比秘书还细。那种"直接从手里抢包"的热情,有时候反倒让人感觉很不自然。尊重与否,更多在细节。

和顾问专家合作的时候,什么时候带他们去吃饭,什么时候给他们留出时间休息,早晨大约几点打电话叫去吃早餐,晚上几点之后就不方便再打电话了,这是尊重对方的私密时间。有时候,邱柏到得早,怕打扰对方洗漱或着装,就在房间外等着,一直到对方推门出来。对方看到邱柏时很惊讶,"怎么在这儿等呢?"或"怎么不进来?"这时,邱柏一般会笑笑说:"没事,刚到!"

还有一点,当着他人赞美第三人。

如果当着某位顾问的面说其他顾问不好,这位顾问会想:这家伙会不会跟别人说我不好呢?

"知恩图报"和"懂得感恩"都很重要。当他人和第三方聊天中无意提起你时,他们内心深处的好感和认可会传递给第三方,感染力非常强。人的声誉就是被"发自内心"地传递着。往往苦心经营,好不容易积累一点点,在不经意之间又会付诸东流,这就是"声誉",它是资本里最难获得的,回报也是最大的。

关注"软资本"的积累,用感恩的心去对待"软资本"的回报,感谢带来"回报"的人,那是更大的投资!

邱柏开始上道了。

> **箴言**:投资软实力就是投资未来。
> **思考**:1. 你做过哪些有计划的软实力投资?
> 2. 你当时为什么会有此意识或计划?
> 3. 你今后将如何进一步投资软实力?

第 6 章

驰骋沙场

销售高手搞定大单、打赢战斗,顶尖销售则擅长策划市场活动、发动战役!面对行业区域市场,怎么分析行业趋势、策划市场活动?如何从战略角度影响高层、面向未来推动变革?调研、方案、报价、谈判要怎么做?

41. 变革之下

此时，君和天门分公司的格局正发生着微妙的变化。

前两年，那些看上去神神秘秘的老销售，动不动签个单子回来，如今在邱柏眼里已经没什么好稀奇的了。

那些销售确实不辞辛苦，每天很早就到公司，耐心地打陌生电话，被拒绝后淡定地拨下一个号码。打一番电话，起身背上包就出去了，直到晚上才回来。即使这样，一年也就做个七八十万，凑合能完成任务。

其中，侠姐最厉害。

她是上一年的销售状元，勤奋销售派代表人物之一。

邱柏曾观察过侠姐是怎么成为状元的。

首先，侠姐的电话好像比别人多。有的打给老客户，经常听到她问"有没有同学也干会计？""能不能给我介绍一下？"之类的。有的打给新客户，比较正式地说"我是君和软件的小侠"，"我们是做财务软件的"，"咱这里上软件了吗"，等等。后来，邱柏知道她有个表哥在工商局，每月新注册的公司名单她总能拿到。

其次，侠姐沾了女人的光。做销售要不断给客户打电话，女人的声音相对于男人来讲，潜意识里更不好让对方直接拒绝。人们对女人的忍耐度好于男人。对方接电话的主要是会计，大多也是女的，女人对女人的防卫心理偏弱，更容易搭上话。

还有，侠姐说话做事干脆利落。说去马上就去，客户说要什么马上就能送到，让客户感觉不黏糊，值得信赖，甚至会联想到她的产品也一样简洁好用。

最后，侠姐很勤奋。这是产品销售的必备条件，无论是对自己的时间、与客户的沟通计划的管理，还是对潜在客户和销售机会的管理，都井井有条，跟踪很及时。

总结来看，一是"量"，二是"勤"。

"量"，无论客户名单还是销售机会，总有大量浮在侠姐销售漏斗的顶层，侠姐不断往下挤，同时不断寻找更多新机会。

"勤"，联系得勤，向下推进得勤，速度和成交概率也就高。基数大、概率高，业绩当然比别人好，成为销售冠军也是必然的！

可第二年，邱柏签下那两张单的夏天，情况不同了。

随着君和从产品销售向解决方案销售转型，产品从单一部门的工具变成了多部门解决问题的系统。销售接触的人也从原来单部门的一两个人，扩展到多部门的多个人。这种变化对传统产品销售方式冲击相当剧烈。

侠姐也感觉到了这种变化和挑战。她意识到了新模式对原有舒适区的侵袭，而这又是君和发展的必然。虽然不太情愿，甚至有很大压力，她仍然努力改变自己。她上网搜资料，积累行业知识，学习解决方案，很努力，很用功。一位销售状元放弃自己最熟悉的方式，尝试一种全新模式，这是多么大的挑战！

可是，侠姐既不是这个专业的，也没在企业做过，坦白说，以她的功底，即便很努力，也难以支撑她转型的要求和期望。

摆在侠姐面前的有两条路：要么按自己原来熟悉的套路做下去，那样完成任务问题不大，但业绩不会有太大提升，也很可能无法继续保持销售状元的桂冠。要么选择转型，随着君和从产品销售转型到方案销售，研究客户业务，学习顾问式销售方法，这能令她保留持续竞争力，但可能会因为自身知识、经验及习惯的限制而转型不成，反倒失去了原来的自己。

侠姐面临的抉择，很多人都会遇到。

在这个世界上，"变"是唯一的不变。

面对变化，每个人都有不同的选择，而不同的选择决定了不同的方向。

历史的车轮在不断的变化中前进。前进的方向是革新与保守斗争并妥协的结果。君和要适应新技术的发展，新上任的领导会实施自己的战略，变化更是无时不在、无处不在。

达尔文的进化论强调"适者生存"。万物进化的幸存者，不属于那些最强大的或最聪明的，而属于那些最能适应环境变化的。在一个组织里，适应变化，唯变所从，才有发展机会，否则必被淘汰。

面对变化，一般有六种反应。

一、抵制

之前都这么成功了，干吗还要变？无论是战略变还是销售模式变，都等于游戏规则变了！我之前做得那么好，岂不是要被否定了？这明显就是冲我来的！拿我当变革牺牲品吧？

不能就这么被牺牲了！每一分成功都是我用汗水换来的，得捍卫自己的尊严！新模式算什么？我的方法被验证是成功的，变什么变？找几个跟我一样的哥们，同进同退，坚守阵地！

结果是，抵制者相当于螳臂当车，不仅失败是大概率事件，还可能带给自己莫大的痛苦。

二、逃避

为什么要变？还要改变老习惯，费时费力，对我有什么好处？辛苦半天，谁知道效果怎么样？现在小日子多好，一旦变了，再回来可难了！算了，离远点儿吧！

祸从口出，枪打出头鸟。当着别人的面，我忍着什么也不说，谁知道将来怎么样！算了，混一天是一天吧！提前做好准备，看形势不对，准备撤吧！

结果是，每个组织都在不停地变化，无非有的激烈、有的缓和，能往哪里躲？

三、不关心

事不关己，高高挂起。变革是公司和领导的事，跟我有什么关系？

没咱们什么事，隔岸观火、静观其变吧！眼不见、耳不听、心不烦，我行我素，以不变应万变。如果冒犯到自己了，私下找人抱怨抱怨得了！

结果是，变化是迟早的事，学鸵鸟把脑袋埋进沙子，事到临头就晚了！

四、顺应

顺者昌，逆者亡。老板还能把公司往水沟里带？大河有水小河满，跟着走吧，有一分力出一分力，成功了，领导吃肉咱喝汤！

步子怎么迈，很有讲究。走快了，让领导觉得自己有什么想法；

走慢了，又说跟不上领导步伐。迈一步太激进，不迈太保守，最重要的是迈好半步。

结果是，虽然能跟着不会落下，但也难有什么大成就。

五、预见

一直在等机会，这机会终于摆在面前，对我来说如此难得，这正是自己想做的事，简直就是上天为自己定制的，一定要好好珍惜！

早觉得原来的方法不行了，早就在关注形势发展，早就在关注和寻找什么方法更合适，早就做好了改变的准备，这一天终于来了！面对这样的机会，舍我其谁？宁可失败也要勇往直前，相信自己！

结果是，能预见变化趋势的人，一般走在大多数人前面，往往也有机会取得较大成就。

六、创造

英雄造时势。这种人追求自己的梦想，是变革和新模式的创造者。这种人促使变化发生，创新游戏规则，为了追求目标，披荆斩棘，乘风破浪！引领变革的是极少数人，无论是社会变革，还是技术创新。

面对同样的变革和机遇，每个人都有权利选择自己的态度。

积极的态度更能带来个人在职场的成长。

可侠姐呢？她应该怎么选择呢？那年秋天，侠姐离职了。原因是多方面的。有人说她家里有企业，打理生意去了。有人说她一个很重要的老客户被竞争对手抢去，她受打击了。有人说她孩子要上小学，需要人照看。也有人说销售跑到这年纪，也该收手了……

不知道有没有转型的原因。如果君和一直做产品销售，不知道侠姐还会不会离开。她在那段时间感觉挺费劲的，坚持了两三个月，后来也没心情继续往前走了，那段时间可能对她来讲就是煎熬。

看到侠姐，邱柏偶尔也会想，做销售的出路在哪里呢？

会不会也像侠姐一样到头来只剩黯然神伤？

不能说侠姐不努力，可结果还是被拍在转型浪潮之下。老销售仍然坚持着原有的方式，也被拍在浪潮之下。而同昌的小吉却我行我素，他相信自己的优势，坚持原有的风格，做得也还不错。邱柏原本是菜鸟，却撞成了几单。

有目标就有运气，怎么选都是对的。

如果自己没方向，怎么选都是错的。

如果自己没有方向，什么风都是逆风。

有的人，所在行业、所在公司、所处的环境可能正发生着一些变革，他自己却没发现。有的人，没有遇到变革带来的机会，但通过自己的探索和努力，创造出属于自己的机会，从而改变了自己的职场轨迹。也有的人，看到新的方法，脑子一热，想也不想，直接去实践，试了几次疑惑重重，没什么效果，也就放弃了。

面对机会和选择时，不妨做做四个评估和一个计划。

自我评估

自己的优势是什么？比别人强的是什么？做哪些事自己会被考虑成"首选"或"唯一选择"？自己的劣势是什么？哪些事是别人能干、自己干不了的？哪些事一干就受罪？

环境评估

自己所从事的行业有什么特点？这个行业的变化和趋势是什么？行业的趋势给公司带来了什么机遇？公司为了抓住机遇，有什么战略举措？这些战略举措对你的发展有什么帮助？

平台评估

公司平台怎么样？所在机构平台怎么样？跟老大关系怎么样？周围同事的水平怎么样？你和大家共事能学到什么？团队的风格和文化怎么样？公司是否适合你自己的想法？是否允许你有自己的想法？

资源评估

有哪些资源可以支持你的想法？有什么利于学习成长的资源？有什么利于做事的资源？区域或行业的市场资源怎么样？客户资源怎么样？

行动计划

如果认定了一件事，想清楚了，就制定合理的行动计划一步步去做。怕的是"晚上千条路，早起磨豆腐"，晚上躺床上有一千个伟大的构想，早晨起来依然我行我素。

行动计划包括阶段性目标，比如三年、一年、半年、三个月、一个月的目标，为了实现这些目标需要完成的一些重要的事件或任务，需要的资源在哪里，如何获取，如何检查完成情况等。

只有这样，才可以抓住机遇、顺应变化，甚至创造变化。

时间在变,世界在变,一切都在变,"变"是唯一的不变。

"变"会带走很多东西,也会带来很多东西。

> **箴言**:适当关注行业趋势和组织战略的变化,及时调整自己的方向和策略。
>
> **思考**:1. 哪些趋势和变化曾带给你机会?
>
> 2. 你当时是如何抓住并从中受益的?
>
> 3. 你今后将如何关注并抓住类似机会?

有时候不愿意变,不是因为有多难,也不是因为结果有多可怕,而是不愿放弃已有的东西,不愿意从"安乐窝"里钻出来,不愿意从"舒适区"里走出来,担心变化带来的恐慌远远大于可能得到的快乐。

遇到比自己成功的人,衷心祝贺他,也不用担心。虽然你现在没他那么成功,但可能前进路上你更轻松。

他很可能戴着枷锁,那枷锁就是过去的成功。

42. 圈地运动

那两年,邱柏的销售之路青涩而又多彩。

刚入销售的门,没商机几乎成了新人永远的痛。

邱柏刚到大客户部时,定位高端客户,于是他锁定了天门省的高端客户——上市公司、全省百强!从网上整理了一个长长的名单,然后坐在家里看着名字想象:这企业那么大,肯定需要君和的集团管理产品。可打电话过去,却处处碰壁……

想找一个商机,怎么这么难?

在这里,先要探讨一下什么叫商机。

知道一个企业名称,看着"长得像"自己的客户,搞到一个联系电话,这是商机吗?电话打进去,有人接了,便几乎央求着争取到上门机会,这是商机吗?了解到还没用类似产品,觉得应该有机会买,这是商机吗?对方不冷不热,觉得产品不错,说需要了再联系,这是商机吗?

到底什么是商机?

找商机的目的是什么?为了实现销售、达成交易。

那么,商机和销售机会是一回事吗?

接触一批有潜在机会的特定客户后,客户形成某种明确的意向。除了明确意向,还符合"MANT"原则,即有 money(资金实力和预算)、有 authority(决策权)、有 need(需求)、有 time(时间计划)。这才是销售机会。

很多销售人员往往把潜在的"商业机会"当成"销售机会",搞到几个企业名单并联系之后,客户不拒绝上门,就以为是商机。结果一打电话,对方说不需要,或者已经用了同类产品,自己就抱怨"没商机"。而这些客户不一定没有购买机会,或许是他们没意识到,或许是销售人员没找对人,或许是打电话时对方心情不好。

商机,即商业机会,可能是潜在的销售机会,但不是销售机会。退一步讲,商机就是符合所销售产品或服务特征的特定"目标客户群"的接触机会。

我们的产品提供给哪些客户使用?这些客户具备哪些特征?他们为什么需要我们的产品?他们将如何应用这些产品?他们将如何从中受益?这些问题可以用来判断他们是不是目标客户,也可以用来判断这是不是商机!

什么样的商机才会成为销售机会呢?

销售机会源于商业机会，销售机会符合下列条件：在符合特定标准的目标客户群里，一些客户通过沟通、分析、判断后，具备一定的业务现状和行动可能，所提供的产品或服务可以满足他们的需求并预见到潜在收益，同时客户中的一个或一部分人表示了兴趣，这时就形成了一次销售机会。销售流程则是根据这个销售机会深入展开的。

箴言：区分商机和销售机会，可以让销售更精准、更高效。

思考：1. 你之前是怎么区分商机和销售机会的？
2. 你觉得这两者有何区别与联系？
3. 你将如何管理商机和销售机会？

说到这里才发现，商机和销售机会是两回事，销售缺少的不是商机，是销售机会。缺少销售机会竟是因为自己不会分析商业机会！

之前，邱柏感觉到处都是机会，君和的产品几乎适用于每一家企业，谁都应该购买。总部下发的资料里说，只要有下属单位的集团企业都是君和的目标客户。经过漫长等待和屡次碰壁，邱柏才感觉到事实并非如此。

邱柏做新阳项目时，介入比较深，对客户比较了解，也开始关注行业内其他企业。那时，福哥让邱柏成立了行业组，开拓天门省行业市场。当时，全省共有六家国有大型集团、很多家中小企业。新阳是那六家之一，其他五家自然也成了邱柏的目标客户。

那五家也都跟了。

第一家，在邱柏加入君和分公司时就定了需购买国外产品。当时，兰总和油哥一起去过，对方爱答不理："你们就别来了，我们已经定了！"油哥嘴快："再多一家比较比较呗？"对方说："不用比较了！"就这样，那家客户后来一直没再接触。直到两年后，新阳举办现场体验交流会，那家集团的信息主任正被实施搞得焦头烂额，亲自到现场听了介绍，亲眼看了双方合作的成果，既惊奇又羡慕。

第二家，一直有接触，就是北康集团。后来，信息部也极力推荐国外系统，业务部门再支持也没用，也就不了了之。

第三家是很大的集团企业，很有影响力。邱柏打过几次电话，对方一听是君和公司，连忙说已经定了用国外系统，一句都懒得多说，更别说见面了。他们确实很牛。后来，邱柏也不好意思再给他们打电话了。

第四家，邱柏也打过电话，没什么感觉，再加上太远，也懒得去。

第五家是一家超大集团，在业内影响力非常大，也在黄辰市。邱柏去黄辰比较多，所以做了精心准备，去拜访了一次。先找的信息部，主任人不错，对邱柏很客气，沏茶倒水，还和邱柏一起坐在办公室沙发上闲聊了几句，让邱柏很感动。

去过几次之后，邱柏问主任是不是可以做个交流讲座。主任同意了，还说他们比较关心成本，可以安排一次沟通。邱柏便邀请了正在新阳做项目的成本专家过来，邱柏讲了行业趋势与信息化，那位专家讲了成本，听的人是信息中心内部一些做开发和系统维护的人，很明显是纯技术交流，因为没有业务部门的参与，很难转化为业务需求和销售机会。

之后，信息部主任便把邱柏引荐到了财务部。见到财务部长，聊起他们用了君和一些产品，部长也提了一些使用问题。再联系时，部长说他们最近加强资产管理，想重新建个系统，让邱柏出个方案，也报个价。邱柏和客户多次电话沟通之后，报了个方案和价格。报过去之后就没了音讯。那个项目也一直没做。邱柏怀疑是客户给销售人员留的作业。

邱柏再去找信息部主任，主任说他们已经考察国外厂商很长时间了，已经请咨询公司帮他们做了规划，项目预算上亿元，准备全面实施，主管副总也出国考察过了。邱柏不甘心，缠着主任约那位副总。主任说副总在北京一所大学的博士论文就是关于信息化的，还发给了邱柏。论文里引用了很多那家国外厂商的思想和概念。邱柏明白，副总是坚定地信奉老外了。

邱柏还是不甘心，以君和天门省分公司总经理福哥的名义再次约见，副总同意吃个晚饭。

邱柏在当地一家酒店安排了这次晚餐，离客户公司很近。

主任先到了，说副总有些事晚点儿过来，让先开始。

邱柏把菜和酒点好了，福哥和主任闲聊，一起等副总。

主任看了几次表，说："别等了，我们开始吧！"

邱柏看了看福哥，说："再等等，再等等！"

等了不短时间，主任又给副总打电话。听主任的意思，副总那边确实有事，一会儿就过来，让大家先开始。邱柏还是执意要等。

差不多又过了半小时，七点多钟，副总带着一个人，风风火火走了进来。副总个头不高，也不胖，比较精明的那种。他看看大家，伸出手软唧唧地挨个摸了摸，毫不客气地坐在主位上。

副总看着邱柏把酒杯倒满，没有要吃东西的意思，也不顾及福哥的寒暄，直接问福哥："什么时候来的？"

福哥说："今天。"

"哦。"副总应了一声，没再说话，也没动筷子。

福哥说："这次见到您很荣幸，咱企业全国知名，信息化应用也很领先，都是您的战略眼光高。"说完端起杯。

这时候，副总说话了："我们的信息化规划了三年，今年准备启动。这次是国家贴息贷款，大约一个亿。软件方面，我们感觉国内的不够成熟，准备引进国外的。生产和控制系统准备用 ABC 的。"

福哥愣了一下，还没说话，副总先把酒举起来："感谢君和到我们厂里来，这次的项目就算了，以后有机会再说！"说完举着杯示意了一下，直接一仰脖干了，然后说："那边还有事，我先走了，你们聊！"说完站起身，低头风一样地往外走，身上带着阵阵阴冷。

就这样，这家没有销售机会。

做天全的时候，邱柏顺便去了当地一家企业——从网上查出来的。

那家企业的生产设备在当地最大，还有些影响力。四根水泥垛加上中间的铁栅栏，就是大门了。进了厂区，一栋灰色的破旧三层楼默默耸立，一片荒凉景象。

之前电话联系了办公室主任。主任在办公楼二层最东边，屋里摆着两张黄木桌子、两把黄木椅子。如果不是主任坐在那儿，邱柏都不敢相信这是办公的地方。

主任年纪不是很大，对邱柏非常客气。邱柏介绍了自己是君和的，前来拜访。主任听说邱柏是从省会天州来的，更客气了，就和邱柏扯起了他在天州认识的人。邱柏应付着，不知怎么搭话。

邱柏正琢磨着怎么扯回正题，主任掏出了一个证书，说自己是天门省书法协会会员，还是当地书法协会副主席，滔滔不绝地聊起了对书法绘画的喜爱。

邱柏做了充分准备，原想和这家企业负责人谈谈管理和信息化，结果碰到个一窍不通的，这位主任根本不是邱柏"要找的人"！

离开时，邱柏回头看了眼企业的大门，里面的生产车间没有热火朝天的生产场面。这是他要找的目标客户吗？

邱柏最早开始做高端业务时，圈定的全省那些上市公司和顶级大企业，经过联系后发现几乎都没什么销售机会。后来去找了些中型制造企业，也没什么成果。再后来又学了顾问式销售和解决方案销售，特别是做完新阳的项目之后，联系了那么多企业，除了运气好碰上老客户天全，其他都没什么戏。为什么呢？

到底是没找对目标客户？还是没有销售机会？

思考很久，邱柏准备先从圈定目标客户做起。

君和要求推行行业化经营。凭借行业积累，邱柏锁定了天门省的冶金行业作为目标客户群。

之所以看好这一行业，原因在于这几年该行业非常火爆。天门本来就是钢铁大省，还是铁粉主产区，不仅很多企业纷纷扩建上项目，还有很多外地集团纷纷到天门投资建厂，冶金企业如雨后春笋般冒了出来。

有个刚进公司的销售人员，看到邱柏有属于自己的行业，很眼红，说："你多好啊，有自己的地，哪像我们得满大街捡食吃！"邱柏说："你也可以找自己的地啊！"他说："自己的地？得了吧！伸手动动哪儿都被老销售骂一顿，怎么找？"也是，肥田都被老销售把着，剩下的都是偏远贫瘠的盐碱地。邱柏跟他说："要么，你傍个大款，他吃肉，你喝汤；要么，你就看准机会自己拓一块！反正，抱怨不管用！"没想到，后来那哥们居然挖到了水泥行业，稍一整理发现全省水泥厂如此之多！

为什么要圈地呢？

首先，圈地能让自己聚焦于一个特定的客户群。销售人员在关注一个特定行业或领域时，就开始满脑子琢磨这个行业或领域，开始想方设法收集相关信息，甚至觉得高速路边同类企业的广告都格外醒目和亲切。

其次，圈地能让自己有针对性地准备知识和销售工具。当聚焦于有相同或相近特征的目标客户群时，销售人员能大大提高了解行业趋势、学习客户业务知识的效率，对销售工具的制作也更具针对性和可复制性。

最后，圈地能让自己进入一个圈子，而圈子里的企业间有千丝万缕的联系。同行业的企业之间都很熟，它们的老板常一起开行业会议，甚至常去同一个商务会所。哪家有什么动静，其他家很快就知道了。这对商机开拓很有帮助，比自己一个一个跑强多了！

邱柏圈了天门的冶金行业，经过收集整理之后发现，居然大大小小有两百多家相关企业！两百多家啊！有十分之一能买君和的产品，那也有二十多家！

邱柏兴奋地打电话，马不停蹄地去拜访，却发现了新问题！

> **箴言**：销售要学会圈地并进行有序经营。
>
> **思考**：1. 你现在圈了哪些地？
> 2. 你为什么圈这些地？你有什么优势？
> 3. 你将如何调整和优化你的地盘？

几家大型国企就那样了，都不把君和与邱柏放在眼里。

几家大型知名民企，邱柏有跟踪，也取得了一些进展。这些企业因为名气较大，经常联系的厂商特别多，谁都盯着，都拼命往里拱。

还有很多不知名的小企业，网上只能查到单位名称和一些简单的信息，好像规模都不大。这类企业的信息化意识一般比较落后，生产和管理基础也很薄弱，向它们卖系统，它们会说："劳动靠双手，事业靠机遇，发财靠资源！"

商机到底在哪儿呢？

跟踪了半年多，碰了不少壁，邱柏对这几类客户做了个分析。

大型国企就那六家。那些集团太庞大，太复杂，也太牛，对君和与邱柏嗤之以鼻，极为不屑。君和确实在集团企业没什么优势和经验，产品和交付能力也无法支撑。对方是皇宫，自己只有三间茅草房，那能怪谁？并且那样的单子不做一两年根本没戏！

大型知名民企也有六七家，规模比较大，生产流程较完整，很有实力。它们是快速成长起来的一批企业，成绩显著，名声在外，自我感觉也不错。很多负责人是从国企跳过来的，对信息化有所了解，也很乐意和厂商接触。正因如此，很多厂商都盯着，经常交流考察。可以预想，那些单子拼起来将异常惨烈。

中小民营企业有两百多家。有的有战略眼光，想抓住机会快速发展；有的经营稳健，可也担心不扩大规模就会被淘汰，大多都在新上一些项目。它们习惯了家族式的管理方式，面对规模增长常感觉力不从心，这不正是君和的机会吗？这些中小企业都没有信息部，更多是财务部、企管、办公室等负责管理，和它们谈岂不更容易打动它们？何况君和做下了它们的学习标兵新阳，多好的示范作用！加上还做下了天全，它们还不一窝风跟上？

不卖的东西影响着正在卖的东西。

邱柏不可能总去做一千万的单，也没办法把每个单都做到一千万，那必须天时地利人和加上好运气。虽然不能再复制，但也要借力！有了一千万的标杆，就一定有人一百万再买！

经过分析，考虑自己的资源和能力，邱柏决定"扯虎皮，拉大旗，狐假虎威，小步前进"，城市先让鬼子占着，用县城吸引对手视线，自己先在广大农村建立根据地，先填饱肚子活下来！

国企不是邱柏的市场，君和言必称"直面国际竞争""进军高端"，喊喊"打倒帝国主义""向国外竞争对手开炮"的口号也就算了，哪有精力和资源真打?

大型民营企业要盯紧不放,有项目全力以赴,那是兵家必争之地,但同时也不能指望那几家客户发财。

中小民营企业才是邱柏的主战场!

君和有知识、有经验、有能力、有样板,更有条件!

锁定了主战场,接下来就是为开发销售机会而准备了。

聚焦有限的目标客户群,不是随便打打电话、上门换个名片、送些资料或找关系推荐一下就能产生销售机会的,必须让客户产生兴趣。所以,必须要准备相应的方法和工具。

> **箴言**:将地盘里的客户分类,结合自身优势和资源制定有效策略,聚焦更易见的成果。
> **思考**:1. 你制定了哪些分类经营策略?
> 2. 你觉得为什么要制定这样的策略?
> 3. 你将如何进一步细分目标客户群?

邱柏先整理了君和在这个行业的全国老客户清单,包括各地的客户和项目信息,如单位名称、企业性质、主要产品、产能产量、产值利润,购买的动机和目标是什么,买了君和哪些产品,希望解决哪些问题,如何描述预期价值。这些在签约新闻稿中基本都有,对介绍君和的行业经验很管用。这个客户应用清单对很多潜在客户都极具吸引力和影响力。

接着,邱柏又做了两个工具。

第一个工具,是客户希望解决的难题和实现的目标的清单。邱柏曾调研过新阳和天全的每个部门,与行业小组做了行业分析表,再加上天全的"唐八条",客户各业务线和各部门岗位的关注点、管理难点、漏洞点都列了出来;然后分别面向客户的高层、中层整理了"目标清单"和"问题清单",这些都是最具行业特征的共性难题,看到这些，客户就会想到自己的同类问题，从而产生兴趣。

第二个工具，是同行业客户实施后的成功故事。针对"问题清单"或"目标清单"中的一条，选择一个客户，介绍之前的业务情况，包括遇到了什么难题、带来了什么损失、客户是什么感受、应用产品后达到什么效果、带来了什么价值、客户如何评价等，将它们整理成一个完整故事。特别是有真实企业名称和具体客户称谓，讲出来真实有效。

另外，邱柏还准备了一种简单话术，作为"快刀式"介绍方法。

比如，邱柏会说："我们最近在天全做项目，咱企业在当地很有名，顺便过来拜访您！"对方一般会问："你们在给天全做什么？"邱柏就说："哦，他们花了两百多万做数字化转型呢！"说两百多万，对方会觉得是大事，才会好奇，然后疑惑地问："数字化转型？"邱柏说："对，就是计算机网络和智能终端管理，把磅房、质量、采购、仓库、生产的数据联网管起来。吴总说，天全规模大了，手工管不过来；唐部长也说，采购基本没计划，只是凭感觉，太粗放，采购部买东西经常不及时，仓库都堆成山了还整天紧急采购……他们的磅房是手抄的，那些送货司机不老实，总找机会作弊……"

如此一说，对方通常会被勾起兴趣，这些情况他们也经常碰到！

箴言：销售要为自己开发实用的销售工具。

思考：1. 你有哪些自己的话术或销售工具？

2. 你当时是在什么情况下开发出的？

3. 你将如何完善自己的销售工具库？

邱柏把"行业样板客户名录""目标清单""问题清单""成功故事"放在包里，打电话时，根据对方的角色抛出"问题清单"或讲一两个"成功故事"，等对方有兴趣了，邱柏会说"哪天方便见面沟通"，这时候客户很少拒绝。

后来，邱柏很少打陌生电话了。邱柏签单时就和唐部长约好，请他介绍其他几个企业的人。唐部长很爽快地说："没问题！"

就这样，更多的企业进入了邱柏的销售漏斗。

43. 市场轰炸

有了签单经验，准备了话术，再找商机就容易多了。

经天全唐部长引荐，老安去拜访了当地几家企业。邱柏和老安的策略是：邱柏作为外来和尚扮演专家，到客户那里装腔作势；老安作为组织者，为客户邀请专家、安排讲座。大多都从财务开始接触，老安做财务软件多年，和财务部长有共同语言，其中也有君和的老客户。用了君和产品的老客户比较好接触，对产品满意度也比较高，也愿意安排讲座。

发现这个规律后，邱柏就想到了"圈地运动"。

君和的产品有高、中、低三条产品线，价格从上千万、几百万、几十万到几万都有。君和早期是从低端产品发展起来的，经过激烈竞争占据了最大的市场份额，多年来积累沉淀了大量客户群。随着软件日益普及，技术不断更新，君和也快速转型，陆续推出了中高端产品线。而天全之前用的就是低端产品，邱柏签的那一单就是用中端产品替换了低端产品。

圈地，就是用低端产品圈住空白客户，然后一个一个慢慢啃。

邱柏向福哥申请了政策，专门面向渠道和代理商，允许他们以低价格向空白客户销售低端产品，折扣比集团最低折扣还低，目的就是让代理商去圈住客户，为此还专门做了政策发布。

天门行业优惠政策

据不完全统计，目前天门省有钢铁企业约180家，其中民营中小企业约120家，60%以上的业务系统基本空白，30%左右仅使用低端版本软件，进行全面数字化平台建设的不超过6%。

据分析，天门省中小钢铁企业信息化市场中，从君和老用户低端应用升级到中端应用、从中端简单应用扩展到复杂应用是产出最大，也是最容易实现的销售机会，并将成为君和在该行业未来2~3年产出的重点。为此，现阶段君和应扩大用户市场的占有率。

统计显示，低端应用中，君和占有率最高，其次为AW、NY、锐锋。本优惠政策的主要目的，首先在于占领空白市场，其次是对非君和用户进行替换，扩大目标客户群体使用占有率，使其成为君和客户，从而为未来产出奠定基础。

为实现上述目标，特制定此行业优惠政策。

优惠范围

（1）客户范围：此政策仅限空白和已使用非君和产品且不属于天门省分公司的指名客户。指名客户由分公司单独运作。

（2）渠道范围：此政策仅适用于A、B、C、D四家渠道成员，其他渠道成员不享受此次优惠。

（3）产品范围：此政策仅限定于低端产品和中端部分模块。

优惠条款

（1）对于符合政策的客户，指定渠道成员可以以最低标准报价的五折签单，培训实施与后续一年内的服务由渠道自行负责。

（2）对于非君和用户，除享受优惠外，君和提供历史数据转换程序。

（3）老用户升级不包含在优惠活动之列。

优惠时限

此优惠方案有效期自20××年10月10日起至20××年12月15日止。

享受此政策，须向天门省分公司打款订货，一经发现串货必定严处。

此政策解释权归君和天门省分公司。

君和天门省分公司
签发人：
20××年10月9日

邱柏是这样想的：这个政策一出，那几家经销商会主动寻找更多销售机会，订货审批时会把客户信息报过来。而中端产品基本模块安装非常简单，很实用，维护量也小，客户满意率一定很高。在这过程中，自己还能和客户多接触，愉快地建立起信任关系。

这样一来，不仅"圈了地"，还赢得了"客户的满意"！

政策发布后，经销商居然卖出三十多套产品！这都是邱柏以后去搞"讲座"的潜在机会！

机会多了，邱柏又发现了问题：总不能一家一家跑吧？那得跑到什么时候？怎么把市场轰炸开？怎么实现规模销售呢？

福哥有全国市场经验，看到名单，发现

箴言：用低端产品规模覆盖目标客户，然后再慢慢经营到中高端产品。

思考：1. 你用什么方法圈定过客户群？

2. 你用的是什么策略，当时效果如何？

3. 你有哪些规模占领目标客户的计划？

客户主要集中在天门省的黄辰、丹海两个地区，便给邱柏支了一招——做区域市场活动！

把客户聚一起，营造一种氛围，讨论一个话题，形成一种趋势，让客户现身说法说服同行，这不比一家一家跑更有效！

区域市场活动有两个难点：找哪个部门"指导"；如何把客户请来。

邱柏能亲身感受到，政府不像小时候认为的"官老爷"那么高高在上，反而很多部门越来越务实，越来越关注如何更好地服务于当地经济、服务于企业发展，大多数人真是想帮企业做些实实在在的事。找政府部门合作，关键就是找到双方的共赢点。

那次找政府部门汇报，主题最终定在了"扶持区域特色产业，推进传统产业转型"。邱柏和市场经理一起出面联系了省厅，又和老安一起去了黄辰市政府主管部门，汇报了君和的思路和建议。

政府领导对君和用数字化手段支持当地经济建设予以高度肯定，当场表示大力支持，还问需要他们具体做些什么。邱柏的目标就是邀请他们担任指导角色，请领导出席并做重要讲话。

领导看了看自己的日程表，又看了看君和的会议安排，答应如果没特别重要的事就出席。至于发言，领导希望君和提些建议。邱柏明白，还需要君和拟一个提纲，或起草一个发言稿供领导参考。这对邱柏来说，当然求之不得！

确定了参会领导名单，就可以印邀请函邀请客户了，运作好了还能由政府以"通知"方式下发到企业。政府的会比较多，用什么方法邀请、怎么让客户有兴趣参加就成了关键，想要邀请到企业高层参加就难上加难了！

这种市场活动，能邀请到董事长最理想，全部邀请董事长也不太现实。退而求其次，只能邀请有共同语言、听完有感触又有能力推动的人。最后，邱柏和市场经理确定的参会对象要求是董事长、总经理或经营副总、总会计师等副总级人物。

一般的市场活动邀请，如果内容不是特别吸引人，实际到会者往往比所邀请的低一级。如此推理，邀请最低的是副总、总会计师，一般来的就是部长，这也是邱柏的最低目标。

确定了邀请对象，就是邀请函的措辞和会议日程安排了。邀请函是脸面，活动主题和风格、参会领导分量、会议核心内容都直接影响到能否邀请到客户。会议日程包括省级主管部门领导致辞、市级领导讲话、君和高管发言、代表企业介绍经验、专家行业分析等，领导的级别职务、代表企业的地位和影响力、专家的水平、议题的吸引力等都要精心考虑。

客户邀请，不是销售人员把邀请函一丢，说"我们搞了个市场活动，邀请你参加"这么简单。怎么打电话、怎么介绍活动、哪儿来的专家、讲什么主题、有哪些知名企业参加、参会对企业有什么好处等，都要下一番功夫。

那次会议，邱柏邀请了黄辰最大集团的信息部主任。不是想做这家集团的项目，而是把这家集团的桌牌一摆，参会的人看到他们都来了，会感觉组织方很有实力和影响力。

邱柏把拟邀请的客户分配到每人头上，每家客户都有销售人员负责跟踪，随时反馈邀请情况。没邀请到的，换其他销售人员邀请；别人邀请来了，这客户就归到那人手上，就跟请不来的销售人员没关系了。只有这样，销售人员才会紧盯着邀请客户。会议两周前开始"吹风"，一周前正式邀请，前一天确认，当天早晨"行程关怀"，有的开始前十几分钟还拿着电话确认"到哪里了"……

会议开始前，把到场企业的名称打个桌签，逐一摆好，方便来人直接找到自己的位置。之前一定要咨询好当地政府和企业，了解排名情况，要按顺序摆放，否则会有人不舒服。

拟邀请的十几家企业基本都到了，两个老板、五个副总，剩下十几个都是部长，加上政府与君和的人，把黄辰市政府招待处会议室挤得满满当当的。企业之间见面也彼此打招呼："你也来啦？""来啦"！

政府领导发言针对性很强，很给力。

福哥的致辞也不错，介绍了君和，还表示要服务好区域特色经济和支柱行业，专注为企业做好服务，并准备在黄辰设立行业研发基地和服务中心，等等。

> **箴言**：市场活动要多借名借势借力。
>
> **思考**：1. 你在市场活动中借助过哪些力量？
> 2. 当时的形式和效果如何？
> 3. 你将在市场活动中如何借力？

邱柏作为专家，介绍了行业趋势，分析了行业经营与管理特点，剖析了信息化建设动因，呈现了方案总体框架，分享了一些关键环节的应用和价值。

经过长期积累，那套PPT已经相当诱人。邱柏很注意讲土话和行话，而不是把自己整得很"专业"、装得像个"鸟人"，这样可以避免让客户产生距离感。会议结束，不仅有人索要资料，还有人专门跑过来问："你在钢厂干了多久？"

接下来是请代表企业分享心得，这时候不能全是君和的"样板客户"分享，否则太明显。最好请一些大企业，站在行业和企业的角度，分享一些自己企业的管理特点或独特观点，引起与会人员的共鸣。然后再把君和样板客户的实施情况和应用效果做一些分享，这样对大家来讲更好理解和接受。

后来，为了体现会议的权威性与公益性，减少商业味道，顺序上也做了调整：请政府领导致辞结束后，先请行业专家进行演讲，再请大企业负责人讲讲企业实践，然后再由君和进行行业理解和解决方案的分享。这样更顺畅，也更自然一些。反正来的人都知道，指导单位、主办单位、协办单位、承办单位之间的关系是什么。

分享之后，是大家简单的自由交流讨论。差十分十二点的时候，会议正好结束，丰盛的午宴已经准备好了。

饭桌是活动中很重要的领地。

邱柏、福哥、市场经理分别坐一桌，老安和其他几个销售人员也散开坐到各桌。之前各桌的客户名单早排好了，谁负责哪些客户、扮演什么角色、重点聊什么基本上也都提前有设计。

大家在饭桌上聊最近的行情走势，聊政府政策，聊各家情况，远比聊信息化和方案多。有时候提供这样一个平台让大家聊，会让大家感觉到交流的价值。

通过这样的会议，黄辰地区的企业都知道了君和是一家专业、正规、有实力、有背景、有影响力的大公司，知道了君和为新阳、天全等多家企业做项目，也大致了解到了君和能做些什么。这些对激发客户兴趣，使之建立对品牌及其能力的信任，促成销售后续更好推进而言，够了！

会议结束后，邱柏立即部署了客户回访和跟踪策略。同时，大家还圈定了几家规模适中、意向较强的客户重点跟进，通过回访切入企业，争取"请专家来做个讲座"。

就这样，邱柏被安排去做"讲座"的机会就更多了。

44. 影响高层

找到销售机会，对于成交来说只是开始。

市场活动只是激发兴趣，参会的大多是中层，而采购要高层决策，因此要接近并影响高层。陌生拜访成功率最低，让中层向上汇报很难有实质性的推进，而请专家做"讲座"的接见率和命中率都比较高。

有家企业是当地第一号——众诚集团。老板白手起家，发展起来后成了当地政协副主席，有头有脸，还建了一座公园，园内湖光山色交相辉映、亭台楼阁错落有致、餐饮娱乐设施齐全，更让老板颇有行业龙头老大的范儿。

做下天全后，老安找到了众诚的财务部长。众诚用的是另一家公司的系统，后来因为服务终止，便换成了君和，老安他们一直服务得也不错。

那是夏天。"讲座"安排在下午三点——刚上班。办公室下通知要求各部门一把手参加（当然也是邱柏和老安建议的）。地点在办公楼顶层一个大会议室里，有音响，有投影幕布，以前公司的讲座培训都在这儿。

最先来的是办公室负责信息化的年轻小伙，毕业时间不长，一听说搞数字化转型就觉得是个大展身手的机会，非常积极，对邱柏也非常热情。老安摆投影仪的时候，邱柏和小伙聊了几句。在小伙眼里，邱柏是一位能给管理层上课的专家。

办公室主任来了，和邱柏握了手，表示欢迎。邱柏也笑着说了些有关众诚的称赞之辞。人陆续来了。总经理也来了，是位不到四十岁、微胖的中年男人，对邱柏笑了笑，坐在第一排，把记录本放在桌子上。

会议室中间每排十几个座位，有七八排。两边靠墙是面朝中间的两排椅子。中间坐得七七八八了，旁边也开始有人坐了。

此时，邱柏调好了笔记本电脑，屏幕上显示了首页。邱柏穿着白色半袖衬衣、藏蓝色裤子站在台下，随时准备开始。

这时候，有人低声说："董事长来了！"

邱柏随着话音向门口看去，一位皮肤略黑的长者站在门口，个子不高，脸上爬了些皱纹，眼睛不大，鼻子却很突出，两片嘴唇很厚。邱柏本想上去打个招呼，还没来得及反应，董事长在最后一排不动声色地坐下了。

大家也安静了下来。

总经理朝邱柏笑笑，说："开始吧！"

邱柏一直站在会议室左前方，微笑着面对大家，其实是在观察"地势"：哪里人密、哪里人稀，哪几个像车间来的，哪几个像办公楼里的，哪几个像业务人员，哪几个像领导，谁拿水杯了，谁拿本了……甚至能从大家打招呼的神态、分别坐在哪里判断对方官大官小。邱柏试着和看他的人目光接触，微笑，和善地微微点头示意。

总经理说完，邱柏朝他笑着点了下头，几步迈上讲台，走到讲桌前。

邱柏环视了一下，说："各位领导、各位同事，下午好！很高兴来到这里和大家交流。我叫邱柏，来自君和公司，我做企业信息化管理咨询六年了，这几年主要为钢铁企

箴言：销售人员演讲之前，要留心关键人坐在哪里。

思考：1. 你觉得为什么要关注关键人在哪里？

2. 你有哪些观察关键人的诀窍？

3. 对此，你将进行哪些方面的加强？

业做咨询，这段时间正在新阳和天全做项目。"

众人漠然地看着。

知道了这人是谁，但大部分人还不知道为什么坐在这里、为什么要听这"讲座"。

"有人说，数字化是什么东西？那是国有企业的事儿，跟我有什么关系？"邱柏停顿了一下，看看大家，接着说，"可是，你知道为什么有的企业建厂时就把数字化同步规划了吗？你知道为什么正上着项目、资金紧张的企业挤钱也要做数字化吗？你知道为什么有的老板掏三辆奔驰的钱做数字化吗？你知道为什么有的老板娘开着宝马亲自接送我们，好让我们帮她做数字化吗？"

有人眼睛瞪起来了，有人歪头看看董事长。

董事长也是坐奔驰，顶配。

邱柏停顿了一下，看看大家。他感觉到众人头顶有一股气正朝他的方向聚来，他接着说："要想弄清这些问题，先不讲数字化，先看看咱们的企业处在什么环境、行业有什么变化、最近发生了什么。"

邱柏开始就行业所处产业链位置、行业趋势、最新变化，以及国家政策、行业集中度、环保的压力等客户感同身受的问题讲起来……

台下，有些人开始从"寒冷"变得有些"温和"。

邱柏介绍宏观影响也就三分钟左右——这些不是重点。提及行业趋势和变化是为了导出下面的话题，就是企业面对的挑战，这些挑战是客观、真实、有理有据的，而不是编出来吓唬客户的。

从趋势变化到企业面临的挑战和机遇，再到企业的出路和目标，对外如何把握资源整合产业链，对内如何加强管理，顺理成章地把提高效率、堵塞漏洞、降低成本、提升管理水平和盈利能力作为企业管理的目标。要实现这个目标，必须剖析企业整个经营流程，找到关键控制点。而对这些控制点进行管理和控制，恰恰就是君和的擅长之处。

这些必须用客户的行话和土话讲，必须讲客户每天都在做和身边真实发生的事，再从全局分析问题产生的根源，总结出关键问题，这样那些高管听起来才会有感觉，也才能让那些中层频频点头。

讲行业趋势和背景时，总经理零星地记几笔（那些是不必记的，只是一个导入思路，有这个思维逻辑就行了）。等到邱柏讲十大问题及解决之道时，总经理和几个副总开始纷纷动笔了，邱柏每讲一条，他们就记一条。

讲"问题"时，为了避免引出逆反甚至抗拒心理，邱柏强调："这不是哪个人的问题，大家谁都想干好，谁都不想浪费，但没办法，因为信息不通畅，想查找信息要从三尺厚的单据里找，多个部门之间数据无法共享……"把很多问题都归结到"手段"而不是"态度"或"个人意愿"上。但企业管理层一般都清楚哪些是"手段"造成的，哪些是"责任心"甚至"职业操守"造成的。

业务问题及解决之道，邱柏一般讲三十分钟左右，这也要看听众的状态和氛围，以及自己的心情。前面讲得好，心情也会好，故事也就多，就更生动真实。就像在客户脑子里放业务场景的电影，随时按下"暂停"，让他们产生感觉，然后继续……

邱柏演讲比较注意逻辑。一般做完PPT会从头播放一下，想象着自己是听众，感受一遍，看思路是否有逻辑、前后是否顺畅、哪些地方怎么讲、听众想听什么，然后不断调整和完善，直到自己满意。

听众的思路跟上了，邱柏讲的内容就会与大家的意念融合，大部分人通过眼神会表达出认同，百分之二十左右感受强烈，也有大约百分之二十没找到感觉，只凑了个热闹，这很正常。

邱柏往后看看，董事长还在。董事长应该不会走，也不该走。

接下来，邱柏选出几个问题，准备一一展开。台下充满期待的眼神。

通过"破冰""聚气""造势"，到抛出问题的"聚结"，接下来该"拆解"——进入具体业务分析了。

讲业务，先描述客户一些业务流程，选取客户的具体场景，比如从库房领一个物品或一次采购到货过程，将业务流程、涉及部门、相关岗位、每个人员的每个动作，以最生动的方式表现出来。紧接着提出一些关于现状的问题："这种情况是否经常遇到？""咱是不是也这么处理？""还有哪些类似的情况？"然后针对一些关键点提出质疑："这里如果……那么会怎么样呢？"

通过提问，让客户把自己现在的工作方式与之前提到的问题和潜在损失有效关联起来，让大家下意识地反应："没错，我们也是这么处理的啊！"听完再恍然明白："原来问题是这样造成的！"

讲得越真实，提问越准确，对方思考就越顺畅。稍有偏差，对方心里产生"我们不是这样的"的想法，那么对方对演讲者的信任就会大打折扣。

业务分析把准脉，症状说清楚，原因说明白，后面就是"施治"了。

"施治"就是"打通经络"，让企业"气血"通畅。对于信息化来讲，"气"就是信息流，"血"就是资金流和物流，只有将信息流与企业的资金流和物流同步，才能做到准确把握企业运行情况。这时候，邱柏会在企业流程图上标出几个关键点，把这些关键点拉大，讲清楚怎么控制、基于什么原理、应用什么方法、使用哪些工具、能达到什么效果。

理想场景和应用效果讲得生动了,邱柏能感觉到大家头顶有股气场向前面聚来。此时,他感觉到两个字——信服。

就在邱柏讲第三个业务细节的控制方法时,董事长站起身,向前慢慢走了几步,又迟疑了一下,然后拐到旁边,找个靠墙的椅子坐下,继续听。

这是一个积极信号,邱柏心里更有底了。

总经理仍在不断做记录,记好几页了,他的眼神也更加清澈了。

讲完了具体业务后,客户已经被吸引,甚至迫切希望达到理想场景。邱柏接下来要讲的是"如何实现"。越是理想的效果越难实现,需要"一把手充分重视""中高层达成思想共识""全员参与",同时也需要"双方合理的项目团队""严格的项目管理""持续有效的培训",最后是"有效的计划控制""实事求是、循序渐进的原则"。

这些原则传递的信息非常丰富。

首先把"如何实现"的责任归于领导,"领导不重视,什么都免谈",同时暗示着"领导不表态,大家没法弄",这样才能逼着领导表态,然后拿着领导意见"挟天子以令诸侯"。

邱柏讲"双方合理的项目团队"而不是"供应商丰富的实施经验",这是从第三方更客观的角度看,同时把客户也拉进来作为主体承担相应工作,而不是急着推荐自己。越强调自己经验丰富,恰恰越会让对方感觉可能不丰富。

"严格的项目管理"是方法和保障。这种项目和建设一条生产线一样,也要有项目指挥部,要有施工图,通过这个类比给客户形成一种价格对比和心理暗示。

"持续有效的培训"主要考虑人员和能力保障。客户往往担心现有人员的能力不够,这也往往成为销售的阻力。与其让客户提出来,不如"先下手为强",未雨绸缪,安排好相应的培训计划。

最后的"有效的计划控制"虽然是指项目实施,其实是在暗示客户立项和推进时间,说什么时间就什么时间,说干什么就干什么,别总变来变去,否则大家都没时间和精力扯来扯去!

这些是邱柏经过长期实践总结出来的。

这几条不仅对客户实施安排有作用,对销售人员也有极强的心理暗示作用。

在组织实施阶段,要列出一个项目组织结构图,其中列示项目委员、项目总监、项目经理、各项目小组长、产品顾问、技术顾问、行业顾问等,双方组织起一个对等协同、分工明确的团队共同推进。项目组织结构图告诉客户:"你现在需要明确你这方面的项目总监、项目经理,这两个是需要尽快明确的,否则没法玩儿!"

得到了领导的重视,也有了组织,之后就是实施流程了。邱柏通过一个简图把项目实施分成几个阶段,说得很清楚,让对方可以看到预想是如何变为现实的。

同时,还有个知识转移图,双方通过项目合作取长补短,合作共赢。这是唯一一次提到"这事对厂商意味着什么"。这也让对方感觉,对厂商而言,积累行业经验和提高行业影响力远比赚客户多少钱更重要!

编筐编篓,重在收口。

邱柏最后的撒手锏来源于天全项目,几乎百发百中。

邱柏把这类项目的流程分成交流探讨、前期咨询、项目准备、项目建设、项目交付、运行支持六步。

第一阶段是交流探讨，包括前期沟通交流和类似这样的讲座。认识问题及影响是为了了解业务现状并明确问题所在，明确实施目标是希望客户听了讲座后能明确表态感不感兴趣，达成合作意向是要获得对方高层口头或书面的意向表达。而一旦客户高层表达了意向，邱柏就会当即确认并将成果"收入囊中"，顺其自然地走向第二阶段！

第二阶段是前期咨询。之所以叫前期咨询而不叫售前调研，是不想显得太功利，虽然本质都一样，但要从客户视角表达。它包括初步调研分析、初步诊断、设计解决方案，这几步是免费为客户提供咨询和诊断的，这能让客户感觉"君和为我们做了很多工作"。接着，提交并审议项目建议书，就是提交方案和规划并经双方汇报评审，然后就是签署商务合同了！

这个进度安排让客户知道了应该怎么采购，按什么顺序做哪些事。邱柏用这个步骤管理了几乎大部分客户的采购过程——基本上都会按这个步骤走。这样一来，邱柏就能以各种借口让项目停留或加快，以管理销售节奏。

这页讲完，听众已经很清晰了。邱柏感觉到了总经理势在必行的眼神和坚定的表情。邱柏鼓足力气说："今天讲解的内容就到这里，接下来有什么问题可以交流，再次感谢大家！"然后深鞠一躬。

掌声潮水般涌来。雷鸣般的掌声，是发自内心的，甚至身体也随着鼓掌节奏抖动起来。总经理欣赏地看着邱柏。此时，也有几人向董事长的方向看去。

邱柏也向董事长方向看去。原以为会有人提一些问题或交流一些观点，不料董事长

箴言：帮助客户设计采购流程是销售的更高段位。

思考：1. 你有哪些项目帮客户规划了采购流程？

2. 这对销售进程推进有什么好处？

3. 你在今后的销售中将如何应用采购流程设计方法？

却在掌声中站起来,缓缓向讲台走来,脸上仍看不出表情。邱柏感觉董事长应该不是来当众和他握手的,于是赶紧从另一侧下来。就在邱柏走下去的时候,董事长走了上去。

邱柏又向后走了走。太靠前面不合适,不仅吸引大家目光,还给人沾沾自喜的感觉。他站到了听众的第二排和第三排之间的位置,面带笑容,恭敬地站在那里。

董事长清了下嗓子,开口说:"今天,老师给我们上了精彩生动的一课,也是发人深思的一课!"这是定性的话,他还不知道邱柏姓什么。

"数字化这东西,我听说过;我到外面走走转转的时候,在大钢厂也见过。信息化和数字化在生产和管理上发挥着重要作用。可我没想到,像我们这么偏远的地方,数字化也来得这么快,来得比我想象得还要快!"这话分量很重。

董事长继续说:"我们众诚自建厂以来就是我市的代表企业,无论是在产品质量、产量方面还是承担社会责任方面,都起着示范带头作用。众诚也应该借此机会,进一步提升我们的管理水平。"这句话更有味道,邱柏知道,自己的目的达到了。

又讲了一些对管理和生产的要求后,董事长说:"这件事,接下来领导班子要认真研究决策,希望各单位、各部门认真学习总结。散会!"

众人哗啦啦站起身,但都站在原地没动,他们在等董事长先走。

董事长从邱柏这边下来,顺路走向他。邱柏赶紧走上前去。董事长停下脚步,伸出手说:"讲得不错,辛苦啊!"

邱柏说:"哪里,能来交流我也很荣幸!"

董事长笑笑，转头对总经理说："安排老师吃个饭！"说完转身走了。

大家目送董事长出了门，才开始陆续离开。总经理没走，站在邱柏身边兴奋地说："邱总讲得很好！你对钢厂很熟啊！"

邱柏呵呵一笑："我也是在不断向企业学习！"

总经理笑得更开心了，说："走吧，去吃饭吧！"又转头和身后的办公室主任说："你们先带老师去，我随后就到！"

去的是众诚自己的食府。

一路上，邱柏话不多。此时，要保持一种姿态，话一多，嘴一贫，就不上档次了。也不能端架子，那就有些装了。邱柏挑了几个话题，关于众诚和董事长的影响力之类的，这既给对方炫耀的机会，也让自己加深对众诚的了解。他还问了主任和随行那个小伙儿"家住得远不远""在公司多久了"这些无关紧要的话题，目的是拉近彼此的距离。而他们也只客气地问邱柏"邱总很忙吧？""一直出差吧？""很辛苦吧？"这类话。

刚进包间不久，总经理就来了，一进屋就客气地招呼邱柏坐下，还说一会儿董事长会过来，不过在隔壁和几个市里的领导有饭局，中间过来坐会儿。邱柏知道，这已是特殊礼遇了。

因为是自己的食府，饭菜早就安排好了。坐下来之后，双方彼此的感觉很微妙。邱柏知道不能再谈关于项目和销售的话题，而大家好像也在刻意回避，彼此心照不宣地聊着。

邱柏先向总经理表达了对董事长的仰慕，提到了众诚的规模以及董事长的见识和眼光，提到了黄辰市火车站的广告牌、当地人对众诚的仰慕，提到了董事长讲话中对信息化的认识和理解，说得总经理越来越兴奋，呵呵直乐。

聊了半个多小时后，董事长来了。大家纷纷起身。董事长依然没什么表情，朝大家挥挥手，示意坐下，话也不多。他自然地走到预留的主位上坐下。

刚坐下，总经理就说："邱总一直说很仰慕您呢！"

董事长呵呵笑了笑。

邱柏又说："有您在，是当地老百姓的福气，不仅有那么多人可以去厂里上班挣钱，还在当地建了这么大一个公园，成了当地名片。"董事长更高兴了。

总经理说："市里也很关照众诚，我们董事长还是政协副主席！"

邱柏又敬仰地看着董事长笑了笑。

总经理问董事长再吃些什么，董事长说不吃了。总经理给他盛了一碗山珍菌汤。董事长一边喝着、一边和邱柏聊了几句，等喝完汤，对邱柏说："旁边有客人，你们先聊，欢迎下次再来！"说完起身慢悠悠地走了。

可能邱柏讲得确实不错，也可能众诚刚好有问题要解决，也可能因为被旁边的天全抢了先，"地盘老大"众诚不是很爽。后来负责计算机的小伙儿跟邱柏说："天全上炼钢比我们早，这次上信息化又比我们早，怎么每次都让他们抢先呢？"

邱柏发现，当地的企业之间都很熟，又暗中较着劲，谁也不甘落后。邱柏拿下天全，拿下顺安，要是再拿下龙头老大众诚的话，当地其他企业能无动于衷吗？还会选别人吗？

讲座开好头，推进也就很顺利了。

45. 免费讲座

后来的"免费讲座"碰到的情况就更多了,有的是在村支部里,有的是晚上十点才开始,遇到的情况千奇百怪。

还有两次"免费讲座"让邱柏感受颇深,不得不提。

有一家叫金泉的企业,离顺安不远,正在改扩建。

金泉老板姓杨,和众诚的董事长截然相反,座驾是一辆超大的美国进口车,有依维柯那么大。那天,他从车上跳下来,看上去皮肤黝黑,粗壮有力,精力充沛。

见到那辆车,财务部长就说:"老板来了!"老板下了车,邱柏走上前大声招呼:"杨总!"杨总看看这穿白衬衣、蓝色裤子、打领带、拎电脑包的年轻人,爽快地说:"来啦!上楼吧!"

见这类老板的套路和其他老板不一样。

首先,不能装专家,要单刀直入,有一说一。

其次,别讲什么战略、理论、流程,讲实实在在能听明白的。

再次,下面人推荐时尽量说清楚君和是干什么的,不要见面后再费劲解释,对方没那耐心。

最后,这种人更感性和不服输,多提周边其他企业怎么做比讲半天方案管用方!

老板好像不刻意追求排场,办公桌上堆了些文件和笔筒什么的,书柜上随意摆着奖杯奖状,墙上挂着锦旗、规划图、施工图,加上两把木沙发,整个办公室满满当当的。

坐下后，老板看着邱柏，等他说话。

邱柏掏出名片，隔着桌子双手递上去说："杨总，我是君和公司的，当地几家厂子都是我们做的。"老板坐着接过名片看了看，放在一边，然后翻翻桌子上的文件，又低头拉开抽屉，从里面找了张名片递给邱柏。不像众诚董事长的名片上有一堆头衔，金泉老板的名片很简洁——"金泉钢铁有限公司 杨某某 董事长"。

邱柏坐回沙发上，微笑地看着老板。

这时，老安说话了："杨总，最近我们在天全、顺安、众诚做项目，主要帮他们管理磅房、采购和库存，帮他们堵塞漏洞、降低成本。这些项目都是邱总主导做的，他非常有经验。上次和财务部聊，说咱厂也有类似业务，所以这次请邱总给您介绍一下他们怎么做的。"老安和邱柏的配合日益默契。

老板点头说："好！"

老安和邱柏分别掏投影设备和电脑。

还是那套PPT，但讲法完全不同。

提一提大趋势，代表对行业了解。战略和流程几乎没提，而是基于金泉的业务特点，选择性地讲了些日常业务和难点，然后重点用真实业务场景说明现在怎么做、上系统后怎么做，让老板清晰地感觉差别是什么、对他意味着什么，甚至让他想象哪些人的权力可以变小、哪些人再没机会捞钱！

邱柏重点讲了采购和结算，这是金泉这类老板最关心的！

讲到管理框架时，老板让部长喊一位副总来听。时间不长，副总来了，进屋后四下看看。老板抬了抬下巴示意，副总坐在旁边椅子上开始听。过了一会儿，老板又让去喊另一个部长。整个过程一共叫了四个人。

第6章　驰骋沙场

邱柏边讲边观察众人表情，根据大家的反应决定快慢深浅，整个过程很顺利。唯一不爽的，就是有进来找老板签字的，总被打断。即使这样，邱柏对结果依然有信心。

讲完后，邱柏问老板："您觉得咱企业这些情况需要优化吗？"

老板说："嗯，我们正在扩建，可以先把磅房和采购弄上。"

邱柏问："您觉得刚才讲的那些可以吗？"

老板说："可以！"

邱柏说："如果您有意向，要不这样，我回去安排个顾问来咱厂免费调研一下，给出个具体方案和规划，到时再看具体怎么做，行不？"

这么问，老板不会拒绝。

邱柏继续说："我这里有个意向书，主要用于我们内部管理。有了这个意向书，我回去就可以申请顾问免费调研了，要不咱现在签一下？"邱柏从书包里掏出一个塑料文件夹，随手往后翻几页，故意让对方看到"意向书"签了很多份，然后抽出两张空白的递过去，一边递一边说："意向书不涉及费用，就是对双方资源投入的一份保障。"

意向书已经被邱柏改成了一页，没必要太复杂，可缩短客户浏览和做出决定的时间。基本上都是虚条款，只有两条实质性内容——"甲方将与乙方合作开展信息化规划和实施工作"和"甲方将采用乙方的信息系统和咨询实施服务"。这种意向书不涉及费用，也就是个君子协定，双方的一种暗示和约束而已。

老板看了几眼，抬头问问后来进来的几人："你们觉得呢？"

一个说："嗯，这个应该上。"

一个说："是不是还得买计算机？挺麻烦！"

一个说："得让他们加强培训，现在那些人素质不行！"

邱柏没有急于回答或解释。老板在问他的手下，插话是多嘴。

老板听完几人的意思，看了看邱柏。邱柏说："这些会在调研时详细沟通，在规划和方案里重点考虑！"老板听完，从桌子上拿起笔，毫不犹豫地在意向书上签了字。

这次算顺利。

还有一场，邱柏印象极深，几乎"史无前例"。

那也是当地的一家企业，但老板是东南沿海过来的，个头不高，眼睛不大，但鼻子格外硕大厚实，忠厚中透着精明。

这家企业很独特。那几年，国家开始调控，行业形势和前景不容乐观，原料和初加工料价格猛跌。大家担心会跌得更低，都拼命把手里的库存低价抛售。在别人抛售时，这家的老板囤积了一大批。后来，价格趋稳，货源又开始紧张，他们再出售，这一吸一抛，赚了一个多亿！

邱柏要给如此精明的老板搞"讲座"。

那是夏天。

工厂晚上八点下班。客户问讲座能不能安排在晚上九点，因为那个时间厂里刚吃过晚饭，本来晚上也要安排学习。邱柏吃了一惊，他的讲座一般两个半小时，晚上九点开始，也就是说要十一点半结束？

那天，邱柏和老安吃过晚饭，到客户那儿正好八点半。

会议室比学校教室还大两三倍，站在前面几乎看不清后排。前面一个大讲台，上面一排桌子，中间一块幕布。

邱柏和老安熟练地架好投影设备，摆好笔记本电脑，还不到九点。差五六分钟的时候，人一下子多了起来，老板也到了，坐在前排。不一会儿，已经黑压压坐满了人。邱柏粗略估计，得有一百多人。除了前两排像是管理部门的，后面基本都是车间里的。

第6章 驰骋沙场

那天最大的挑战不是讲座内容，不是晚上九点才开始，不是台下黑压压一百多人，也不是盛夏的炎热，更不是灯光昏暗无法看清众人表情，而是没有麦克风！在这样的晚上，不用任何设备把声音送到一百多人的耳朵里，对嗓子和丹田是极大的考验！

还好，老安提前买了两瓶矿泉水。

演讲结束时，已经晚上十一点多了。前面十几个人听得很投入。中间和后面的听得也很认真。虽然邱柏看不清，但能感受到气场，他们一直在听，也在努力思考，当然，有人可能只听懂了和自己相关的一部分。

不久以后，这单也签了。

那两年，邱柏做了非常多的演讲，导致满脑子都是图片和文字，都不用看PPT。所讲的内容、案例、业务情境也随着时间、环境、趋势变化而不断充实优化。

邱柏做"讲座"也有一些感受和心得。

第一，客户必须有预期，知道来的人是做什么的、要讲什么。前期联系拜访、铺垫沟通、预约就显得非常重要。如果客户都不知道来者是干什么的，即使同意安排讲座，彼此认知和预期不同，也要花很多时间和精力去"调频"。

第二，必须有决策者在场。对于中小型企业，必须是董事长、"一把手"，必须是对企业"跑冒滴漏"和成本效益很关心的人，必须是听完就能下决定的人。

第三，只有董事长、"一把手"还不够，还必须有相关人员在场。"一把手"听完动心了，会安排人落实，而落实的人必须知道这是一件什么事，知道老板为什么做、怎么做，这些讲座里都会提到。让下属当面知道老板的态度，推动起来就顺利多了。

第四，必须有支持者或者准支持者在场，哪怕开始前闲聊几句，找到感觉对路的、可发展的潜在支持者。在老板思考决定的关键时刻，他们在现场说两句好话强过销售说百句，他们能帮演讲者做销售。

第五，提一些行业内企业的具体名称，这会让对方觉得你是行内人。提及其他企业的岗位角色、职务姓名、他们遇到的情境，多爆一些行业内才有的料，更容易让对方产生信任。

> **箴言**：销售演讲的效果是设计出来的。
>
> **思考**：1. 你做过哪些出色的销售演讲？
> 2. 你觉得那次为什么如此出色？
> 3. 你将如何让今后的演讲更出色？

第六，要生动，切忌死板、照翻照念。多讲案例，多讲故事，多提问题，多引发思考。讲得越熟，PPT越应该简练，插图越多，动静结合。寓意越深，其他人越无法模仿。

第七，内容逻辑要精心设计，起、承、转、合，先认同，再发散，再质疑，再聚敛，引思考、提建议、解困惑、达共识。将问题识别、认知、思考和决定形成过程连起来，就是一个完整的"故事"。听到结论时，让对方感觉"马上行动"合理又必须！在这一过程中，针对对方可能存在顾虑的地方，要主动提出并化解，不能忽略，以免让对方思维卡壳。

第八，过程中必须进行阶段性确认，在关键节点停下来问客户："我们这里是这样吗？""我们也遇到了这种情况吗？""您也觉得这很重要吗？"目的是让客户跟着一起思考，同时确认下面的内容有效。

第九，不要为了"讲座"做而"讲座"，更不要为了炫耀或得到尊重而"讲座"，要知道"讲座"的真正目的——签单！在销售界，凡是不以签单为目的的"讲座"都是"耍流氓"！"讲座"是销售的一个环节，也是在和客户共同规划一次销售，为"下一步"奠定基础。

"讲座"到位了，调研、方案、报价、商务才更轻松！

每讲一场，邱柏和老安就会密切跟踪，直到签单。

46. 险触暗礁

还有一家客户，就是办公室主任聊书法的那家。

那次拜访后不久，听当地人说一个外地老板把那家企业买下来了，改名为"顺安钢铁"。老板是本省丹海过来的，之前和另一老板合伙，现在单干了。

听到这消息，邱柏先跟君和公司丹海地区代理商的老总通了电话，得知确实有此人，又问有没有关系可以引荐。老总说有个税务局的朋友应该认识（这种私企一般和税务局关系都比较好，也给面子）。后来，果然通过介绍联系到顺安的副总——老板娘。

就这样，邱柏和老安拜访了老板娘。

老板和老板娘四十多岁，老板开奔驰，老板娘开宝马，都是顶级款，车号都是他们最喜欢的数字，据说自己把数字写在纸条上，当地有人把牌照办好亲自送来。

邱柏跟老板娘说，是一个朋友让自己来找她的。老板娘听了不动声色，只说需要一套软件，自己手头正好有些事要处理，就把邱柏和老安介绍到财务处长那里。

财务处长姓卢，看上去三十大几岁，戴眼镜，很随和。

聊过之后，卢处说顺安刚收购这厂，很多工作需要从头梳理，需要一套简单的软件先把财务管好。邱柏听了有些失望，也知道心急不得，就让老安卖了一套简单产品——这是老安擅长的。

很快，经过几晚上的连夜奋战，老安帮卢处安装好，可以用了。有天晚上，老安做得太晚没回家，也没去找酒店，就住在卢处的宿舍了。两人晚上聊天，聊得很热乎。

几个月后，顺安投产运行了。

后来，邱柏有时间就会去顺安看看，和卢处聊聊，顺便拜访一下老板娘。再后来，老板娘亲自参加了邱柏在黄辰组织的那场市场活动。邱柏再去拜访时，她说："你讲的我听了，讲得挺好！"

老安问要不要再给他们详细讲讲，老板娘觉得有必要。邱柏问："那您看董事长在不在，要不一起听听？"虽然老板娘当家，但董事长听了决策会更顺利。

老板娘说："应该在吧！"然后冲着卢处说："你去看看。"

卢处一会儿就回来了："老板这就过来！"

这时，老安已调试好投影仪，邱柏打开了笔记本，拿出激光笔。这套家当是邱柏的核心装备。

过了一会儿，董事长进来了。董事长很随和内敛，也很有气场，进来后很随意地坐在椅子上。邱柏征询了一下卢处和老板娘的意思，便开始了。

讲的过程中，董事长侧着身体，一会儿看看墙上的PPT，一会儿看看邱柏，不动声色。邱柏能感觉到大家听得很认真。

交流内容和之前的又不太一样了，不仅增加了很多实际业务流程和管理控制点，真实的小故事、小案例也越来越多，产品应用前后的比较也讲得更直白。邱柏讲到几个业务和关键控制点时，停下来问：

"咱们的业务也是这样吗?""这种情况咱们这里也有吗?"董事长会轻点一下头,或者卢处在旁边说"是",然后邱柏就继续。

讲了近一个小时。结束后,邱柏抛出了问题:"二位老总,你们觉得刚才谈的这些,是不是在咱们这里也存在?要不要加强管理?"这是个封闭确认式问题。

> **箴言**:方案讲解呈现过程中,最好随时停下来与客户确认。
> **思考**:1. 你觉得为什么要随时停下来确认?
> 2. 你觉得哪些地方需要确认?
> 3. 你在今后的呈现中将如何应用这个技巧?

董事长再次看看邱柏,问:"你讲的就是要堵塞漏洞,是这意思吧?"

"是。"邱柏点点头。

董事长能意识到这一点,足够了!

邱柏接着问:"您觉得咱厂重点要管理哪些?"

老板娘这时开口了:"我觉得,现在全管也不现实,要不先把库房、磅房、采购、销售管了,能和财务连起来就行。像你说的生产和成本那些,等生产线建好了再说!"

邱柏说:"那接下来,我们是不是再和卢处沟通一下具体业务,然后做个规划,把管哪些业务、涉及哪些部门、实现哪些目标说得清楚一些?"

老板娘说:"行,具体你们和卢处聊聊,拿个规划,也报个价!"

后来,规划和报价沟通比较顺利,规划得比天全范围小一些,价格将近一百万。

过几天,邱柏请福哥给顺安的高管层做了一次企业经营的实战培训,和客户高层建立了比较好的关系,最后的商务谈判也没遇到什么大的障碍。谈付款比例时,老板娘很干脆:"福总,这百八十万对我们不是问题,你要说资金流紧张需要提前付,都可以!"

进展过于顺利,可能有隐患。

这隐患没影响签单，却导致酒桌上的惨败。

顺安的决策层除了董事长和副总老板娘，还有个姓任的总经理，与老板是多年的老搭档，职业经理人，天文地理书法国学样样精通。顺安与君和的合同签订后，老板娘和董事长商量，请任总任项目总监。用卢处的话说，"任总不是很积极，让他当项目总监，有利于项目推进！"

项目启动会上，任总的讲话水平非常高。邱柏得知稿子居然是任总自己写的，非常惊讶，没想到一个民营企业的总经理花了一晚上时间就能对数字化建设有如此深刻的理解，并且表达得如此浅显易懂！会后，邱柏把任总的文章发表在君和网站上，还印到了宣传资料里。

启动会结束，任总请君和的人吃饭。

那天晚宴，顺安就任总一人，君和有福哥、邱柏、挺哥、老安、郑艳，还有三个兄弟。大家喝的是"三中全会"——白酒、红酒、啤酒轮番上，刚开始是一杯一杯喝，然后是三杯三杯喝，再后来，三种颜色摆一排，挨个喝。酒还没喝过半，两个兄弟已经不胜酒力，提前退场了。

最后，酒桌上剩下福哥、挺哥、老安和邱柏，加上任总，一共五个人。

紧接着，挺哥也喝多了，趴在桌子上半天不动。老安因为不是君和公司的人，没被任总列入重点对象，由他照顾挺哥。

此时的福哥倒满了几大杯红酒，大着舌头和任总闲扯，也喝多了。邱柏也喝得头昏脑涨，看着眼前的画面：福哥闭眼抬胳膊。邱柏却听不清说什么，恍如隔世。

就在这时候，任总说："我作为顺安的总经理，签这份合同，我竟然不知道！"任

箴言：销售要关注更多人而不仅是拍板者。

思考：1. 你有哪些忽略非拍板人而丢单的情况？

2. 你当时是出于什么考虑？

3. 你将如何避免出现类似情况？

总的一句话让邱柏一激灵，随即清醒了很多。

这句话好像从遥远的天边传来，直接钻进了邱柏耳朵里。

说完，福哥又被灌了一大杯酒，趴在桌子上不动了。任总见福哥和挺哥都彻底倒下了，只剩下邱柏和老安还清醒，便站起身，像打了胜仗后望着战场的狼藉一样，轻松地说：“行了，扶他们回去休息吧！”

老安找人分别抬着挺哥和福哥回了房间。任总放了老安，也没刻意灌邱柏。剩下邱柏一个人送任总，一直走到任总的车旁边。邱柏已提前帮任总叫好了代驾，代驾已等候在任总的车旁边。任总钻进车里，回头跟邱柏说：“行了，去照看你们的福总吧。”把一群人挨个放倒之后，任总坐着奥迪车潇洒地一溜烟儿跑了。

剩下邱柏在黑夜里望着远去的红色尾灯，脑袋木木的，腿脚不听使唤。

第二天早晨醒来，邱柏对任总那句"我作为顺安的总经理，签这份合同，我竟然不知道"仍记忆犹新。是他运气好，总经理没跳出来反对。

如果碰到个脾气不好的总经理呢？还能签单吗？

自此，邱柏更加关注每个关键人。

47. 报价艺术

做完"讲座"，顺利的话会和客户签下"合作意向书"。

即使没签，老板有了明确意向，接下来调研出方案也就顺理成章了。

首先安排初步调研。

企业调研工作虽然不难，但不能忽略。必须要拿到客户组织结构图，针对组织和部门设置制订调研计划，根据业务分工编写调研提纲。在调研中，除了要了解真实需求，还要了解每个业务负责人的态度和性格，不仅让他们知道项目能给他们带来什么，还要给他们留下一个好印象，以尽可能多地发展支持者，减小项目推进阻力。

所以，销售无小事。

刚开始，这些工作都是邱柏亲自弄。后来，他把调研提纲列好后，会请正在实施项目的兄弟参与一两天。再后来，他签下意向书或征得客户同意后，会直接告诉客户"我们安排在某某做实施的顾问来调研"，然后把活儿全部交给实施的兄弟。在兄弟们实施期间，邱柏每月都会请他们出来吃一顿，顺便磨合一下客户关系，所以兄弟们很希望邱柏出现，对邱柏的事也没二话！

等兄弟们完成调研并写好调研报告后，邱柏和他们一起分析，针对性地做出一个规划。这些工作后来个性化和差异化越来越小，以至于最后把其他企业方案换个名称就能直接用了，甚至连客户都会说："他们怎么做的，我们原样来一套就行！"

很多东西都可以复制，但有一个不能复制——价格！

即使是一样的东西，不同数量、不同时间、不同方式、不同人买，价格也肯定不一样。何况邱柏卖的还是看不见、摸不着的软件！客户对这类东西的价格非常敏感。

价格绝不是几个数字那么简单，不仅涉及客户的认同和期望、意识和态度，还涉及客户的心理和习惯。

报价是策略，也是艺术，有一些原则。

认同

认同是报价的前提和基础。认同既包括客户对解决方案或产品的认同,也包括客户对销售人员这个人、他所在公司的认同,更包括客户对方案或产品所解决的问题、带来

> **箴言**：报出合理价格是销售功力的重要体现。
> **思考**：1. 为什么报出合理价格如此重要？
> 2. 你认为如何才能报出合理价格？
> 3. 你将采用哪些策略和方法？

的价值和愿景的认同,以及实施服务保障的认同。没有认同,就到不了"报价"阶段,最多在"询价"阶段；没有认同,报多少客户都嫌贵；没有认同,报得再低也白报——没有客户为了价格而购买。

预期

价格反映了客户的一种心理预期,反映了客户对预期的渴望程度。这种预期是随着客户与销售人员接触、对现状和方案产生认知、对所解决的问题和带来价值的感知而逐渐建立的,这种预期也就是常说的心理价位。预期不是报价本身,而是随着每次拜访、交流、方案讲解、沟通逐步建立起来的。在这些活动中,销售人员会有意透露一些信息,包括经济效益和投资回报分析,都是在帮客户建立价格预期。

形势

价无定价,因势而定。不同客户、不同项目、不同经营策略、不同竞争形势,价格也有所不同。项目所处阶段、客户紧迫程度、竞争态势等都会影响报价。比如有些标杆项目,价格就要卡住一定的标准,否则后面一连串客户都盯着,过低了后面不好做。想撬进竞争对手的地盘,可能也会用到非常规策略,包括价格策略,不过要为这个价格

315

策略找好理由。

参照

报价一定要提供参照。有了价格参照，客户心里就踏实多了，否则面对价格有种站在悬崖边上的感觉。这是人的镜像心理和从众心理。就像邱柏不可能把每张单子都做到一千万，但没那一千万，别的客户就不会掏一百万。有人说战略样板客户其实是商家请来的"托儿"，这个邱柏认同，但只不过是一种心理上的"托儿"，能够给客户安全感而已。同时，报价中也常用到类比——"附近谁谁家规模比你们小，同样的范围他们花了多少"。用身边熟悉的企业做类比，客户内心更容易接受。

逻辑

报价的目的是让对方接受。价格要基于之前沟通过的需求、出具的方案及带来的价值预期，同时要利于后续的商务谈判。所以，报价和方案一样要逻辑严密。哪部分多少钱、为什么这么多钱，为什么这里多、那里少，为什么是这样的结构和比例，都要有严密的逻辑支撑，这种逻辑可能源于项目任务的特点，可能源于难度或复杂度，也可能源于方法论，总之必须要有逻辑。就像法庭上的证据，一旦证据出现丝毫破绽，被对方抓住，整个辩护将变得非常困难。

差异

没有人希望和别人完全一样，包括报价。给客户的报价要和其他企业有所区别。世界上没有一模一样的两家企业，何况组织、业务、流程都不一样。除了与其他企业的差异，一些项目也可以报两个价格。这是因为，报一个价格，客户会关注"为什么是这些钱"；而报两个价格，客户会把关注点放在差异上——"这两个有什么不一样""区别在哪里""为什么这个比那个高"。客户一旦关注差异，内心就已经接受了较低的一个。邱柏发现，客户在明知有低价可选时，往往还是会选择较高的价格。不信，想想自己买装修材料、换手机配件、修车什么的，只要经济条件允许，就会买那个"好点儿的"，不是吗？

理由

无论价格高低，只要理由充分，客户就能接受。甚至销售人员自己要找理由说服自己。客户因为购买理由做出决定，而不是因为方案或产品本身。接受某个价格需要理由，这些理由可能源于客户自己的个人动机、概念或标准，但必须要找到合理的理由说服客户、说服自己。所以，无论报什么价格，都要有理由支撑。比如，邱柏经常问客户："按刚才讲的，发生类似的情况，公司一个月的损失会是多少？""你愿意用三个月、半年甚至一年损失的钱来做个系统避免这些损失吗？""系统一旦上线运行，三年内的收益率是多少？"有了这些理由还不够，还要清晰说明每一模块、每一功能、每一站点，以及实施服务费的每一人天的价格，用充分的理由说明物有所值！

基于这些原则，就可以巧妙地利用一些报价策略。

一种好的报价策略，不仅可以有助于报出一个合理且有利润的价格，还会为商务谈判奠定一个好的基础。邱柏总结了自己曾经用过的报价策略。

先发制人

如果之前的讲座或交流比较顺利，客户也比较认同，那么，调研结束、回去做规划时，邱柏会多问一句："投资上有什么考虑？"邱柏比较喜欢用"投资"而不是"价格"或"费用"，因为"投资"更让人想到回报。客户会说："价格上一定要给我们最大优惠！"这正是邱柏想要的，他会说："那当然！大家都想把项目做好，也都是实在人，与其在价格上纠缠半天，不如我们直接报个最优惠价格，把在价格上耗费的精力用来考虑怎么把事做好！"客户听了一般都会笑着频频点头。

有时候，邱柏还会说："你看旁边的天全、顺安都做了，大家离这么近，低头不见抬头见，我报高了对不起您，报低了对不起他们，总不能让我两头为难吧？"此时的价格已被锁定在一个范围之内。同时，邱柏还会说"咱和他们又不太一样"或者"咱规模比他们还大，业务还复杂，我回去好好准备"，从而把客户价格预期建立起来。

即使这样，客户还会还价（这是由人的利己性决定的），但也不好意思砍太狠（这是由同理心和补偿心理决定的）。有了如此奠定的心理格局，后面谈起来销售方会主动一些。

解剖麻雀

做报价时，邱柏喜欢把报价做得非常细致，细到每一模块和每一人天，其源头是客户的组织结构和业务需求、项目部署和实施计划，根据这些汇总出来报价。将报价与客户的每一个目标、每一项具体应用、每一项实施服务任务甚至功能点关联起来，有一个好处，就是让客户感觉哪一块儿都不能砍，砍掉任何一块都意味着功能缺失或任务减少，而这会影响双方既定目标的实现。此时，客户的心理是"我全要，能不能便宜？"一旦客户这么想，销售人员就主动很多。

零打碎敲

报价是一个有机整体，由很多具体内容构成。当年买热水器时，邱柏光顾着在电器商城对比每一台热水器的售价，然后挑了一台性价比最满意的，回家装上后却发现光配件就花了一百多，心里很不爽。安装工却说："机器本来就不赚钱，都是靠安装和配件挣利润！"邱柏恍然大悟，生意也可以这么做！后来，邱柏报价时，除了产品和实施费用，也开始把人员培训费，甚至实施期间顾问的交通费、住宿费、通信费分别报价。这些零打碎敲的钱加起来，相当于整个项目报价的百分之十到二十！客户的注意力往往都停留在产品、实施、服务的价格上，而对于这些零打碎敲的小钱视若无睹。即使真被客户盯住了，也可以作为谈判让步的筹码。邱柏觉得，自己比卖电器的地道，至少自己会提前告诉客户要收这些钱。

预留空间

一般情况下，降价是必须的，或是客户内部采购流程的必经环节，或是给客户关键人留面子，或是关键时刻表达诚意，或是签单前给予最后一点优惠的心理暗示。所以，报价不仅要审时度势制定总体策略，根据客户认可程度并综合其他情况确定目标成交价位，还要考虑都要给哪些环节、哪些人预留空间，分别预留多少。想象报价后的商务谈判都会和哪些人谈、哪些环节不降、哪些环节可以降、见谁可以坚持一下、见谁要以什么理由降价、降多少合适，这些都要在报价时考虑

319

清楚并设计进去。否则，对方副总出来说"价格合适就签"，你降了；总经理又出来说"还能降多少"，你不得不降；董事长又出来说"还能降不"，董事长的面子怎么也得给；最后，董事长老婆又出来说"再便宜点儿"……

这些报价原则和策略，只是小术，是"末"不是"本"，"本"是为客户创造价值，是赢得客户的认可和信任。有了认可和信任，这些原则和策略才有效；没有认可和信任，任何策略和技巧在客户眼里都是小伎俩，会让客户反感。

> **箴言**：报价的方法和策略是"末"不是"本"。
>
> **思考**：1. 为什么方法和策略是"末"不是"本"？
>
> 2. 你觉得如何由"本"支撑"末"？
>
> 3. 你将如何在报价时本末兼顾？

有人说，"报价"不过是有着合理借口的打劫，"讨价还价"不过是文雅一点儿的勒索，而"商务谈判"不过是各方粉墨登场演出的一场闹剧，因为大家此时已心有所属！

即使是闹剧，也大有闹头！

48. 商务推进

谈判是很有意思的事。

很多销售人员很怕谈判，自己手里本来就没什么筹码，更没什么好的说辞，面对对方的冷酷无情甚至蛮横压榨往往束手无策。

邱柏刚做销售时，曾卖一套设备给一家客户。之前有个朋友告诉他："价格要和采购部门谈，惯例是砍下百分之十，这是他们的任务！"邱柏根据成本利润情况，并考虑了被砍的部分，做了报价送去。没两天，邱柏就被叫到采购部，会谈室里，对方拿着报价说："你们这价格太高了，要降百分之三十！"

邱柏一听，懵了，不是说百分之十吗？张口结舌了半天，才说："现在生意不好做，您看我前前后后跑了好几趟，多不容易。"

对方没理这茬，说："跑几趟是你的事，我又没请你跑，谁让你想赚钱呢！"

邱柏咬了咬嘴唇，说："这价格已经很低了，您看我年纪也不大，刚开始做业务，您照顾照顾！"

对方说："别说没用的，能降不？"

邱柏实在没招数了，说："哥哥，照顾照顾兄弟。"

这不怪邱柏，那时候他真不知道该怎么谈判。

箴言：销售人员往往忽略谈判的心理准备。

思考：1. 你记得自己哪次谈判最被动？

2. 当时是什么原因导致的？

3. 你觉得应该如何避免这种情况？

谈判也有套路。谈判一般都是销售人员去客户那里，很少请客户到公司来，请也不会来。所以，客户占据主场，在心理上有很大优势。正是有了这个优势，他们可以轻易地以各种理由折磨你，或晒着你，或让你先回去，或不紧不慢地以各种借口拖延。而销售人员每次去都做好了充分准备，每次都期望有结果，"好不容易来了，怎么能轻易回去？"在这样的心理影响下，很容易丧失谈判的主动权。

报价后、成交前，降价成了惯例。

客户看到价格的第一反应是"还能降多少？"而销售人员心里想的是"我能降这么多！"降价成了双方共同的预期。关于降价，一般情况下对客户个人没什么直接影响，有时候只是他的工作职责，或者关系着他心理上的感受。而能否成交、什么时候成交则关系着销售人员自己能不能完成业绩、能拿多少提成，甚至能不能留在公司。

所以，客户对谈判往往表现得很有耐心，好像谈判的进度计划都在按他们的安排往前走。而很多销售人员往往表现得很焦急，很有压力，恨不得立即签单。这就更给了客户折磨销售人员的机会！

正因如此，很多销售人员在谈判中低声下气，甚至恳求对方。一到谈判的时候客户方就出现很多新面孔，好像谁都有否定你的权利，你要一关一关地过。

还有一种销售人员，客户一问："价格还能优惠吗？"他赶紧说："那你觉得多少合适？"这么一说就是在告诉对方："没问题，可以降！"并且把主动权给了对方，这句话堪称"最贵"的一句话！

要么没有回旋余地，把自己逼在墙角不能动弹；要么客户一施压便手足无措，立即让步。有的销售人员甚至希望通过降价赢单！客户一沉默、表情一严肃，销售人员就怕了，恨不得马上降价。这些情境常出现。

其实，商务谈判"功夫在诗外"。

在解决方案销售中，经过意向、需求、方案、价值、规划等环节，进入谈判时，真正的谈判已经结束了！

有一家客户——一个江浙老板来黄辰投资的企业，刚开始建设时间不长。几个核心老总跟着董事长一起过来的。信息部长和另几个副总是天门当地的职业经理人，行业经验非常丰富。

比较巧的是，信息部长来这家企业之前与邱柏接触过，两人在市场活动中一见如故。随后，信息部长安排邱柏进厂做"讲座"。之后，邱柏这边调研、出方案，根据建设进度做了项目规划，并确定了项目各期内容，然后专程向各位主管老总做了汇报，客户很认同。邱柏这边又提交了报价，信息部长把方案和报价提交给了高层，邱柏就等着"被召见"。

"召见"邱柏的是常务副总，主管财务和采购。建设期主管财务和采购的人肯定非同一般，据说是董事长的亲属，不用说肯定有实权。

见高层，邱柏约了福哥一起去。

副总之前听过"讲座"，听了信息部长汇报，也看过方案和规划。即使这样，他拿着君和八十多万的报价，一上来就理直气壮地说："你们的东西太贵，怎么这么高！我们那边上个软件才几万，这价格不行！"

福哥在，邱柏就没答话。

福哥耐心解释了君和的产品能取得什么效果，和几万的有什么不同。副总耐着性子听了会儿，说："那这价也太离谱了！这样吧，降一半儿！"福哥不温不火，又开始解释实施成本，讲为什么是这样的报价。副总表现得有些蛮横，打断福哥说："行不行？不行我们就找其他公司！"

来之前，福哥就问过邱柏采取什么策略，邱柏的想法是先试探，必要时象征性地降一点儿。那时，天全刚签不久，这项目价格太低不合适，后面市场没法做了；太高也不太可能，客户还没投产，何况比别人少好几个模块。

听说副总要找其他公司，福哥说："这样吧，你们要普通发票还是专票？如果是普通发票，产品部分的税可以由我们承担。"产品报价三十多万，算下来相当于让了四五万。那时候，邱柏报价连百分之十七的增值税都会单独报价，这在业内比较少见。

副总一听，表现出来一副被羞辱的样子，说："那我们再比较比较!"说完就把话题扯到一边儿,和福哥热乎地聊了起来,好像什么也没发生。

后来,信息部长果然找了一家竞争对手报价。当时,邱柏特别担心对手报六七十万,那就麻烦了。没想到对手很配合,居然报了二十五万,这让邱柏松了口气。不仅邱柏,信息部长看了也笑着说:"明显不是一个档次的东西!"这样的项目,对手报这个价格已是大单了!

之后,君和又和副总谈过一次,小有让步,但副总仍然没有松口。邱柏和信息部长沟通,部长说:"按照副总的性格和做事风格,再降一些问题应该不大了。"

于是,邱柏准备自陷绝境。

在福哥授意指导下,邱柏做了一个《君和大项目价格审批表》。邱柏除了在表里用黑体标清题目,还特地编写了一串数字加字母的"项目编号"和"申请日期"。

表格第一部分是君和方的信息,包括项目名称、项目经理及联系方式。

第二部分是客户概况,包括企业名称、注册资金、产品产能、营业收入、法人、项目负责人、联系人、联系方式等。

第三部分是销售所处阶段、项目范围、总报价和分项报价。

第四部分是优惠申请理由。先是描述企业市场地位、双方接触过程和成果、客户重视程度,之后说明了申请理由——"因为刚刚投产,资金压力较大,虽然已做了权限内的最大优惠,但客户对君和公司提供的投资规划仍不能接受。综合以上因素,考虑到该客户在行业的重要地位和客户现状,特申请优惠价格审批,敬请领导迅速批准为盼。"

第五部分是申请的优惠价格。

第六部分是领导审批意见，从分公司总经理、大区销售总监、大区实施总监、大区总经理、销售管理总部总经理到主管副总裁都列了出来，以代表审批之正式和严谨。

使用这个表的目的，是让客户看到天门省分公司不仅在权限内做了最大优惠，而且还在努力向集团申请。为了更规范和真实，邱柏还设置了页脚页眉，检查了文档属性中的作者和单位名称。

> **箴言**：商务谈判中自陷绝境的设计要具体真实到每个细节。
>
> **思考**：1. 你觉得为什么要自陷绝境？
>
> 2. 你觉得什么情况下适合用自陷绝境的设计？
>
> 3. 你将如何考虑并使用自陷绝境的设计？

邱柏把这表格发给了信息部长，问："这么去申请可以吗？"

部长说："应该可以。"

邱柏问："要不要给副总看看？"

部长说："行，我拿给他看看。"

这是第一步。

必须让客户知道，并征得客户认同。邱柏的理由是请客户"确认一下表里的信息，看对优惠理由的表述是否合适"，其实是想看看客户对申请价格是否能接受。得到的答复是"你们先申请着"。

接着，邱柏又帮君和的"销售管理总部"起草了针对该申请的"回复"，一起发给总部。邮件是这样写的：

康经理，您好！

我是天门省分公司邱柏，现有如下项目向您汇报并请您协助：

ABC公司信息化项目（采购库存财务）经分公司前期沟通，已于两周前进入商务环节。由于我们产品和实施的报价远高出标准报价，总报价82万，对手XYZ报价25万，客户倾向于选择我们但难以接受该价格，为此请支持以下工作：

1. 向集团申请审批，由 72 万优惠到 64.8 万，见附件《君和大项目价格审批表》。

2. 集团同意申请并限一季度有效，如附件《销售管理总部回复》。

具体报价明细如附件《ABC 一期信息化投资明细》。

您电话已附到传真上。如客户打电话询问，请您知会并协助！

感谢支持！

　　　致

礼！

君和天门省分公司　邱柏

除此之外，邱柏还写好了一份《销售管理总部回复》。

关于君和天门省分公司 ABC 项目的回复

天门省分公司：

你公司所报 ABC 公司项目的申请已收悉。

综合考虑如你所述 ABC 项目的价值和对市场的战略意义，基于集团按季度考核规定，经销售管理总部内部评议，现做出如下回复：

同意所申报优惠，即项目价格为￥648 000.00（大写人民币陆拾肆万捌仟元整），但须满足如下条款：

1. 此价格有效期限为一季度内，即截止日 20××年 3 月 31 日。

2. 在规定有效期内确认首付款收入。

特此回复。

君和股份有限公司销售管理总部（盖章）

20××年 3 月 27 日

价格降了，基本上降到了副总的心理预期之内。

福哥和邱柏采用的是"时间换空间"的策略，君和降价，但客户要在限定时间内签单付款。看看具体时间，回复函是 3 月 27 日，价格有效期截止至 3 月 31 日，也就是说，签单付款只有五天时间！

总部盖章后传真过来，邱柏又传真给信息部长，部长拿着传真去找副总。副总见事已至此，没再当面谈，直接同意了！最后，为了让这价格有效，客户签合同之前就先把钱转到了君和账上，因为合同要经法务审核，来不及了！

之所以敢这么做，源于副总交流时的兴趣和其在方案汇报时的认同。整个过程，副总虽然表现得很情绪化，但邱柏能隐约感觉到哪些是真生气、哪些是做样子。其实，副总内心早已接受了君和。投资几十亿的企业不缺那几万块，关键他要这样一种感觉！

邱柏后来也想，是不是客户知道这是他的小伎俩但没戳穿他，也在为自己找台阶下？是不是谈判也是双方为达到目标找理由互相妥协的过程？

有一点邱柏知道，客户没他想象的那么简单。

49. 长途奔波

邱柏遇到过一次艰难的谈判——金泉。

在给金泉老板讲了方案后，邱柏安排兄弟做了调研，也出了方案和规划。那期间，邱柏又和客户见过两次，其他都是老安和部长沟通。

价格到了老板那儿，老板却安排了另一个副总出面谈商务。

一天，老安给邱柏打电话："金泉一个副总要和我们谈商务！"

邱柏问："哪天？"

老安说："明天！"

明天？晕！邱柏当时正在外省。他兼任北方大区行业总监，开始支持北方各省的项目。邱柏想了想，问："明天什么时候？"

老安说："明天上午十点！"

邱柏眉头紧锁。怎么可能！从他所在地方到邻省省会要三小时，从邻省省会到天州又要三小时，从天州到黄辰要两小时，从黄辰到客户现场还要一小时，仅车程就要九小时，还不算中途换车的时间！

看看表，下午三点多，这边的会议还在继续，客户还有很多东西要交流，结束怎么也得五六点了。邱柏想让老安跟金泉商量改期，可金泉这家客户不像其他企业那么好说话，何况这又是第一次谈判。

怎么办呢？

老安比邱柏还着急，说："要不你从那边打个车过来吧，我给你报销！"

其实，邱柏已经想过，也咨询了当地客户，直接到金泉所在的地方也近一些，绕两个省会相当于走"U形"。打车的话，横穿一片山，然后走省道、国道，然后是一段高速，之后还是一段省道。现在看来，这是最可行的方案了。

当地客户告诉邱柏，这段路，顺利的话六个多小时。当晚来不及了，走夜路，又是山路，很危险，还是一早走比较好。夏天天亮得早，五点出发，十二点应该能到。

邱柏跟老安说和金泉约在下午两点。邱柏想，如果十二点能到，正好先和老安沟通一下具体策略，预留两小时的富余应该够了。

打电话订出租，都不愿去，说太远，路又不好走。好不容易才约到一辆。早晨五点，车到酒店门口等候了。来了俩小伙儿，说一个人开太累了。就这样上路了。

刚开始还好。因为出发得早，路上几乎没什么车，天也凉快，一路跑得挺欢，很快开始翻越群山。山上树木茂盛，山路盘旋而上，眼前只能看到几米，身边偶尔"嗖"地蹿过一辆像乡镇或县级干部的座驾。树林间开始闪出点点阳光，太阳升高了。

跑了两个多小时，翻过几座山下来已经九点多了。司机说走了三分之一，还没过省界。山路走不快，所以时间用去一多半。前面就是省级公路和高速了，应该会快起来，十二点到应该问题不大。

进入省级公路没多远，天开始变阴。路上的车也开始多了起来，来来回回的运煤大车把路面轧得看不到沥青，尘土飞扬。这还不算，运煤大车开始以十迈的速度缓慢前行。司机跟着一些小车，顺着大车旁的辅路尽量一点点往前挤，左侧两个车轮在路上，右侧两个车轮在路边的泥洼里，擦着路边的树硬挤过去。有时候干脆到地里绕一下，再找个地方钻回路上。

那俩司机哥们儿预感到这样有问题，也有些着急了。就这样，连挤带钻走了三四十公里，终于到了高速口，大车都被拦在外面不让上，而他们幸福地驶进了高速。

跑了不到十分钟，就下起了雨。没走多远，发现前面又出现了新情况，高速上堵车了！很多运输大车停在高速上。小雨下下停停，邱柏他们沿着应急车道前行。越走越感觉那些大车不着急，有的干脆车门大开，司机下车抽烟聊天。再往前走，有的司机开始坐地上打牌。经过一个路段时，高速边的村民推着自行车，后面架着筐子卖方便面、火腿、煮鸡蛋什么的，还提供热水。

司机顺便问了他们一句："堵多久了？"

"快两天了！"村民回答。

他们只能以极慢的速度前进，直到几乎没法再走了。焦急中等了一会儿，已经十二点了。邱柏和老安通了电话，老安说这地方离客户那里不远了，正常差不多再需要一个半小时。

又移动了一点。

不行，这样下去肯定不行！

往前蹭了一段之后，在高速路的一个缺口处下来，穿过河滩，上了乡间土路。已经一点了。富康车顺着土路开始猛跑，又上了省道。再顺着省道猛跑，终于在三点进城了！

邱柏提前给老安打了电话，让他找个饭店点好菜，再找个洗澡的地方，最好离金泉近一些。早晨五点到现在还一直没吃饭，身上汗水伴着泥水，总不能这么去谈判吧！

车到时，老安已经在那儿等着了。那俩哥们也很辛苦，停车直接进了饭店，大家洗了洗手就狼吞虎咽地吃了起来。老安在一旁看着，没怎么说话。吃完又喝了两杯水，已经三点半了。那俩哥们急着赶回去，说晚了估计回不去了。老安付了钱，他们就开车走了。

看着他们远去，邱柏像是自言自语："路上堵车，回去怎么也得晚上十二点以后了。也够不容易的！"

洗完澡，换上白色衬衣和深色裤子，出来后感觉人焕然一新，与之前相比更多了几分自信，坐上老安的车直奔金泉。

来到副总办公室。门开着，没人。

老安说："进去等吧！"这种企业没那么多讲究，直接进屋等很正常。

屋子不大，迎门是一张办公桌和一把椅子，靠墙有一张桌子，还有一张单人床。邱柏看了看老安，然后坐在单人床上。老安掏出手机给副总打电话。

工夫不大，副总来了。副总姓胡，四五十岁的样子，个头不高，身材也不胖，穿戴比较随意。副总拉过椅子面朝邱柏坐下。邱柏知道，副总在等他开场。

商务谈判里谁先开场谁就被动。

邱柏说："胡总，不好意思，我刚从B省打车赶过来，高速上又堵车，所以晚了！"

胡总笑笑，说："没事。"

邱柏跟着歉意地笑笑，然后问："听说咱准备启动项目了？"邱柏想把谈判的发起推给胡总，这样可以占据主动。

胡总说："你们不是和领导谈了吗？"

邱柏没接话，只是笑了笑。

这种话是博弈，没法接。

胡总沉默了一下，接着说："听说你们报了方案和价格？"

邱柏说："是，您看咱们怎么继续？"到现在为止，邱柏只知道胡总是负责金泉工程项目物资采购的副总。邱柏猜想，他很可能一上来就砍掉三分之一，以前碰到过这类厉害角色。

没想到胡总说："你们价格太高了，便宜一半儿！"

邱柏一愣，这怎么可能！邱柏说："胡总，软件和设备不一样。设备看得见、摸得着，买个东西放那儿就行了，花多少钱东西本身相差不大；软件这东西就是咨询和服务，要让你使用起来的！"

"看不见的东西,还要那么贵?"胡总随口一说。

邱柏耐心地解释:"主要是对咱厂的管理进行梳理,对业务流程进行优化,然后用一套软件把优化后的流程固化下来,这都需要有人来做,其实买的就是管理工具和管理思想,借助软件平台这个工具实现!"

"那你们价格也太高!"胡总没理邱柏的茬。

邱柏说:"你看周边天全、顺安、众诚几家签约价格都差不多,没法低了。"

这时,老安掏出顺安合同的复印件,说:"你看,这是我们跟顺安签的合同。"翻了两页,指着上面说:"你看,这是金额,这是付款比例。"这是邱柏和老安常用的伎俩,把其他客户的合同拿出来,证明别人确实花了那么多钱。

胡总说:"你们给他们那个价,给我们就不能那个价了!技术越来越先进,产品越来越成熟,成本越来越低才对!"

邱柏笑了笑,说:"软件本来就是看不见、摸不到的东西,有价值的是软件蕴含的管理思想。我们做的项目多了,顾问行业经验也就丰富了,对业务提出的建议也就更有针对性了,所以顾问更值钱了!"

胡总见绕了半天没见效,使出了更绝的招,说:"再说了,你们的付款也有问题,太不合理!我们盖厂房,我们给工程队是按进度结款的,每个工程阶段结一次,干多少结多少。你们这倒好,合同刚一签就得付给你们百分之七十,这不行!"

邱柏一听,晕倒!

邱柏说:"这和建一条生产线一样,需要总体设计、总体规划、分步来建，刚开始的调研与规划就要从整体和全局出发，不能想到一点弄一点吧？"

胡总说："什么都没见，上来就先给这么多钱？那不行！这样吧，分期签吧，分成五期！"

邱柏再次晕倒！

胡总要求价格降一半儿肯定不可能，无论从项目成本还是从当地市场看都不可能。他提出的分期更不可能，邱柏就是要签大单，像他那么一说，每期十几万，一期一期地签，还有什么意思！

邱柏还想说什么，胡总一副不想再谈下去的架势。

这时，邱柏想起了昨晚自从接到老安电话，连夜确定路线、预订出租车，一大早出发冒雨奔波九个多小时，灰头土脸一路如此辛苦跑来，就这么被打发了？想到这里，邱柏突然感觉很委屈。

邱柏无奈地和胡总说："胡总，你看，为了今天来和你谈价格，昨晚我连夜订车，今天早晨从五点一直跑到下午三点多，路上堵车，还下雨，容易吗？你这么要求……"说完，邱柏委屈地看着胡总。

胡总的一句话虽然声音很低，却像一声惊雷在邱柏耳边炸响："再辛苦，你是为了做我们的项目，你是为了挣钱，应该的！"

听到这句话，邱柏心里百感交集。

在胡总看来，即使邱柏连夜赶来又能怎样？

销售做了什么努力、付出了什么，根本不重要，重要的是客户想得到什么！

如果只想自己付出了，就希望得到客户的同情或怜悯，然后希望客户不砍价了，可

箴言：谈判中，关注客户在意什么比关注自己做了什么更有效。

思考：1. 你在谈判中最关注什么？

2. 你觉得客户通过谈判想获得什么？

3. 你将如何平衡双方的关注点以达成双赢？

333

能吗？

胡总这句话告诉了邱柏一个道理——不要总想着你做了什么，在客户眼里那都是你该做的！客户想要什么才是他最关注的！

后来的商务谈判中，邱柏开始琢磨"客户想通过这次谈判得到什么"，这成了每次谈判前、谈判中、谈判后必须要想的东西。

那次，邱柏和老安离开，可以说灰头土脸。

回到酒店，邱柏连夜边想边写，做了一份《金泉商务谈判总结与下一步计划》。

金泉商务谈判总结与下一步计划

第一部分：人员分析

1. 董事长

背景：董事长

项目角色：最终决策者

认可度：曾经沟通并认可我们的思路和方案，明确表示项目可启动

2. 副总A

背景：主要负责管理，从天全转入

项目角色：董事长钦点的项目负责人

认可度：项目的倡导者、君和的支持者

3. 胡总

背景：八十年代毕业的大学生，从天全转入，负责设备技术、采购谈判

项目角色：受董事长委托开展商务，完成商务是他的任务

认可度：明确表示方案已通过，他的任务是完成商务谈判

4. 总助 C

背景：总经理助理，长年与董事长共事

项目角色：协助胡总进行商务谈判，请 C 介入可能考虑公正性

认可度：未听思路和方案汇报

5. 财务部长 D

背景：多年负责财务工作，曾引入君和财务库存软件

项目角色：站点、应用、规划把关，应用选型

认可度：君和的支持者，不便直接干预商务

第二部分：今日状况

1. 时间地点

6 月 18 日 17：00～18：30

客户方：胡总、总助 C、财务部长 D

君和方：邱柏、老安

2. 客户说辞

2.1 项目见不到预期成果，公司工作安排不开，分二期建设。

2.2 科技不断发展，产品和应用模式已日益成熟，价格应越来越低。

2.3 金额、付款不能劣于同行（天全），否则向老板不好交代。

2.4 君和提供的样板合同是优质合同，顺安大方，要参照天全。

2.5 先谈金额，再谈比例。

3. 我方应对

3.1 不分期建设，项目总金额 74 万（方案一）；分期建设，总金额 83 万（方案二）。

3.2 顾问经验日益丰富，熟悉行业/地区/业务，价值越来越高。

3.3 付款金额是项目"资源协调"加"做成"的保证。

3.4 分期建设已经分期付款，但调研、咨询、实施要整体进行。

3.5 项目金额、付款比例、增值税（产品17％，服务5％）问题同时谈。

第三部分：初步成果

1. 方案

双方明确表示合同是整体合同，分开实施付款，对方要求采取方案二。

我方争取方案一，接受方案二，但保证首付。

2. 价格

对方要求价格不高于同行，对天全情况已有了解（真实成交价格）。

我方产品、实施分别抹零，由税后83万元降到78万元。

分为两期，一期50万元，二期28万元。

对方暂未对价格继续深入，然后转入付款。

3. 付款

对方要求不高于同行（天全），但没有露出底线。

我方坚持产品80％、10％、5％、5％；实施70％、10％、15％、5％。

双方有分歧，未果，结束今天谈判。

第四部分：失误

1. 顺安合同提供过早，导致客户认为该合同"优质"，没有达到预期目标。

2. 谈判前准备不充分，未了解对方人员背景及定位，无应对策略。

3. 未考虑对方可能提出的说辞，对说辞没有合理应对，说法单一。

4. 对此次商务谈判的目标不明确。

第五部分：下一步策略

1. 时间安排

下周二/周三：老安拜访胡总，强调态度，间接做副总 A 的工作。

下周四/周五：进行项目金额与付款比例的商务谈判，争取有结果。

2. 价格策略

已达到对方期望（客户说比天全还高几万，为什么天全没单报增值税款）。

董事长可能以不要专票为由变相降价（由 78 万元降到 70 万元）。

应对：君和是一家规范的公司，没有发票就不能确认收入。

君和可以让步（给董事长面子）到 70 万元，扣减二期回款。

3. 付款策略

项目分两期，本身已是分期付款了，再分期将无法保证项目启动。

坚持付款比例。

如让步如下（不到最后不出底牌）：

产品 80%、10%、5%、5%可调整到 70%、15%、5%、5%。

实施 70%、10%、15%、5%可调整到 60%、20%、15%、5%。

4. 角色策略

4.1 胡总

声称看过天全合同，其实对项目金额和付款未真实了解。

点破其分期建设目的就是分期付款的想法。

项目报价及让步有时限。

强调顺安项目选型谈判时也曾深入了解天全，也非常慎重。

请副总 A 催促董事长，让董事长再向胡总施压并限时完成。

说法：君和如可让步早让了，坚持是从项目建设和效果考虑。

以上工作，老安周二、周三拜访时完成。

4.2　总助 C

项目中无实际影响，观望。对其意见有反应，但不用重点关注。

4.3　副总 A

项目的积极倡导者，充分利用。

利用下周见副总 A 的机会，单独拜访，向其汇报商务进展情况。

强调副总 A 是"明白人"，懂业务，懂信息化，知道应该如何做。

请副总 A 侧面向董事长请示，间接给胡总加压。

4.4　部长 D

稳定。

收集信息。

伺机侧面影响高层。

附：项目商务谈判总结

	人员	背景与需求	项目角色	认可度
项目人员背景分析				

今日状况	时间		地点	
	参与人	客户方	我方	
	客户说辞			
	我方应对			

续前表

初步成果	方案	
	价格	
	付款	
失误		
下一步策略	时间安排	
	价格策略	
	付款策略	
	角色策略		

几天后，老安按计划去了金泉，分别拜访了几个关键人。该表的态表了，该吹的风吹了，该给的面子也给了。接下来就是等！

邱柏对金泉这笔回款不着急，福哥没逼他业绩。销售平常回一笔款，领导没什么感觉。如果在最后冲刺的关键时刻，就差一点没完成任务，正焦急地四处想抠点儿钱的时候再把那笔款拿回来，效果就完全不一样了！

这是一方面。还有另一方面，就是满足胡总的需求。

董事长安排胡总出面，胡总的职责就是"砍价"和"完成商务谈判"。而如果邱柏给他面子，真降了价，可能会顺利地通过胡总这一关，也可能会被继续砍，因为这是胡总的价值所在——他在金泉的价值、在老板眼中的价值。

董事长知道胡总是个砍价高手，而连胡总这样的人出面君和都没降，并且宁可拖着不签也不肯降，他们会感觉君和确实没法再降了，这已经是底价了。这也是事实，保证项目利润是一方面，另一方面如果金泉签低了，后面其他客户就更没法签了。

加上老安通过另一位副总和部长在旁边不断吹风敲边鼓，呼吁尽快上系统，否则问题很严重，也制造了一些紧迫的气氛。如果一直拖下去，大家会感觉胡总办事不力。

果然，在邱柏有节奏的拖延等待中，金泉同意分期上，先做一期。虽然分两期总价高一些，但分期投资少、风险小，稳健。邱柏顺水推舟，把报价的增值税款部分免了，付款比例也让了点。胡总点头了。

后来，胡总再没参与这项目。

50. 竞争谈判

之后，邱柏遇到了一次竞争性谈判。

那家客户在天门省丹海市，是家族企业。之前进行了方案交流，客户对君和感觉也很好。客户方面的人见多识广，全都一副精明商人的样子，把君和的竞争对手锐锋叫来搞招标。

客户听过君和的方案，解决方案是与君和共创形成的，客户很理性，组织中的一些关键人之间没有太复杂的矛盾。如果不是非常偶然或有致命的失误，被对手翻掉的可能性不大。

所以，邱柏判断：客户找对手来，是想压价。

同时，邱柏也不得不小心，这种情形下丢单也不是没发生过。既要保证单子不被对手抢走，还要守住合理价格，就像在刀尖上起舞一样。

因为之前是邱柏讲的方案，同事和客户内部支持者都希望邱柏亲自去谈，当时他已经是北方大区的行业总监。谈判三点开始。邱柏从外省坐飞机转大巴，两点多到丹海市。邱柏在酒店换了衣服，直奔现场。

客户两点先和对手谈。

对手也很重视,来了好几个人。

邱柏提前十五分钟到现场,被安排在会议室等。看得出来,大家都很紧张,对手在丹海每单誓死必争,竞争异常惨烈。

邱柏不紧张。根据经验,类似这种为了压价进行谈判,客户往往从最没戏的那家开始,最后被叫进去的往往是最有希望的。

邱柏又反复看了报价,结构和逻辑都还算合理,比较好解释。邱柏想了想,问旁边的挺哥:"这一单你的底线是多少?"当时,挺哥负责这个项目。

挺哥看了一眼旁边的丹海代理商,说:"我测算过,如果低于一百一十万,成本可能包不住。"

邱柏点了下头。知道了底线,就大概知道该怎么谈了。

过了一会儿,邱柏说:"一会儿谈的时候,你为客户求情,我站在集团和大区角度、站在为客户负责的角度讲这价格的理由,同时站在行业市场布局的角度谈对客户的重视和战略合作的意愿。"

挺哥意会。

邱柏还告诉挺哥:"只有我可以让步,你不能做任何让步。但关键时刻,在我授意下,你可以以天门省分公司承担成本为理由,提出赠送半年免费服务什么的……"邱柏安排好客户面前这场表演。

已经三点二十,对手还在里面。

天门的销售人员和丹海代理商坐不住了,担心起来,在旁边小声议论:"对手前几天在当地刚搞了个单子,下手极狠!""就是,他们什么招都使得出来!""竞争对手也找过咱内线,他不会也答应了吧……"

项目进展到关键时期，销售人员需要有理性思维，也需要有逆向思维，既要考虑风险和意外发生的可能性，又不能被逆向思维的失败可能吓倒，所以更需要有"理性的逆向思维"。否则，关键时刻一旦有丝毫不安，人们的感性和恐慌心理会在纵深发散中将恐惧无限放大，以至于失去理性。

邱柏回想起客户与他交流探讨业务细节的场景，回想起那些关键人之间的关系，还有那位基本不露面的董事长。董事长负责收购兼并和投资，不负责运营，按道理不会插手一百来万的项目！

三点半，对手出来了。

客户让君和进去。

邱柏和对手的人在楼道走了个对面。

他们的年龄和邱柏差不多，好像还小一点，也像邱柏一样穿着白衬衣，藏蓝裤子，拎着电脑包。邱柏轻轻朝他们笑了一下。

擦肩而过，邱柏又回头看，映入眼帘的那年轻人背部不是很宽厚，单薄中透着坚强，还能感觉到一丝没有信心支撑的脆弱。邱柏仿佛看到了自己，自己又何尝不是这样在很多项目里挣扎？何尝不是为了一线希望而做出全部努力？何尝不是为了生存和尊严而四处奔波？

那个背影，多年来萦绕在邱柏脑海里，挥之不去。

会议室里摆着长条桌，客户面朝门坐，厂商背对门坐。两个主管副总参加：一个是董事长的亲妹妹，主管财务，姓陆；另一个是董事长的妹夫，姓常，主管采购和销售。董事长有两个妹妹，这俩人不是两口子。邱柏都认识，之前就是给他们讲的方案。旁边是信息主管，和邱柏联系最多也最密切。看到邱柏进来，主管放心了。

打过招呼，常总笑着站起身，溜达到窗边，朝外望了望，自言自语地说："谈了半天，还挺累！"

邱柏放下包，掏出笔记本电脑，笑了笑，说："都这样！"

陆总笑着递给邱柏一块西瓜，说："来，先吃块西瓜！"

邱柏接过来，说了声"谢谢"，放在旁边。

信息主管说："邱总从哪儿赶过来的？"

邱柏知道信息主管是想帮君和，让领导知道邱柏多重视这项目，专程从外地赶来。可这么问显然不合适，邱柏要说从遥远的外地专程赶来，客户就更有心理优势了。

邱柏还没说话，分公司的销售就代为回答："邱总为了咱的项目从湖北赶来的！"

邱柏笑了笑，没理这茬。

常总坐回座位。

邱柏知道，谈判要正式开始了。

常总上来就是一句："你们报价太高了，你知道锐锋才报多少吗？"

邱柏笑了，说："常总，记得上次向您汇报方案是在二楼会议室，您当时对方案很有兴趣，也探讨了很多细节。之后，您也说这方案可以解决您关心的问题，对吧？"

常总说："今天不说方案，只说价格！"

客户说价格高时，很多销售人员一上来说得最多的是"哦，价格不是合作的障碍，您看多少合适"，这是在给客户传达可以降价的信号。本来客户准备砍十万，这么一说，客户觉得砍十万太没本事了，怎么也得砍十五万、二十万。

箴言：商务谈判需要团队彼此配合、协同完成，一举一动、一言一行都至关重要。

思考：1. 你有哪些精心准备而又被同伙无意搅局的情况？

2. 你们在开始之前做了哪些沟通？

3. 如何确保团队谈判中表现得一致？

343

邱柏还是微笑，说："哦，好。那次交流的时候，我好像也和您提到一些同行企业的情况，新阳做了一千多万就不说了，咱们旁边的海港公司合同额是一百三十万，这个好像和您说过吧？咱的规模可比海港大多了，产量和利润相当于他们的两倍！"邱柏在透露一层意思：既然知道做这项目要花多少钱，并且还在往下谈，说明客户是接受了这个预算的，不是没钱，也不是没考虑！

陆总接话了："听说了。可我们和海港不一样，我们的业务比较简单。"

邱柏没说话。

这时候，只需要适当沉默。

常总又说："你们和锐锋没什么区别，都能干！哪能贵这么多！"

邱柏说话了："嗯，价格确实不一样。因为双方做过的行业客户规模和数量不一样，行业经验积累不一样，软件平台的适用性和成熟度也不一样，双方的行业顾问水平更不一样！"

邱柏转头看了一眼挺哥，问："这项目的申报流程走完了吗？"

挺哥点点头。

邱柏转头跟客户说："同时，这项目作为我们集团级战略项目，集团将协调总部顾问参与实施，他们参与过新阳项目，很有经验。我也会常来！其实……"这两个字，邱柏故意拖了一下长音，然后停顿了一下，以便引起对方注意，然后说："项目上线后，送料的货车一个月少两次重复过磅，十几万就省出来了！我也相信，依咱公司实力，不会在意这点儿钱，更想把项目做好，做出效益！"

陆总又说："我知道你们比锐锋强一些，可毕竟人家的价格才是你们的一半，差距也太大了，这让我们怎么决策？"

对方开始寻求和解了。

第6章 驰骋沙场

这话就是信号。

这时，邱柏通过电脑微信和挺哥说："可以再挺会儿。"他们一坐下就打开了微信保持沟通，邱柏也确认背后没对方的人，不会被对方发现。

邱柏说："我知道，咱是想把项目做好，真正帮企业提升管理，带来效益。同时，我们希望把这项目做成集团级战略样板，以带动当地乃至全国市场，起到样板和示范作用！"

"既然这样，更该便宜些！一百万，行不行？"常总开始没耐心了。

邱柏笑了。

君和报一百二十多万，他出一百万，肯定不行！但不能直接回绝他。

邱柏想了想，说："咱项目准备什么时候启动？"先确认客户真想启动项目，同时探测一下对方的信心和决心。

陆总说："合同签了就能启动。"

邱柏又问："除了价格，还有其他要谈的内容吗？"要确保价格是唯一因素。

常总说："没了，就是价格！"

邱柏故作沉默了一下，然后轻轻地问："你们是不是选中我们了？价格合适是不是可以马上签合同？"邱柏再一次追问对方。

这是必须要确认的。

自己行动之前必须要获得对方的承诺。

常总豪爽地说："可以！要不大家在这儿费什么劲！"

邱柏笑了，说："行吧！这样，我们在这个地区没有成熟的样板客户，咱企业也很知名，您看这样，合同签订后帮我们介绍几家周边的企业，行不行？"

"那好说，我们都熟。不过，你们得给我们实施好！"常总说。

本想以此为由降一些，可对方提出了附加条件，这个说法作废了！邱柏沉默了一下，借机在微信上跟挺哥说："准备降！"

然后，邱柏说："顾问的差旅费、实施期间顾问的住宿和餐饮，咱厂里可以解决吗？"

陆总想了一下，看看信息主管，问："厂里有合适住的地方吗？"

信息主管摇摇头："厂里宿舍条件太差，住酒店又太……"

邱柏问："那吃饭呢？"

信息主管说："吃饭应该问题不大，有食堂。"

"哦……"邱柏点点头，若有所思，然后说，"要不这样，可以不住太高档的酒店，你们负责给找个经济实惠的快捷酒店，然后在你们厂里吃饭，实施期间每月一次的往返交通费用君和自己承担，这样的话……"邱柏看着报价表，说："差旅费部分能降四万多！"其实，不一定真让顾问在客户的食堂吃，只是为降价找个理由。

陆总说话了："要不这样吧，也别那么麻烦了。给你们加五万，一百零五万，怎么样？"

邱柏说："能让早让了！这样，看看还有什么费用能分担。"

常总坐不住了，他觉得非常不爽，站起来说："别这么抠了，没意思！干脆点儿，就一百零五万，现在就可以签合同！"

对方已经情绪化了，再抠下去，说不定真就危险了。

邱柏低头，假装做记录，在微信上问挺哥："一百一十万？"

挺哥回复："可以。"

邱柏回复挺哥："不用送服务费。再试探。"

邱柏也挺直了上身，表情严肃地说："常总，上次报价前，你说直接让我们报最低价，这价格在我们权限范围内已经是最低了。我看您确实豪爽，很仗义，这样……"邱柏皱起眉头，表现出深思和痛苦状，有五六秒钟，然后说："这样吧，如果首付款能再提高十个点，我可以给总部的营销副总裁单独打个电话，特别申请一下，看看能到什么程度，怎么样？"

这话邱柏有两个意思：还有一张牌可打，就是向老板申请。

其实，大家作为顾客买家具和电器时，往往被营业员用这一招。对于双方差不多都能接受的价格，"给老板打电话请示一下"的小伎俩能照顾双方感受，也给双方找个台阶下。

常总看了邱柏一会儿，说："行，你去打吧！"

"哦……"邱柏皱着眉头慢慢站起来，缓缓转身走出会议室。

走廊不长，尽头是窗户，两边都是办公室。邱柏看了一下，拿起手机。邱柏拨通电话，手捂住嘴悄悄说："没事，又谈判呢……"

说了几句，挂了。

上楼，回到会议室门前，把手机拿在手上，推开门。

大家都盯着邱柏。

邱柏没有直接看客户，走到桌边坐下，侧脸跟挺哥耳语了一下。在客户看来，先和内部沟通一下结果，这是"流程"。

然后，邱柏转头看着两位副总，说："领导说，也别一百二了，也别一百零五了，双方都拿出些诚意，就按一百一吧，首付比例按调整以后的，算是让步。"

常总站起来，说："行，一百一就一百一！"

大家都"解放"了。

> **箴言**：商务谈判中要有舍有得，礼尚往来。
>
> **思考**：1. 你在谈判中用过哪些舍得策略？
>
> 2. 你觉得为什么要使用这种策略？
>
> 3. 你在今后的谈判中将如何应用这种策略？

51. 典型策略

每次谈判，面对的人不同、项目不同，策略也不尽相同。

邱柏一般很少参加陌生商务谈判，都是在前期有大量接触，了解了对方需求，制定了解决方案，在对方组织中找到一个或几个支持者，才去投标，也才进行商务谈判。

当然，也有见标就投、投了再运作的项目，但那种情况胜算并不大，并且没有全面了解需求，交付风险也不好控制。

通常有这样几种策略和方法可以使用。

画地为牢

谈判开始前或刚一开始，就向对方传达一个很强硬的底线，告诉对方什么是不可谈的，一旦触及这个底线就不要谈了，甚至也没必要继续了。这个底线一般包括价格、权益、关键条款等。

步步为营

价格让步切忌没有章法地乱让。每让一步都要"礼尚往来"，有所得，不要平白无故地让。往往越到最后压力越大，客户略一施压，销售人员很容易慌不择言，所以更要提前准备好。让步幅度要一步一步越来越小，表现得越来越艰难。除了价格因素，还要同时考虑付款、交货方式、周期等内容。谈判过程中，在有利情况下，不要一下抛出所有的"可变量"和对方谈，而是要一项一项地谈，谈好一个确认一个，再谈下一个，步步为营。否则，会按下葫芦起了瓢，导致鱼和熊掌不可兼得。

红白脸

这是常用的方法。在团队谈判中，有人站在客户角度说好话求情，有人铁面无私坚持原则，共同演一场戏，把对方"装"在里面。在剑拔弩张的谈判现场，对方阵营出现替自己说话的人，心理上会有认同或共鸣。求情，就是让客户把要求降低，同时在与我方坚持的原则之间找到一个平衡点，双方各让一步。有时会有一个中间人的角色，先劝一方妥协，然后再劝另一方。

自陷绝境

邱柏用一个价格申请函将自己逼入绝境，如果客户再让降价，真不可能再有任何让步了，因为这是集团的批复，不敢不执行。这种自陷绝境刚好暗合了谈判的博弈原理，拼的是心理底线，通过自陷绝境来加强自己的地位。谈判本身争取的不是条款本身，而是双方的情绪和感受。

血滴暗示

这种方法用在与客户达成"存在潜在损失"共识的基础上。双方共同意识到了，在没有使用产品或服务的情况下，某种损失正在发生，恰恰要借助此次谈判的内容来避免这些损失持续发生。谈判中恰当地提醒客户损失正在发生，或者暗示客户越早开始实施越早受益，这会对客户的情绪和心理产生影响，从而影响双方的心理格局。

时间锁

谈判中，客户往往表现得很乐意拖延，而销售人员最怕的就是拖延，加上销售人员去客户那里一趟不容易，总希望高效率地结束谈判，这就导致了销售人员没尽头地让步。为避免这种情况，在有正常理由让步且"礼尚往来"的同时，给让步的优惠条件附加一个时间前提，使之在特定时间内有效，一旦突破时间要求，优惠条件将失效。这样一来，在某个限定时间内完成谈判也成为客户的让步。

顺序出场

有时候，让步是必要的，但不是随便让，要让得有面子。谈判中，销售方安排不同层级的人员出场，对应客户方的不同层级的人员或销售进程的不同阶段。比如，销售人员出面抹个零头，经理出面赠送服务，最终老总出面让几个点。适当安排领导出面，既体现了销售人员为客户争取优惠政策的努力，为让步找些理由，也给客户一些压力，还能给老总脸上"贴金"——这单是老总出面谈成的！

海底捞月

共识和意向达成、双方如释重负准备收工时，销售人员可以不经意地提出一些小的附加优惠条款，客户一般会顺势答应。这时候，捞到多少是多少了，一般是零星费用或便利性条款，这些条款在客户看来不是很关键的，都是举手之劳，对销售方来说也值得一提。

除了一些小伎俩，还要注意一个很重要的东西——客户情绪！

虽说人是靠逻辑和理性思考的，谈判时要把人情冷暖暂放一边，但无疑谈判也会受客户情绪影响！比如有一次，邱柏在谈的一家客户生产过程中发生爆炸，出了伤亡事故，这种情况下怎么谈？所以，客户谈判的"势"，也就是当时的情绪，很重要。

有段时间，企业受政策和环境影响很大，价格倒挂，利润为负，客户情绪波动很大。还有很多在建项目的工程进度和试生产情况，也会直接影响客户情绪和士气。

电话沟通或拜访中，邱柏往往会在寒暄中不经意地问："生产情况怎么样？""这月产量和利润怎么样？""最近资金流如何？""工程进度怎么样？""主体设备进厂了吗？""试车情况怎么样？"等等。通过这些问题了解对方生产、收入、效益、工程进度、试生产、质量等情况，进而初步判断客户的情绪和心情，再通过联系人了解一下参与谈判的高层人员最近工作、出差、所辖业务情况等来捕捉客户的心情和情绪状态，就能有针对性地制定谈判策略了。

"人逢喜事精神爽"，心情好了，谈判也就顺利一些，价格可能就高一些。所以，谈判一般都选择客户心情好的时候，比如当月产量达标、利润比较好的时候，比如投产顺利、产量和质量稳定的时候；尽量避开客户心烦的时候，比如产品大幅降价和滞销、利润严重下滑、工程滞后、设备迟迟不能到位、资金紧张等。而很多销售人员根据自己的业绩压力、公司要求的回款周期谈判，经常撞到"枪口"上！

还有几种情况在谈判中应尽量避免。

一是，试图用"商务手段"解决谈判问题。有些销售人员以为对方在谈判中刁难自己是因为自己没搞定人，对方想索要"好处"，甚至考虑用"商务手段"解决谈判问题。在客户采购中谈判是必经过程，并且往往出来谈判的人和之前接触的不一样。一旦判断不准便使出"手段",很容易阴沟里翻船。

二是,试图将降价作为首选。有些销售人员以为客户真的会因为价格而选择供应商,试图在谈判阶段将降价作为首选,甚至低价搅局。往往此时降价不仅不会成为首选,还会破坏客户方在需求、方案、价值与成本之间的平衡关系,给客户的决策带来难度和风险,或伤害客户既得利益,从而留下不负责任的印象,业内口碑也受影响,得不偿失。

三是,没弄清客户真实意图就出牌。有些销售人员还没弄清客户的真实想法,一听客户说价格高就急于让步,而没去探索了解客户的真实意图或潜在想法。客户往往因为销售不知道的理由,比如生产线的重要事件、人员素质、实施周期、项目组织及实施计划等顾虑而犹豫不决,而在顾虑不解决的情况下再大的优惠也是无效的。了解客户真实意图并对症下药,比盲目让步更有效。

四是,把谈判变成了辩论或再销售。忘了谈判的目的是达成协议,而和客户陷入一些原则或细节的辩论,甚至对方案进行再讨论和思考(如果这些没讨论清楚,就不应进入谈判阶段)。谈判是针对特定方案和内容,就双方共同利益协商一致的过程,针对的是双方利益而不是立场,所以不要试图通过谈判再多卖些东西给客户,除非作为让步赠送品,前提是得让客户知道赠送的东西有什么价值。

分享一个谈判工具——《谈判准备表》。

要想避免在谈判中一味地被砍价,除了要分析参与谈判的人的角色、背景、职责、诉求,还要有攻防策略。要秉承"有舍有得、礼尚往来"的原则,准备好哪些可以"舍"、哪些可以"得",所以建议准备好一张《谈判准备表》(见表6-1)。

表 6-1 谈判准备表

我方优先权	Get 得	可量化价值	Give 舍	客户优先权
1				
2				
3				
4				
5				
6				
……				

不可谈的内容(底线): 1. _____
2. _____
3. _____

第一步,在表的左侧列示出销售人员可以"Get"(得)的内容或条件,是对方能给出的让步,比如对方介绍几个潜在客户、出席几次市场活动并发言、接待多少次客户现场参观、提供实施人员差旅食宿费、提高多少首付款额等,将每一项用金额量化,列出每一项值多少钱,并排出希望获得的优先顺序。

第二步,在表的右侧列示出销售人员可以"Give"(舍)的内容或条件,是销售人员可以做出的让步,比如免费安排多少人培训、给出多长时间免费服务、赠送什么产品、价格让步多少、安排哪些专家现场指导等,将每一项用金额量化,列出每一项价值几何,并排列出客户希望的优先顺序。

第三步,将左右两侧的"得"和"舍"按金额和双方希望的优先顺序对应起来。先考虑双方让步的优先顺序(谁最想得到什么,谁做哪个让步最容易、哪个让步最艰难),然后再将两者对应起来。比如,客户提供一次潜在客户参观接待价值五千元,销售方提供一人的培训

353

价值五千元,这两个条款可以对应起来。又如,客户承担实施人员差旅费价值十万元,那么半年服务费价值是九万元,也可以对应起来。这样做的目的是,谈判中当客户要求做出让步时,销售人员可以要求客户也做出等价的让步,这样就能在谈判桌上周旋而不至于被动无限地被"砍价"。

第四步,列出谈判底线,将不可谈的内容单独列在最下面,提醒这是禁区。一旦触及这些底线,即可停止或放弃谈判。不设底线地谈判,也是销售人员一再让步的原因之一。

谈判中有很多技巧和方法。有人说,谈判是双方在表演,其实大家心里都已经有底了,都在向着自己的目标共同前进。也有人说,谈判的过程涵盖整个销售过程,从激发客户兴趣、了解客户需求,到有针对性地提供方案、建立共同标准,都是在为谈判积累素材,其实都在谈判,都在创造双赢。

对于解决方案销售,谈判开始之前,其实销售就已经结束了。

有些谈判的分歧,不是谈判本身的问题。

销售的问题,也不是谈判都能解决的。

第 7 章

诸法归宗

做销售久了，搞了多张大单之后，八月十五的一顿豪饮酒醉，才使邱柏明白赢单不是结束而是开始、"成就客户"才是正道、"人"才是销售的核心。在纷繁复杂的大单销售中，邱柏寻到了哪些真经？

52. 苦酒有泪

谈判达成共识，签单回款，销售就结束了吗？

邱柏也是这么想的。

除了再收集一些实施成果武装自己，剩下的交给实施服务就行了！后面的活儿都是他们的了！

和客户的一顿酒，让邱柏彻底改变了看法。

天全项目是君和中端产品第一个百万大单，特别是咨询实施收入很高，大家都很兴奋。邱柏却有些担心。君和之前主要卖产品，基本上就做产品使用培训，几乎没做过几十万的咨询。他担心顾问的咨询水平，担心自己过度承诺、实施顾问不能落地，也担心产品功能不能实现。

因此，邱柏亲自参与了实施计划制订和沟通，包括项目组人员选择和项目里程碑的确定。实施规划和方案越来越与客户期望靠近。邱柏还和福哥沟通，产品不能满足的需求要二次开发解决，一定要做出个行业版本。福哥答应了。

刚一开始，项目启动会、培训、调研、梳理流程……各项工作推进顺利。挺哥对这项目也很关注，周计划和控制文档做得也很齐备，每周都发给福哥和邱柏，蛮像回事。邱柏也经常请顾问们吃饭，顺便问大家："项目进展怎么样？"大家都说："可以！""挺好！""按计划进行！"

就这样，调研、流程优化、产品功能匹配做了两三个月。

很快，中秋要到了。

君和逢年过节都会慰问重要客户。邱柏负责大客户，一般要上报需要慰问的客户名称和人数、需要的礼品份数，由公司统一采购。礼品不贵，只是代表一份心意。

邱柏负责的客户不多，都是战略大客户，要挨家送。和别人送礼不一样，邱柏的客户大部分在外地，大多都要一起喝点儿。很多时候，邱柏也会收到客户给他的中秋礼品。

邱柏和老安约好一起去天全。

唐部长听说邱柏和老安来了，很高兴。

那段时间，每次到天全，邱柏都能感受到唐部长期盼的目光中有几分焦虑和无奈。

邱柏也偶尔听说项目进展好像不是很顺利，有几个问题让唐部长很头疼。一是，企业流程本来就不很规范清晰，也调研不出什么标准流程，项目组却让唐部长在流程书上签字确认，这让他很为难。二是，双方商议的业务流程与软件进行匹配时，发现很多功能软件里没有。原计划要定制开发的，挺哥和项目经理郑艳为了降低交付成本不断"砍需求"，想努力把既定的项目范围缩小。

天全当然不能接受。

那天晚上，酒是必不可少的。

那顿酒，唐部长说他请。

老安说："哪能让你请！"

唐部长说："听我的吧！"然后打电话定了地方。

一家不大的饭馆，没有风光的门脸，没有豪华的装饰，没有气派的桌椅。从被踏得发亮的楼梯就能出来，光顾这里的人不少。

包间在二楼，地方不大，也没窗户。

中间一张圆木桌，桌上铺了一层塑料薄膜，薄膜上压着个转盘。周围是很轻便的椅子。

过去时坐了两辆车，唐部长、老安、邱柏一辆，郑艳和两个实施的兄弟一辆。入座时，大家彼此寒暄着，推让着菜谱，翻来翻去点了菜，又点了两瓶酒和一瓶饮料。大家有一句没一句地说说笑笑，扯些中秋的话题，以及行业变化和当地的一些新闻。

上菜了。

两菜唠嗑，三菜吃喝。

第三个菜上来后，大家开始举杯。邱柏对双方一直以来彼此的信任和支持表示感谢，对大家的辛苦付出表示慰问，预祝项目实施顺利成功，干！

酒过三巡，众人放松了下来，开始随意扯些话题。

过程中，邱柏发现郑艳和那两个实施的兄弟偶尔小声嘀咕一下，给人一种缩在角落敌视外面的感觉。转头看看唐部长，也感觉他被项目压得有些憔悴，没了往常的神采。

邱柏问他："唐部长，咱们的项目进展还顺利吗？"邱柏知道会有些不顺，这么问是想借喝酒的机会互相倾听，一起想想办法。他做过项目实施经理，觉得问题都有解决办法。

唐部长轻轻叹了口气。他本没想让人觉察到，但邱柏就在他身边，还是觉察到了。唐部长说："项目进展不是很顺利。"

"哦？"邱柏轻声回应，等唐部长继续说，顺便看了一眼郑艳。郑艳马上变得非常警觉，如临大敌。

"现在确实遇到了一点麻烦，"唐部长看了一眼郑艳，又看看邱柏，

"项目实施比计划滞后了，需求也不能很好地被满足。"唐部长没再说下去。

他的意思，邱柏明白了。

郑艳突然大声质问唐部长："项目实施滞后是什么原因？"

唐部长欲言又止。

郑艳右手攥着筷子使劲敲着桌子，大声说："还不是因为流程确认书让你签字，你总拖着不签？"

唐部长眨眨眼睛："不只是流程确认的问题，有些实施工作也确实不到位。"

"不到位？很多问题和需求你自己都说不清楚，你让我们怎么到位？"郑艳连续进攻。

邱柏严肃地跟郑艳说："先听唐部长说完。"

郑艳的气焰下去了几分，不服气地闭上嘴。

唐部长说："项目进度倒不是很大问题，关键是需求不能被满足，总是这功能没有、那功能也实现不了，还说这些需求不在这次项目范围之内。"

"那你能说清楚自己的需求吗？你们提的需求总变来变去，怎么满足？"郑艳几乎直接和唐部长吵了起来。

唐部长声调也高了起来，显然是急了："那你们懂吗？你们是顾问，你们能找出问题吗？你们能提出解决方案吗？"

跟着实施的一个小兄弟给郑艳帮腔："就是，你们自己都说不清需求，还变来变去的，让我们怎么满足？"

战火燃起。

"好啦！"邱柏大喝一声，然后侧身跟唐部长说，"唐部长，项目的事，咱们晚点儿单独聊。来，我先敬你一杯！"

和唐部长喝完那杯酒，邱柏站起身，不动声色地出了包间。

邱柏掏出手机，给郑艳发了个消息："你出来下。"

以邱柏当时的自负和狂妄，早在现场指着郑艳开骂了。他在公司经常指着那帮实施和服务人员大骂，甚至当着福哥的面；在部门经理会上，也会站起来指责挺哥那帮人收不回实施款。

这次在酒桌上之所以没有，邱柏有他的考虑。毕竟当着客户的面儿，公司颜面和职业形象不要了吗？郑艳是项目经理，天门省分公司确实也找不出其他人，当着客户的面吵翻，项目后面怎么办？

但是，郑艳就能当面和客户争吵吗？

邱柏也见过和客户争吵的，拍桌子甚至摔东西，但那都是业务观点不一致又难以说服对方，都是就事论事，上班争论完，下班一起去喝酒，还是好哥们。但今晚不同，郑艳及其团队已经把矛头针对唐部长本人了。

必须解决！

郑艳拉门出来了。

邱柏阴着脸，站在楼道另一头。

郑艳走了过来。

等她走近了，邱柏张嘴就问："你想干吗？"

郑艳解释："本来嘛，他们自己需求搞不清，还老变！"

邱柏没理她的茬，说："你知道谁是客户吗？什么叫客户？"

"他们确实有责任！"郑艳继续解释。

别说郑艳，就是挺哥，邱柏也不会听这些解释。

"无论谁的责任，你就能这么指责客户？你就这么当着众人的面指责客户？你就在中秋节的酒桌上这么指责客户？你就当着我的面指责客户？你知道我来干吗了吗？你还知道你自己是谁吗？"邱柏一连串问题，把郑艳的气焰打压了下去。

郑艳低下头，轻轻点了点头，"嗯"了一声。

邱柏说："我告诉你，天全是我们第一个百万级项目，是集团样板，分量你清楚！有什么问题，你写个邮件给挺哥说清楚，也发给我，抄给福总。"

郑艳又点点头。

邱柏又说："我先进去，你一会儿再进去。"邱柏说完转身走了。

后面的酒越喝越深。

唐部长也猜到邱柏出去说了郑艳，因为回来后郑艳低头坐在那里，不怎么说话。邱柏也没指望她回来赔礼道歉，那太假了。把事情弄清楚再说，必须弄清楚。

这账回去再算，眼下先和唐部长交好心。

又喝了一会儿。

邱柏张罗着郑艳和项目组跟唐部长举了两次杯，全桌同端。

九点多，邱柏、老安和唐部长喝得正起劲儿，郑艳轻声和邱柏说："时间不早了，要不我们先走？"

邱柏说："也行，你们先走吧。"邱柏来的时候也给项目组的兄弟们带了些月饼和水果，已经提前放在酒店。

只剩下唐部长、邱柏、老安三人。

平时他们三个人都是一瓶。今天因为有实施的小兄弟，已经干掉两瓶了。大家喝得正起劲儿，老安又叫了一瓶，拧开，倒上。

唐部长开始交心了。

第7章 诸法归宗

他说起了自己的难处：公司上上下下对数字化建设不理解，还有很多人不认同，他推动起来很难。民营企业的业务流程本来就不规范，也调研不出什么东西，项目组又提不出有价值的建议，只能一步一步往前走。现在看来，当时圈定的项目范围有些大，一些需求不仅产品满足不了，天全自己也不具备上线的条件。唐部长说这些话时，很诚恳。

说完这些，大家有共识，也开始共情。

邱柏陪唐部长聊到了年龄、职业、成长，聊到了家庭、子女，聊到了收入、社会地位，聊到了未来发展、人生追求……

此时，大家说话没有任何顾虑，想到哪里，话就直接从嘴里出来了，几乎不过脑子。很快，一瓶酒又快干完了。桌上的菜已一片狼藉。

大家都喝多了。

此时，想象不到的一幕发生了。

唐部长左胳膊扒着桌子边沿，面向邱柏半侧着身，说着说着，突然泪流满面，哭出了声："搞这个项目，你说我这是为的什么啊！"说完脑袋埋在胳膊里伏案痛哭。

这句话，一直回荡在邱柏耳边。

这一幕，一直刻在邱柏脑海里。

什么样的压力和苦楚，才会让一个成年汉子纵情哭泣？

为了实现自己的销售目标，忽悠了客户，拿到了全君和中端第一百万大单，却让支持自己的客户在中秋夜伏案痛哭，这是邱柏要的吗？

> **箴言**：客户有异议，先安抚情绪，再处理问题。
>
> **思考**：1. 你遇到过哪些客户有情绪的情况？
>
> 2. 你当时是怎么处理的，效果如何？
>
> 3. 你再遇到类似情况将如何处理？

是邱柏的所作所为导致客户如此痛苦吗？自己做错了什么？怎么才能不让客户如此痛苦？

那天晚上，唐部长彻底喝醉了。邱柏和老安架着他下楼时，他几乎迈不了步子。出租车上，唐部长吐了三次，走一段就打开车门吐一次。漆黑的夜里，车停在路中间，后门开着，一个成年汉子失去知觉一样瘫软着在那里狂吐，然后再被邱柏和老安一点点"收"回车里。

那晚是什么样的心情？如果不是亲历，根本无法想象。

邱柏知道，这有他的责任。

一定有他没做好的地方，一定有办法可以做得更好！

有担当，才不会让自己下次再犯错误。

箴言：承担责任是销售的第一要务。

思考：1. 你觉得销售应该承担什么责任？

2. 销售应如何承担起这类责任？

3. 你在今后的销售中将有何行动？

那天之后，邱柏为自己做销售立了个规矩：凡是卖给客户的产品，一定要了解客户的业务流程，一定要亲自看到产品是否可以使用，一定要看到产品能否跑通客户流程，一定要看到产品能否帮客户解决问题。吹嘘的产品模块，附加的多余功能，自己跑不通的流程，找不到具体解决方案，一定不卖给客户！

尽管如此，天全还是开了现场体验会，请来了当地很多企业来参观。

尽管如此，每次邱柏都还是会去找唐部长喝酒聊天。

尽管如此，几年后天全还是又花几百万升级君和高端产品。

当销售开始为客户负责时，也就是客户成为长期伙伴的开始。

53. 成单图谱

邱柏踏上销售之路是从顾问式销售、解决方案销售和销售漏斗开始的。那是源于世界级的营销理论和知名研究培训机构的实践，对君和这样的企业，对那帮销售人员的成长，对君和的顺利转型，甚至对整个行业进步起到了至关重要的作用。

邱柏最开始接触的是销售漏斗。

第一次见到销售漏斗，刚入行、正在迷茫中的邱柏发现，销售居然是有章法、有套路的，还能按阶段、按步骤一步一步成交。见到漏斗才知道，签一笔单子要做那么多事，用漏斗还能规划出每个阶段要做什么动作、有什么衡量标准、动用什么资源，厉害！

做了销售经理，让同事提交自己的漏斗，汇总后就能看到部门都有哪些项目，这些项目都在什么阶段，收入和业绩可能受哪几个重要项目影响，哪个项目重要紧急，哪个项目最该关注和投入，投入什么资源最合适……这同时也是在对同事的工作监督检查，厉害！

后来，邱柏还知道，漏斗的每个阶段都有百分数，用漏斗中项目的数量、金额、所处阶段和每个阶段的百分数，可能预测未来一定时间内的业绩完成情况，对比实际和计划找到差距，采用不同手段加以支持，比如举办市场活动、集中打单、方案攻关、高层拜访、发布相应商务政策，或者搞个集中签单，从而推动一批客户的销售进程，促进签单，厉害！

邱柏在使用中也发现一些问题。

很多同事按漏斗的步骤一步一步做完销售动作，却发现项目仍然没搞定！这有几方面的原因。

有人认为，漏斗讲的是销售步骤，比如锁定及挖掘目标客户、发现潜在销售机会、引导及确认客户意向、影响及跟进立项、赢得认可、商务谈判、成交，强调销售的目标和任务是什么，每个阶段的检验标准是什么，这只是站在销售人员视角，而没有站在客户采购视角，很容易让人只关注销售人员做了什么，而忽略客户做了什么。

漏斗规定了销售人员的任务和动作。很多销售人员只关注每个阶段的动作是否做完，一旦自己做完就自认为进入了下一阶段。比如，客户同意见自己，就自认为确认了客户意向；调研完成，出了方案，就自认为进入了方案阶段；提交了方案，客户让报价，就自认为进入了商务谈判阶段。没有记录客户采购关键动作和结果，这经常导致销售人员的"一厢情愿"，销售人员自己的动作做完了，却发现客户仍在原地未动！

邱柏认为，有人使用漏斗最致命的一点漏洞，就是没有充分考虑客户的组织结构、采购角色和他们的影响力。

箴言：大项目销售须关注客户的组织结构和角色。

思考：1. 你有哪些忽略组织结构或角色的情况？

2. 你觉得为什么要关注组织结构和角色？

3. 你将如何加强对组织结构和角色的把握？

不止一次，邱柏问同事："项目怎么样了？"同事说："调研、出方案、报价，该做的都做了，就等商务谈判和成交了！"邱柏问："跟谁做的？"同事说："李科长！"从头做到尾，几乎所有的销售动作都是围绕着"李科长"开展的。结果，科长把报告递给处长，处长又"走了一遍"漏斗，报到副总那里，副总又"走了一遍"漏斗……漏斗就这样来回不断地被"走"，项目像个乒乓球在漏斗里跳上跳下。

同时，大家使用漏斗突出了"事后报告"，而忽略了"事前计划和预测"。

有些销售人员每次行动之后，把总结报告和录入信息看成负担，一些关键信息也不愿意录入，只有到快签单的时候才"补作业"，这就导致了公司漏斗里的信息要么不完整、要么过时，从而使预测偏差较大。有些销售人员还认为"所有计划上了战场都会失效"，漏斗的那些步骤和计划是"纸上谈兵"，一旦到了客户现场就会失效，一个项目有一套做法，因而也就很少用漏斗去分析或策划了。

怎么办呢？

邱柏在实践中不断摸索总结，仔细思考每个问题的原因和解决方法。那年年底，他结合自己的套路和多张大单心得，经过与多位高手交流碰撞，经深思熟虑，精心绘制出一张"大单销售路径图谱"（见图7-1）。

大单销售分为七个阶段，包括发掘商机、沟通交流（引起兴趣）、确认意向、引导立项、赢得认可、招投标、商务谈判。这也代表了客户的七个关键动作。这七个阶段是基于客户的采购流程和典型行动的，是客户进行项目型采购的标志性事件。

这七个阶段涉及客户参与采购的多个部门和人员，包括骨干或科长、信息主管、业务主管（处长）、采购主管、业务副总、采购副总、总经理（或常务副总）、董事长（最终决策者）。销售过程中要将客户的采购流程、销售流程及主要客户对象进行对应，因为客户中特定的人才有特定的权力，才会在特定阶段发挥其影响力。

客户角色	骨干 科长	信息主管 业务主管和采购主管	主管副总	总经理或董事长(最终决策者)	战略资源	VIP资源	常规资源
发掘商机	赢得好感、获得信息	切入/联络		高层切入（伙伴）	集团客户经理		行业专家
沟通交流	信息收集、业务认同	达成共识（建立联盟）	达成共识	沟通管理思路，培训等	副总裁级高层咨询伙伴/专家 行业培训专家	行业专家 行业培训专家	批量规模交流
确认意向	通过调研赢得信赖	前期调研、方案设计	认同管理思路	沟通管理思路，调研并呈现方案	行业顾问	行业顾问	行业顾问
引导立项	认同方案，赞成合作	认可能力和合作价值，建立联盟	汇报并认可方案，初步预算	明确实施时间、负责人	高层/专家 咨询伙伴/顾问	行业专家/顾问	行业顾问
赢得认可		招投标议标（其他）		认可公司能力、文化	高层伙伴配合 咨询伙伴/顾问 实施交接配合	集团高层 行业专家/顾问 专家伙伴配合实施交接配合	大区高层 专家/行业顾问
招投标			招标进程控制、商务谈判、合同处理	商务沟通			
商务谈判							
角色价值	信息提供	积极运作	积极推动	价值认同	价值认同	发挥价值	

图 7-1 大单销售路径图谱

这些角色每个人会有不同的业务需求和个人诉求,在项目进程中的作用与贡献也不尽相同。

比如骨干或科长,对销售的作用与贡献主要是"信息提供"。他们在有的项目里贡献更大一些,比如向高层推荐、积极影响他人。但由于他们在组织中的层级与地位,过于积极地影响他人未必是有效的策略。这类角色离决策层比较远,只能间接影响决策,销售人员比较容易接触到。

信息主管、业务主管和采购主管是组织的中层和项目的中坚力量,对销售的作用与贡献主要是"积极运作和推动"。他们必须在关键阶段的关键动作中起到重要作用,他们往往是销售的基地和跳板。

主管副总主要指公司的"CXO"级领导,也可能会涉及多位副总,他们是最终决策圈的关键影响人,对销售的作用是"认同并积极推动"。他们必须在关键阶段点头认同、推动,甚至推荐,销售人员必须在这一层中发展自己强有力的支持者。

董事长或总经理是项目的最终决策者,很多项目是一把手董事长决策,也有总经理决策的情况。他们对销售的作用与贡献是"价值认同并做出决策"。项目必须由他们决策,他们更关注项目的价值和投资回报。最终决策者的价值认同是关键。销售人员要在销售过程中积极有效地通过外力积累良好印象,赢得决策层在不同阶段中相应程度的知会或认同。

如此一来,有了针对"事"的销售流程,也有了针对"人"的跟进策略。

在不同的销售阶段,销售人员需要借助哪些销售资源来完成这些任务呢?不同阶段需要投入的资源,包括"人"的资源和样板客户、专项活动及费用等资源。销售人员要想清楚由谁在什么阶段、对应哪些客户角色完成什么任务,想清楚找谁、做什么、谁来做。

销售人员在销售的不同阶段、面向客户的不同角色有针对性地开展相应行动计划,就构成了这张"大单销售路径图谱"。

第一阶段,发掘商机。

这个阶段涉及的客户角色包括业务骨干或科长、信息主管、业务主管等。

这一阶段的主要任务是与骨干或科长接触,引起兴趣、赢得好感、获得有效信息,由他们引荐到主管等中层那里进行接洽,探讨目标和问题、触发客户动机、探索关键需求、研讨方案及其可行性。在有些项目中,销售人员可能第一步直接就跟中层对接上了。如果是高层切入的项目,可能涉及最终决策者等,销售人员可能通过各种方式或渠道从高层切入。在这样的情况下,很多销售人员切入后自恃有高层关系,只围着高层做工作,这也是危险的。因为项目需要"支撑"。一般情况下,客户高层会指定项目负责人或主管处长,具体工作必须有具体负责人落实和推进,由高层指定具体负责人,上下呼应更有效。

发掘商机阶段完成的标准和达成的效果通常是骨干或科长有好感并提供有效信息、引荐给中层,中层表示兴趣并同意见面。

这个阶段需要的销售资源,通常由销售人员个人实现,可能会应用到一些案例,也可能是熟人推荐。

第二阶段,沟通交流。

这个阶段涉及的客户角色包括业务主管和采购主管、主管副总,也可能涉及最终决策者。

这个阶段的主要任务是与相应主管沟通交流、达成共识。通过中层引荐，销售人员拜访高层，以思路沟通、行业交流、培训讲座等形式，激发高层的兴趣，形成目标，引起高层的认同。

这一阶段完成的标准和达成的效果是要与中层达成共识、请客户分享有效信息、向上层推荐、达成组织讲座或交流培训的共识，讲座或培训应有高层出席。

这个阶段需要的销售资源包括销售人员、行业专家或咨询顾问。

第三阶段，确认意向。

这个阶段涉及的角色主要包括主管副总、最终决策者等。

确认意向阶段的主要任务是通过交流确认高层有兴趣、初步认可思路或想法，客户主要角色给销售分享了其动机和目标，分享了企业的信息，表达了个人一些看法，表示可以继续深入探讨，同意进行关键部门访谈调研、编写解决方案并交流呈现，给出表示认同的相应承诺。

这一步很关键，有时候调研和方案"悄悄地"私下进行，希望突然"炮轰"高层并赢得认同。这样做虽然有时也会得手，但高层之前没有认知和心理准备，并没有表示出兴趣或认同，也没有听过销售人员的方案呈现，故而没有对项目实施的效果预期，难免会感觉措手不及，因此销售成功的概率也就相对低些。

确认意向阶段完成的标准和达成的效果，是高层认同思路和表达意向、分享有效信息、给出销售人员可以进行调研的承诺、承诺会听取方案汇报。

这个阶段的销售资源主要是销售人员、销售经理或高管，以及行业专家和咨询顾问。

第四阶段，引导立项。

这个阶段涉及的客户主要角色包括骨干及科长、各主管、主管副总、最终决策者等。

这个阶段的主要任务是在确认意向后针对客户主要部门和关键人进行调研和访谈。调研实际上也是一对一或一对多的销售过程。在访谈中，针对不同部门和角色激发兴趣、了解目标和期望、深挖需求，与客户共同探索解决方法，同时通过高质量的提问给客户留下专业印象，为项目赢得"良好氛围"和"群众呼声"。这个阶段的任务还包括完成方案制作，以汇报会或评审会的方式向客户高层汇报。结合方案明确项目范围、实施时间、初步预算，落实客户方项目组织和项目负责人。

引导立项阶段完成的标准和达成的效果，是客户安排并配合完成调研，配合完成方案设计并听取汇报，认可方案主体内容或思路，确定项目范围、大概周期，落实项目组织或项目负责人，确定初步预算。有时候，客户对建立的预算预期"默许"或"心照不宣"。

这个阶段的销售资源主要是销售人员、咨询顾问或行业专家、公司经理或高管。

第五阶段，赢得认可。

这个阶段涉及的主要角色包括骨干或科长、各位主管、主管副总、最终决策者等。

这个阶段的主要任务是在方案汇报之后，请客户对方案和产品进行验证，请客户考察公司实力与规模，得到客户对公司实力的认可以及对资源投入的承诺，得到客户对公司文化及价值观的认可。

赢得认可阶段完成的标准和达成的效果是，骨干和科长认为产品功能能满足其使用需求、赞成合作，信息主管或相关技术主管认可方案的技术标准，业务主管认可产品或方案对其应用和管理需求的满足，在中层建立稳固联盟,决策层认同公司实力、能力及文化。

这个阶段的销售资源主要是销售人员、公司高管、咨询顾问或行业专家、公司参观、样板客户。

第六阶段,招投标。

这个阶段涉及的主要角色包括各位主管、主管副总、最终决策者等。

这个阶段的主要任务是客户验证方案及能力之后,为符合特定的采购流程进行招标、议标、比价或单一来源采购等。销售人员应对标书、标准、具体条款、商务文档等进行适当控制或把握,时刻关注自身优势和联盟的变化,时刻警惕新人和变化,控制好流程、进度和局面。

招投标或商务推进阶段完成的标准和达成的效果是:客户明确项目需求、实施范围和实施目标,发标书或邀请报价,并对资质和报价进行审核,确定入围备选供应商,客户采用议标、比选、单一来源等方式进行决策。在这一阶段,销售人员应做到:决策层有支持者、中层有坚定支持者并有教练指导。

这个阶段的销售资源主要是销售人员、经理与高管、行业专家及咨询顾问。

第七步,商务谈判。

这个阶段涉及的主要角色包括各位主管、主管副总、总经理、最终决策者等。

这个阶段的主要任务是进行商务谈判:确定商务条款,审核并签署合同,销售开具发票并收回首付款,实施团队进场或完成发货。

商务谈判阶段完成的标准和达成的效果是:完成商务谈判,签署合同，开发票，收款，实施团队进场。

这个阶段的销售资源主要是销售人员、销售经理、商务部、法务部、财务部。

这样，销售路径图谱就完成了。大单销售路径图谱包括了客户的兴趣激发、目标或问题明确、需求交流和探讨、解决方案制定、方案评估、成本和风险估计、商务谈判、做出决策的完整采购流程。流程中每个角色之间的任务相互衔接和关联。当然，每个阶段的核心角色可能是一个，也可能是多个；可能是中层，也可能是高层。这些与销售的产品、每个客户的组织、项目大小、采购流程、决策风格甚至企业文化有关。

邱柏之所以想到把销售流程和客户角色对应，可能与他做咨询时画过的客户业务流程有关系。他也曾把销售路径图谱和客户的采购流程做对比，发现基本吻合。

邱柏开始拿很多项目验证这个流程，虽然每个项目都有特殊之处，但每当搭起这个框架，按具体项目填写客户关键人和角色，并结合采购流程列出他们彼此间的关系和影响力，整个局势和可能的推进策略就尽现眼前。

后来，邱柏碰到一些大项目，第一件事就是画出这张图，并判断每个角色的诉求、作用及影响力，分析项目到了哪个阶段，每个人发了什么力，还有哪些人尚未"用尽全力"、哪些人已经"尽职尽责"、哪些人会跳出来"唱主角"，由此得出下一步的工作重点是什么、该主攻哪些人。很多复杂项目经过这样一分析，一目了然，屡试不爽！

在掌握了这些后，邱柏发现自己对销售的理解变了，销售心态也更平和了，不再困惑，不再迷茫，也不再无所适从。

54. 激情燃烧

虽然经常早出晚归，经常夜以继日地写方案，也经常喝得天昏地暗、日月无光，但不得不承认，那两年是邱柏做销售以来最畅快淋漓的日子。

新的一年开始了。

这一年，邱柏负责天门行业大客户，同时挂职北方大区行业总监。面对纷繁复杂的市场环境，经验并不是很丰富的邱柏，该用什么方法规划行业和区域销售呢？又如何确保完成任务呢？

带着这些思考，邱柏精心制订了年度工作计划，包括趋势、目标、策略、计划、评估等几部分。

趋势包括客户所在行业趋势、国家宏观政策和经济环境引起的行业变化。从依靠市场机会和投资机会生存，到依靠经营管理能力生存，从高速蓬勃发展开始向有序持续经营转变，这是客户的行业趋势。这些趋势在带给企业很多挑战的同时，也带来了种种机遇。

趋势还包括君和的发展趋势：从传统产品销售向解决方案销售发展，从卖产品功能向卖解决方案和价值发展，从大单突破向平均单产的提升发展，从一单一单销售向区域行业规模销售发展。这也给很多销售人员带来了机会。

趋势也包括邱柏个人的发展趋势：从转型销售后签了第一大单，到总结销售方法并验证、实现规模销售并持续复制，探索面向区域和行业的经营策略和方法。他要寻求更大的突破。

关于目标，邱柏用了"能力"和"收入"两个关键词。

之所以用"能力"，是因为邱柏越来越发现，销售这行，特别是长周期的复杂销售，一定是基于能力而不是勤奋和运气。他正值二十七八岁的好时光，挣钱是目的，但不是最主要的目的。如何具备挣钱的能力，如何具备未来挣更多钱的能力，如何创造更广阔的发展平台，这才是他更关注的。所以，"能力"二字也有多重含义。

之所以用"收入"，是因为公司最关注收入！业绩和收入是销售人员的天职，不完成业绩、不带来收入，怎能叫销售？收入除了公司的业绩指标，还有销售人员个人的收入！不喜欢钱，那是瞎话。如果只为了钱，那是瞎活。君子爱财，取之有道。君子以财发身，小人以身发财。不爱钱的销售不是好销售，但销售只为了钱一定做不好销售！

箴言：业务计划制订必须基于趋势和机遇。

思考：1. 区域和行业工作计划为什么要基于趋势？

2. 如何将行业趋势与自身优势相结合？

3. 你制订业务计划时会多考虑哪些因素？

君和这种销售导向的公司，销售提成和超额激励政策很复杂，提成按阶梯设置不同比例，超额越多，激励越多，提成比例越高。一个销售人员，如果年初扛的指标低了，基本工资和日常费用就低些，但超额部分提成比例高，也容易超额。年初扛的指标高了，基本工资和日常费用也就多些，但超额部分提成比例就低了，拿超额的概率也就小了。

那么，在一年完成同等业绩的情况下，承诺多少指标最合适呢？这反倒让销售人员最伤脑筋。公司有政策，销售人员有应对策略，成了一场博弈。

公司激励政策一发布，好多销售人员开始盘算扛多少指标不丢人，不至于让老大失望，又不给自己太大压力，然后盘算自己手里有多少项目、有多少潜在客户、该怎么完成那些指标。但是，邱柏却没那么做。

邱柏先用 Excel 根据政策设计了一个计算表，测算扛不同业绩指标的情况下，基本工资多少、配套日常费用多少；再根据不同阶梯，测算出业绩指标从 50 万元到 300 万元不同情况下提成多少、超额奖多少……经反复测算，邱柏找到了既不用压力太大又能拿到相对最高提成的业绩点，他将这个数字作为他当年的业绩目标！他也清楚地知道，完成这个业绩自己能挣到多少钱！

除了"能力"和"收入"，目标还包括"缔造一个持续产出的市场""推动行业与树立行业样板""提升自己和团队的大项目运作能力""团队人均产出税后 100 万元"……

如果人均 100 万元，怎么才能完成呢？

邱柏做了一个详细测算（见图 7-2），竟然吓了一跳！

要完成 100 万元，按当年的实施交付水平，每个合同回款率平均也就在 40% 左右，也就是说要签 250 万元的合同才行！

当时的情况是，公司大客户和行业客户平均签单金额不到 15 万元，还不算常规销售的那些小单。就算邱柏他们多签一倍，每单 30 万元，250 万元的合同也要签 8.33 笔！

做销售，不是说跟踪推进的每个单子都能成。成交率 30%，即跟三个成一个，已经很难得了。按成功率 30% 算下来，要签 8.33 笔单，一个销售人员完成 100 万元的业绩要跟踪项目 27.77 个！

哪里去找 27.77 个可以跟踪的项目呢？

这还没完，往后一算更可怕！

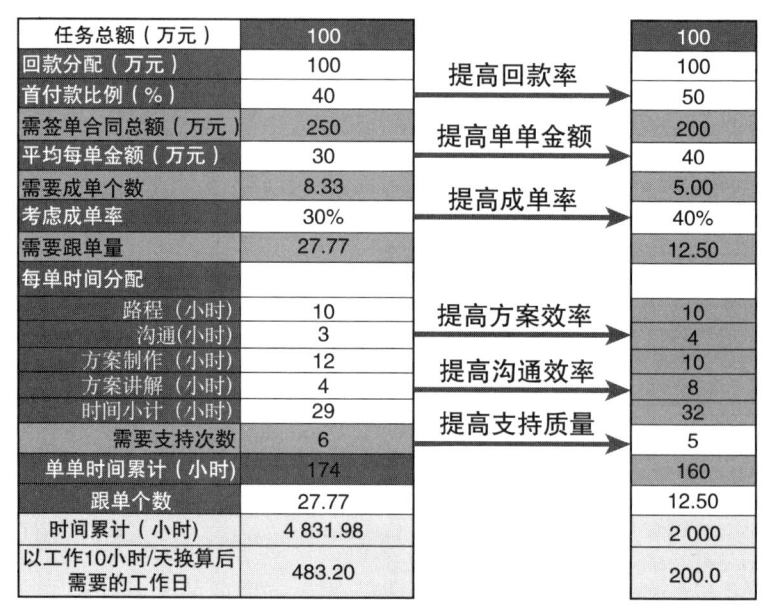

任务总额（万元）	100		100
回款分配（万元）	100	提高回款率	100
首付款比例（%）	40		50
需签单合同总额（万元）	250	提高单单金额	200
平均每单金额（万元）	30		40
需要成单个数	8.33	提高成单率	5.00
考虑成单率	30%		40%
需要跟单量	27.77		12.50
每单时间分配			
路程（小时）	10	提高方案效率	10
沟通（小时）	3		4
方案制作（小时）	12	提高沟通效率	10
方案讲解（小时）	4		8
时间小计（小时）	29	提高支持质量	32
需要支持次数	6		5
单单时间累计（小时）	174		160
跟单个数	27.77		12.50
时间累计（小时）	4 831.98		2 000
以工作10小时/天换算后需要的工作日	483.20		200.0

图 7-2　完成 100 万元的业绩需要的工作量

当时，君和卖的不是简单产品，而是相对复杂的解决方案，需要多次沟通交流才能成单。那么，完成一笔 30 万元的单子，要花多少时间和精力呢？

因为面向全省做大客户销售，一般要去客户现场调研和交流，出差会比较多。平均每次拜访来回路程用去 10 小时，和客户沟通 3 小时（包括用餐），再加上每次重要拜访之前的交流方案制作用 12 小时，正式方案讲解用 4 小时，也就是说，一次有效的正式沟通拜访需要 29 小时！

而这只是一次正式拜访！

完成一单需要多少次这样的拜访呢？

当然，不是每次拜访客户都要制作方案和讲解，但一个大项目很少是三五次拜访就能签下来的，要多次沟通拜访、喝酒聊天、活动考察，没有十几次很难做下来。从成单流程的几个关键步骤看，完成一单至少需要 6 次拜访，按每次拜访需要 29 小时推算，签下一笔 30 万元的单子，需要 174 小时！

这是什么概念呢？也就是说，签下一笔 30 万元的单子需要 174 小时，如果要跟踪 27.77 笔单子，完成业绩需要 4 831.98 小时！

即使每天工作 10 小时，一个人完成 100 万元的业绩也需要工作 483.198 天！

这可能吗？

要团队中每人完成 100 万元，这办法肯定不行！

改变，要先从寻找问题开始，看看销售中都有什么问题。

首先，很多销售人员如同盲人摸象，对目标市场和目标客户群的情况一知半解，不能全面把握市场和客户情况，对行业发展趋势、区域行业客户特点、客户基本信息、客户经营情况和采购意向变化等都没有深入掌握，没有计划地到处乱撞，撞到一个就猛扑，缺乏区域行业内的全局认识和系统规划，"只见树木，不见森林"。

其次，对重点目标客户群和重点产出对象没有区分，眉毛胡子一把抓，对重点地区、重点产品应用领域、重点项目把握不准，关注和投入也不足，没有聚集资源到最关键的地方。

再次，一些项目浮现出来后，销售人员盲目跟进，缺乏必要的准备工作，拜访客户之前没有设计和计划，行动没有目标和针对性，导致拜访效果不明显，销售效率不高，浪费时间、精力和资源。

还有，与一些地区的渠道和伙伴沟通协调不理想，大家都想着自己利益最大化，拧不成一股绳，甚至有的单子分公司报五十万，当地代理去了报十万，没有项目报备管理、合作模式和利益共享机制，导致不能形成合力，甚至破坏了品牌和市场形象。

最后，对客户内部项目进展情况把握不准，这是比较明显的瓶颈。

这些问题不解决，就算每人一年工作483.198天也完不成100万元！

怎么解决呢？

第一，规范销售过程，严格按"顾问式销售"和"解决方案销售"及"销售漏斗"规定的阶段和进程控制项目，这是必需的！

第二，实行行业化运作，将市场、渠道、销售、咨询实施、服务等部门横向打通，加强行业化经营。

针对每一个行业，从目标市场分析、市场活动举办、销售机会激活、渠道伙伴商机统一管理和合作政策发布，到行业销售负责人的行业规划、销售进程控制、解决方案提供、实施规划建议，到行业实施规划、实施交付、成果共享、项目报告，再到服务支持，在服务过程中发现新的销售机会，整个过程由行业负责人统一牵头规划，建立支撑行业化经营的机制和流程。

这样一来，市场和渠道部门由行业引领，有的放矢；行业销售人员通过横向协作学习行业知识，积累行业经验，进行行业市场及机会分析；行业实施人员对接方案，积累实施经验，同时充实行业方案库，打造行业样板客户；服务支持人员在服务过程中寻找客户的再次销售机会。各部门做好衔接和传递，就能有效打通整个行业线！

第三，运用"行业着眼、项目着手"的策略，以行业知识为着眼点，深入学习分析行业特点，总结归纳行业销售思路与方法；同时以行业漏斗和重点项目为基础，深度参与并控制项目进程，在项目推进过程中验证行业知识、行业方案、经营思路，在实践中积累锻炼！

按上面三个改进方向，邱柏发现了完成任务的关键成功要素：

（1）兼顾漏斗量。综合考虑漏斗内的项目与重点客户，平衡好数量与质量，确保有足够的商机。

（2）提高首付款比例。必要时，可以其他商务条款或价格让步为代价，宁可总价低一些，首付也要高一些，用时间换空间。如此一来，如果平均首付款率从40%提高到50%，那么，原来需要签250万元的合同，现在仅需要签200万元。

（3）扩大单笔合同额。通过顾问式销售和解决方案销售做高合同单产。比如，若每单金额从30万元提高到40万元，原来需要签8.33个单子，现在则只需要签5个单子。

（4）提高成单率。对高价值的客户和销售机会重点关注，集中精力重点把握。比如，成单率从30%提高到40%，原来需要跟踪27.77个单子，现在仅需要跟踪12.50个单子。

（5）提高方案制作速度与质量。通过积累、收集和整理行业解决方案，形成行业方案模板，以提高准备效率。这样一来，原来方案制作需要12小时，现在通过方案模板只需10小时就可完成。

（6）通过提高顾问行业咨询与产品沟通能力，增强每次沟通交流的效果，有效推进项目进程。这样一来，原来每次沟通3小时，现在可以沟通4小时。原来方案讲解4小时，现在沟通讲解到位一些，包括单独沟通在内可以有8小时。通过提高效果减少拜访次数，原来需要拜访6次，现在只需要拜访5次。

这样算下来，原来每一单需要174小时，现在每一单只需要160小时。

虽然单笔项目支持次数变化不大，但因为需要跟踪的项目从27.77个减少到了12.50个，如此算来，原来约需要4 831.98小时的工作现在2 000小时就可以搞定。

也就是说,原来每天工作10小时需要483.198天,现在只需要200.0天!

这看上去还是有可能的!

除了策略,还要考虑具体计划,把目标具体化、数字化。

邱柏为负责的行业设定了量化目标。

(1)客户资源:根据企业数量和目标市场容量,梳理出目标客户150家,通过多种渠道确认客户意向的有60家,通过拜访引导立项的有15家,进行调研和方案汇报并进入商务阶段的有6家。

(2)成单数量:3家以上。

(3)业绩产出:每家保50万,实现回款150万元。

(4)成交率:进行调研和方案汇报的项目成交率在60%以上。

(5)平均单产:平均项目单产60万元以上。

(6)样板树立:树立可参观高端样板1家、中端样板2家。

(7)伙伴发展:省行业协会关系建立,行业伙伴发展,行业媒体应用。

邱柏对具体的市场活动的次数、目标、地点、主题、时间都做了列示,对有望立项的十几家客户加以列举、逐一分析,对落单时间和实施计划进行了预估。

到这里,邱柏好像看到了今年完成业绩有望。他给行业销售部的同事提供了业务分析模板。他要看到每个人的目标、策略、计划和行动,这样才能做到心中有数。

那年的业务开展情况和规划的差不多。

邱柏排好重点区域和客户计划,制定了各地推广节奏,不慌不忙地开始了销售。每到季末考核时，邱柏都不急，因为他的合同和回款在季度初就完成了，然后整个季度可以为下季度收入做准备。

每到季末，福哥冲业绩还差一些，告诉邱柏"月底前再回三十万"，邱柏就会去搞一个客户，然后把钱拿回来。剩下的项目在漏斗里"养"着，告诉客户别着急，签了也实施不了，顾问都在其他项目上出不来，需要等他们能抽出身再启动。福哥形容邱柏"把区域行业经营得像自己家后院的菜园子，什么时候想吃顺手就拎回来了"。

也还算争气。

那一年，邱柏亲自负责的行业回款占到天门业绩的几乎三分之一。

那一年，加上渠道业绩非常出色，天门业绩在全国排名又是第一。

那一年年底，集团颁布的激励政策里涉及的各种奖励，包括刻着"全国销售精英"字样的水晶奖杯，都有邱柏一份！

55. 人在江湖

人后受罪，人前显贵。

吃得苦中苦，方为人上人。

邱柏几年来受尽销售和生活的磨砺，这些也给了他前进的动力。

那两年，邱柏成了君和天门省分公司的销售中坚、业绩先锋，相当风光。年轻人就是这样，有点成绩就会飘飘然，更何况取得这么好的成绩，这让邱柏有些得意忘形，甚至自负了。

一次，邱柏到财务报销。财务经理看了看发票，问："这是什么费用？怎么这么多？"

邱柏极不耐烦："没见福哥都签字了吗？"

他觉得，一个财务按要求处理就行了，业务上的事多什么嘴！

财务经理拿着票又看了看，还想再说什么。

邱柏更不耐烦了，大声说："我们在前面冲锋，给公司拿回钱来容易吗？"邱柏确实这么想的，销售不回款，那帮财务行政的工资从哪儿来！作为二线业务部门，服务好一线部门是天职，服务不好不说，还整天管这管那！

还有一次，邱柏和一个兄弟乘电梯下楼，正好遇见人力资源经理，她刚从超市买些公司的日常用品回来，看见邱柏他们，轻轻一笑。邱柏和她关系不错，便开玩笑说："看看，看看，我们辛辛苦苦从外面挣回来的钱，就被你们这么挥霍了！"那位兄弟一听，也跟着说："就是，就是！"人力资源经理尴尬地笑了笑，不知道说什么好。

邱柏觉得，要不是一线的兄弟们奔赴战场杀敌，那些后勤和总部的人哪能优哉游哉地喝茶水、扯闲天，还涂指甲油当"小白领"？那帮人知道怎么卖吗？知道怎么才能跟客户要回钱来吗？知道这些一线销售人员吃着什么苦在养他们吗？

这不是邱柏一个人的想法。

他也知道要对帮助过自己的人感恩，所以他才会花自己的钱给总部的专家顾问买小礼品表示谢意，从内心深处感激那些帮助、指导过他的人。但对那些没什么能耐、没做出什么贡献，特别是还在后面指手画脚的人，邱柏向来看着不顺眼。

那几年，君和战略转型是率先从销售和管理开始的。

随着销售方式的转变，传统的组织文化与新业务模式的矛盾日益凸显。

比如，之前的产品销售一个人就能完成，而解决方案销售需要一个团队，需要不同角色分工协作才能完成。之前靠个人英雄，互相竞争甚至血拼；现在则需要形成一个有机整体，像战车一样协同作战。不仅如此，除了业务部门之间的协同，事务性部门的那些"官老爷"也要不断加强服务意识和客户意识。于是，君和开始加强在意识、态度、行为方式方面的引导和训练。

就在那一年，君和配合转型引进了一系列精品课程，从全国总经理中挑选了十几人参加了讲师培训，这些人后来成了君和的第一批讲师，包括福哥。

福哥是好学之人，每次参加完一门课程的培训回来，他都会把邱柏和兄弟们当成小白鼠，将所学的课程先讲给天门省分公司的员工听，有时还会叫上渠道伙伴的老总们。

邱柏感触最深的一课是"赞赏"。

那次培训的是天门省分公司的经理和渠道老总们，老安也来了。福哥讲，人人都希望被认可和尊重，没有人希望被忽略和否定，这是由人的本性决定的。而赞赏能使人感觉到被认可、被重视，能让人愉快、充满自信、热爱工作；赞赏也是赢得对方好感的有效方法。

如何赞赏，福哥提到一些具体原则和方法。

（1）具体。针对具体事件，就事论事。要说起当时的情况和一些具体细节，评价哪件事做得漂亮、做得有价值，并谈及这件事给自己的感受，从客观事实层面上升到主观感受层面。

（2）真诚。从内心接受并认可对方，发自内心地表达，而不是溜须拍马。谈及带给自己的感受时，要情真意切。

（3）当众。当众或当着第三人赞赏他人，效果可以放大好多倍。

（4）转达。转达第三人的认可和赞赏，比表达自己一个人的认可和赞赏效果更好。

（5）及时。寻找任何机会，随时赞赏。

（6）结尾时不能批评对方。赞赏就是赞赏，全过程都不要涉及指责和批评，否则功亏一篑。同时，最好对赞赏记录备案，可以通过文件、邮件等方式记录或传播。

讲完这些，福哥让大家练习。

在几个人练习过后，轮到了老安。

老安准备赞赏邱柏。

当时，邱柏和老安在黄辰正干得热火朝天，一周连续拜访几家客户。有讲座、有谈判、有初访、有回访，一切都在计划中。那几天，几乎每天都是白天见客户，晚上分析形势、制定对策，做方案和PPT，每天都搞到凌晨三四点。

有一天上午，邱柏正和客户交流，突然感觉眼前发黑、坐不安稳，紧接着，面部开始抽搐，身体开始抖动，像得了重感冒一样浑身害冷，大滴的汗随即淌了下来。他向老安示意了一下，说很不舒服，随即结束了拜访，强打精神上了老安的车。老安拉邱柏去了医院，此时邱柏已经烧了起来，打了退烧针，然后从黄辰返回天州。高速路上，老安开得飞快。

老安向大家回忆了那几天如何辛苦，每晚加班到很晚，特别描述了和客户交谈时，突然发现邱柏的脸开始抖动、汗滴往下淌的情形；说到高速路上邱柏一直迷糊，他心里很着急，他知道这是邱柏连续多天忙碌导致的。方案其实不必每家都改，但邱柏为了给每一家客户最有针对性、最完美的呈现，每一个组织结构、每一个部门名称、每一条业务流程都要重新换成客户的。

听着老安的讲述，邱柏鼻子酸酸的，眼睛不由得湿润了。

付出的辛苦被人记得，被人拿出来说，如果不是亲身经历，很难想象那是一种什么样的感动。

一对一赞赏后，福哥问："大家有没有感觉到阳光格外灿烂？"

确实，屋内阳光灿烂，赞赏让人感觉更灿烂了！

这一招被领导们用来管下属，被大师们用来与他人相处，魅力无穷！之前没怎么关注，还真没什么感觉，意识到之后，发现生活、工作中到处都可用。

从那之后，邱柏到总部，发现别人是这样跟他打招呼的："哟，来啦！那单子签得漂亮啊！""又在内网看到你签单的报道了，做得不错啊！"原来这都属于赞赏！

从那之后，邱柏也开始试着说："李经理，上次收到您的邮件，那套销售工具很实用啊，对我们一线帮助太大了！""张总，上次您拜访李副总效果很好，李副总一直说您很专业呢。"

就这样，邱柏不知不觉走上了修炼之路。

邱柏也开始对职场、人性、人生有了一些思考。年轻时，邱柏单纯地认为"对就是对，错就是错"；经过社会历练，思考问题开始变得越发全面，心态开始平和了。

有一位朋友写邮件给邱柏，向他倾诉对社会和工作的不满，说实在受不了周围的人和事，希望换个环境，征求邱柏的意见。

邱柏是这样回复的。

兄弟：

来信看到。抱歉今天才给你回邮件。

你说的事，我也明白了一些。同时，我现在也面临一些新问题，不妨说给你听听，但愿对你有帮助。

1. 个人与社会

我们开始明白什么是社会人。

反观社会上那么多人，为什么有人能做成事，而有人一直平庸？原因是，成事的人需要多方面能力和努力，需要了解和思考太多的东西，并能适应外部环境。由此看来，传统的、社会普遍存在的，在我们看来不一定对，但一定是最适合社会环境和发展的，这或许就是人为什么长大后总会变庸俗和世俗吧。

成长在这样一个环境和社会中，必须遵守环境和社会中的规则，或许这些规则会让我们不舒服、不屑，甚至我们不愿向那些自己根本看不上的人和事低头，但我们总归要长大，要走出自己的成功之路。

2. 目标的设定

如果我们目标不清，就容易走弯路，容易迷茫。

比如想提升学历，这可能是目标，但是提升学历的目的是什么？想要实现什么？如你所说，想提升了学历之后跳槽，那跳槽的目的又是什么？想跳到什么层次？将来会是什么样的情形？能不能描述下，比如收入、社会地位、他人对你的认同等。

你说想找到一种更好的生活，想过一种自己感觉幸福和有意思的生活，你对"幸福和有意思的生活"的定义是什么？如何判断？这些想不清楚，可能永远无法得到。

对现状不满，不要以为换了环境就会变好。有没有想过做出选择后，你会得到什么、失去什么？在这家公司人际关系处理不好，换一家公司就会好起来吗？你确信能适应另一个新环境吗？其实，哪里都一样，没有世外桃源般的社会。

所以，先考虑对成功的定义，再考虑你要做什么。

3. 关于人际

我发现，包括我在内的很多人有个共同特点，也是缺点——自以为是，爱当面指出别人的不足甚至批判别人，拿自己的优点对比别人的缺点。这容易让人感觉不舒服。这方面，我们要反省什么呢？

我发现，成功的人都不把心里所想外露很多，都是把自己藏得很深的人，他们摒除了对人本身的好恶，和什么样的人都能处得来，会真心观察别人的优点。所以，学会真心诚意地发现别人的优点并赞赏别人，是成功的首要，也是人际关系的首要。这方面，咱们都需要修炼。

年轻的时候总容易犯的错就是"这山望着那山高"。

在别人眼里，你在的地方就是高山。

成功的人总为自己找方法，失败的人总为自己找理由。

多联系。

这位朋友后来听了邱柏的劝告，留在了原单位。

这位朋友是听了很多成功传奇被鼓动的，总觉得自己周围的人素质差、工作环境恶劣，总觉得自己非池中之物，想到更"高大上"的地方实现自己的价值，否则会觉得是在消耗生命。

后来，邱柏还给他回过一封邮件。

兄弟：

我们现在有很多想法，可能是人生必经的过程。

"没有梦想就没有动力，没有衡量就没有进步。"要放手追逐梦想有个前提：从自己的现实情况出发，不要好高骛远。

什么是幸福？

我听到过一个答案很有道理，"幸福不在于你拥有什么，而在于你计较什么"。你计较得越多，你越不幸福；你不计较，你就很幸福。

什么是成功？

成功的标志是被人所接受。美国大选，新任总统被大多数人接受，他成功了；没被大多数人接受，他就当不上总统。被大多数人接受的人，往往是成功的；被历史接受的人，就是伟人！

在我们这个阶段，有良好的人际关系是成功的标志。一个人自认为有很多优点，但如果他不被周围人所接受、遭到大多数人排斥，那么这个人就会觉得很痛苦。

最近读了一些历史书，也在试着总结为什么有的人会成功，有些感想：

箴言：销售做到一定程度时需要内心的修炼。

思考：1. 销售为什么需要修炼内心？
2. 你觉得销售需要哪些修炼？
3. 你计划加强自己哪些方面的修炼？

1. 学会赞赏

每个人都希望被认可和接受。学会发现、认可和赞赏你周围的人，生活就会充满阳光。每个人都有很多优点，要学会发现他人的优点，学会赞赏他人，哪怕是有时候面对我们不愿意赞赏的一个人，这要突破自己的心理障碍。真正的成功者都是非常会赞赏的人！

2. 学会感恩

别人帮一点点小忙，要记在心里，一定要记得感谢。没有人欠你的，也没有人应该为你做些什么。

3. 学会包容

人无完人。别人的缺点和错误不要当面说出来，更不要背后说出来。第一，不要说出口；第二，心里不要介意，只可用以反省自身。

有时候，人生活幸福与否，往往取决于他人的理解与和谐相处，否则就会感觉无聊和孤独。

如果自认为不愿意与那些人"同流合污"，那又错了。人与人没什么不同，我们只看到了自己的优点，没有打开自己的视野。存在即合理。看人看长处，知人者智，智己者明！

去发现别人的优点，去赞赏别人，去感谢帮助过我们的人，去包容有缺点或伤害过我们的人，默默帮助每一个人，我们就会有一个很好的人际圈！

以上几点，或许是人生的基础课！

成长是个过程。

有些必须经历过才能明白，人生没有近路可走。

那时的邱柏，开始了对人生的思考。

56. 临行赠宝

福哥来天门任总经理两年多。

第一年，业绩全国第一。

第二年，总部认定新阳不算天门省业绩，否则还是第一。

第三年，福哥立志再拿第一。

君和的分支机构遍布全国。总部老板到各地转转，拜访一下当地客户，给客户做个讲座，给分公司同人训训话，和中层经理们吃顿饭，不仅可以更贴近市场和客户，而且能对当地分支机构留下深刻印象并对机构总经理多些认知。

那年夏天，君和总裁黄中远来到了天门省分公司。

黄中远先是去会见了一家大客户的董事长，给中层以上的干部做了个演讲，又到天门省分公司给全体员工讲话。最后，福哥让邱柏和其他几个部门经理留下陪黄中远吃饭。

那顿饭，有福哥、挺哥、憨哥等，加上邱柏。

挺哥点菜，黄中远开始和大家闲聊。

邱柏如此近距离地接触黄中远，感觉非同一般。黄中远给人感觉很大度，气场很足，亮亮的脑门显示着智慧，挺着的肚子里像装了整个世界，各种话题无所不知。

黄中远在福哥介绍下认识了在座每个人，又问起了各块业务。饭菜上齐了，尽管大家都已饥肠辘辘，但黄中远不动，大家也都不动。聊了一会儿，黄中远动了一下筷子，大家跟着往嘴里大塞几口，然后继续听黄中远说话。

黄中远聊起了职场，谈起如何做一个职业的经理人。大家一边听，一边悄悄夹菜，慢慢放到嘴里。聊完职场和经理人，黄中远问大家有什么问题。

其实，就在那时候，邱柏有个困惑。

自己参加工作五年多，做销售三年多，千万大单经历过，百万单子签过多张，个人收入也不错，销售这块儿可以说轻车熟路了，开始觉得没什么挑战，甚至隐约感觉激情在消退。

福哥也希望邱柏带带团队，但邱柏总感觉带团队不舒服，不如自己一个人玩潇洒自在。继续潇洒地做销售挣钱，还是挑战自己带领团队？真要从一名出色销售向做经理转型吗？下一步向什么方向发展？

究竟该何去何从？

就在今晚，正好可以请教总裁黄中远这个问题！

等黄中远说完一个话题，大家正在沉默中，邱柏清清嗓子，问："黄总，我有个问题。我做销售三年多了，觉得自己做销售是擅长的，带团队则不太擅长。现在面临一个选择，是继续做销售，还是转型带人负责业务？我是该扬长避短，还是该取长补短？"

黄中远看了看邱柏，说："你这个问题问得好！这是很多人都会面临的问题。"

黄中远又看看大家，说："你们知道吗，在西方，你可以看到花白头发的sales，他们可以一辈子做销售。可在中国，你很少能见到，为什么？中国讲究'学而优则仕''商而优则仕'，讲求'官本位'，很难有做一辈子销售的。销售做好了，还是要做经理。"

邱柏听完，心里有些发慌，皱着眉"哦"了一声。

黄中远看到了邱柏的表情，说："从出色的业务人员到团队负责人，这是个重要转型，是职场中的一大步。这一步转型好了，后面发展空间就更大了。"

邱柏明白黄中远的意思。

当年，正是黄中远一句"Oh, they are sales!"激励邱柏去做了销售。就在今晚，莫非他一句"官本位"就让作为一名出色的sales的邱柏转型做经理吗？

那岂不是让邱柏直面自己的短板吗？

那顿饭后，无忧无虑的邱柏心事又重了起来。

转眼已到冬天。

听到一些传闻，说福哥今年业绩好，任命快到期了。大家都在猜测福哥是留下来继续做，还是会调回总部。

大会小会上，福哥总说："要带领天门省分公司团队再利用三年时间，把全省业绩做到五千万！"甚至下个年度的策略、计划、预算、组织，事情一件不落地进行着。同样，邱柏也继续在一线冲锋，因为年底福哥希望确保争到业绩完成率全国第一。

那天，邱柏和老安去拜访一家客户。

民企老板白天很忙，所以会面约到了晚上。

那家客户在一个镇上。

他们到得早，就先找了个饭店。老安点了饭菜，开始聊了起来。

老安不知感觉到什么，突然问邱柏："邱总，你年底不会走吧？"

"走？"邱柏一愣，不知道老安为什么这么问。

老安实诚地笑了笑，没说话。

邱柏长长轻叹一声，也有些茫然："我也不知道……"

真说不好。

邱柏有一种预感，年底可能会有什么动荡。总部也有人透出口风，说君和总部计划研讨会上老板提出加强行业化，可以考虑开拓重点行业，听说天门有个邱柏干得不错。好像有这苗头，但只是捕风捉影，何况不知道福哥有什么想法。

邱柏感觉自己像大海中飘摇的小舟，不知道要去向哪儿，自己控制不了方向。

老安也有些忧郁，轻声说："这几年你对我帮助很大，你要一走，不知道以后可怎么弄！"他望着窗外，说："以前觉得，有你来支持就行了，你在台上给客户讲方案，我光在那里眯着休息了，也不知道学学。"

第7章 诸法归宗

邱柏笑了。

老安是谦虚,每次合作他都安排得非常细致,很用心地做每件事情。他把邱柏每次的调研记录、提交的方案和演讲PPT都收集起来,回去也没少琢磨。只不过从开始到现在,他没单独给客户做过"讲座",主角都被邱柏唱了。

邱柏说:"要不,今晚练练手?"

老安听了一怔,连忙摆手:"今晚?不行,不行!"

"你早晚得自己上。"邱柏说。

老安静了下来。

他意识到,邱柏不可能一直这样支持下去,想了想说:"你给传授传授,怎么能讲得让客户频频点头啊?"

邱柏想了想,平静地说:"去看中医,或者去算命,往那儿一坐,不用张嘴说话,对方就能说出你犯的什么病、你关心什么事,你是什么感觉?特别是,对方直接说出你过去经历的事,甚至你兄妹几人、家庭如何,你是什么感觉?"

老安轻轻点头品味。

邱柏说:"其实,这有两层意思。一是了解你的背景特征,知道你所经历的事情。二是,这类情况是你这年龄段的人都会有的,对方不过是使用了同理心,说一些跟你情况差不多的情况,让你觉得说到你的心里去了。同样,我们演讲或者交流开始时,所说的行业趋势和行业特点什么的,其实都是在向对方表明自己不外行,算是扪心术。"

老安若有所思。

"然后,能提出同行企业都存在哪些问题,讲讲别的企业因为这些

395

问题存在的小场景、发生的小故事。如果能顺便带出一些具体的企业名称，那就更吸引和打动客户了！这种情况下，客户往那儿一坐，不用张嘴，我就知道企业的情况，那是什么感觉？"邱柏见客户时，很享受这种感觉。

老安笑了，说："这可得多练练！"

"嗯，我也不是天生就会，都是后学的。这是一个积累的过程。每做一家客户，积累下这家客户最关注的三个关键问题；等做过十家客户，结果你会发现就十几个问题，因为很多问题反复出现，也是企业最关注的！"邱柏回答。

"除了积累，还要充分利用已有资料和信息，比如公司已有的工具资料。积累和开发这些资料的人也不全是闭门造车，多少可以有些借鉴。"其实，包括邱柏在内，很多销售人员不愿意甚至不屑使用别人做好的工具。而积累了两三年，再回过头看那些资料，还真有不错的。

"还有，多讲行话和土话可以拉近我们与客户的距离，还可以让客户知道我们对行业真的很熟；特别是一些特有设备什么的，貌似随意说出名字，足以让客户吃惊。如果能再讲讲那些只有生产线上的工人、库房的库管员、采购员、质检员、记账员才能遇到的蹊跷事，客户更会对你刮目相看！"邱柏深有体会。很多次，交流完之后，客户都会问邱柏："邱总在企业里做了多久？"

"其实，就是不断地向客户学习，无论一次演讲、一次调研、一次沟通还是一次谈判，总能收集到客户关心的点。"邱柏说。

"调研、沟通我知道，演讲也能发现？"老安问。

"对啊，讲到哪里，大家坐直了、眼睛放光了、开始皱眉了、开始摸下巴了、开始记笔记了,无一不在告诉我们他们关心哪里,而这些地方或许正是下次遇到同类客户要重点突出的。"

只要用心,只要坚持,每次都养成这样的习惯,加上归纳总结、逻辑梳理,三个月、半年、一年、三年下来,必定会成为一个行业专家!

"说了这么多,其实也没什么。咱们做了这么久,你已经很熟了,这家客户你关系也还行,干脆今晚就拿它练练手!"邱柏又鼓动老安。

老安想了想,迟疑地说:"那我试试?"

和客户交流是在一个院落里,南面是月亮门和大门,会议室在西屋。老安和办公室主任调好了投影仪,时间不长,厂长披着棉衣,从大门外溜溜达达地走了进来,手里拿着水杯,进门笑呵呵地跟老安和邱柏握手。

寒暄后,厂长在会议室第一排坐下。

老安说:"厂长,我先讲讲吧?"

"嗯,行!"厂长点了下头。

老安走到前面讲台上,抻了抻西服,清了清嗓子,开始讲那套邱柏常讲的内容。下面只有厂长、办公室主任和坐在后排的邱柏。

老安开场极力模仿那种感觉,一招一式,一字一腔。厂长坐在下面,刚开始感觉有些新奇,后来发现老安在台上几乎只对着自己一个人讲,开始感觉有些不知所以……

此时,邱柏手中的电话震动起来。

他按了"拒接",悄悄站起来,拉开门,走出去,把门轻轻关上。

屋外空气格外清凉,邱柏不免打了个寒战。

抬头望去,繁星点点,星空遥远空旷,越发显得深邃。

邱柏回拨了过去。

"听说了吗，福哥要回总部，今天下午总裁会的消息。"电话那头说。

"是吗？"邱柏轻轻地回了一声，没显得太意外。

对方像是在等邱柏问什么，见他没说话，便问："你怎么办？"

"还不知道。还有什么消息？"邱柏问。

"其他几个省也有调动……"电话那头说了几个省公司人事变动的传闻，然后说，"听说好几个都想来天门，大家争得很厉害！"

谁来已经不重要了，重要的是福哥要走。

一朝天子一朝臣。

上一任亲自带起来的，继任者能降住的很少。

不管谁来，邱柏肯定不会比现在更舒服。

那年，邱柏被福哥推荐参加了总部的后备总经理训练营，与很多位出色的销售总监一起成了各省的后备总经理。可邱柏清楚，自己能做好大销售，能不能带好团队还两说。如果这时候给他一个团队，肯定要了他的小命！何况君和会把天门这个重镇给他这样一个总部的新人吗？

不管谁来，反正邱柏不可能接任总经理。

扣上电话，邱柏望着深邃浩渺的星空，不知该想些什么。

老安只讲了三分之一便被厂长打断了。很明显，这次安排很失策。因为没有下面人的铺垫和引荐，厂长没弄清老安想干什么，坐在椅子上跟老安客气了几句，然后就离开了。老安很实在，搞客户关系还行，要树立专业的顾问形象，还有一段路要走。

第二天，老安送邱柏去车站。

第 7 章 诸法归宗

那天和往常不同,天空仿佛蒙了一层轻纱。

不知为什么,邱柏不由得停下来,站在火车站广场中间,四处打量起来。进出的人们裹着厚厚的衣服,背着大包小包匆匆赶路。火车站顶上并排矗立的几块大广告牌,每家的名字都那么熟悉,这些广告牌上的企业都成了邱柏的客户。

邱柏站在广场上,默默看着,广告牌上浮现出一条条蜿蜒的小路、一栋栋办公楼、一座座生产设备、一张张笑脸、一杯杯烈酒……

沉默了一会儿,邱柏转身和老安握握手,没说什么,进了站。

接到福哥电话时已在火车上了。

"方便吧?"福哥问。

"方便,在火车上。"邱柏说。

"有个消息告诉你,元旦后我被调回总部。你的事已经安排好了,担任全国行业总监,到总部组建团队业务部开拓行业,按集团干部任命。"福哥声音很沉稳。

"哦。"邱柏有预感,他更关心福哥去向,"你回去负责哪块儿?"

"还没最后定,可能负责全国销售管理。"福哥淡淡地说。

"谁来接天门?"这问题邱柏更关心,还有那么多共事的兄弟。

"挺哥接。"福哥说得很坚定,说完没再说话。

电话两边一阵沉寂。

说实话,虽然邱柏不喜欢挺哥,但谁接天门也无所谓了。

福哥感觉到了:"把天门给了挺哥,总比给一个新来的人强!"

邱柏想起来,当年福哥刚到任,挺哥要辞职,福哥极力挽留,不知道当时他们有什么约定。

"那憨哥呢?梁子呢?"不知道他们怎么样。

"他们继续留下来,协助挺哥把团队带好。天门一定不能出事,业绩一定要更好!"福哥信心很足。

有些事不能左右,只能接受结果。

火车上没有座位。

邱柏站在两节车厢的连接处,望着窗外祖祖辈辈耕种的黄土地,没了秋天金色的麦浪翻滚,光秃秃的。

车轮在铁轨上"咣当咣当"撞击,节奏飞快,仿佛抑制不住兴奋,在那里欢唱。

火车要去的前方,不知道会是什么样。

附录　销售成长曲线

	职业素养	认知销售	销售技巧	解决方案技巧	大单销策略	区域行业管理
能手	55.人在江湖 职业素养 41.变革之下 适应环境 40.资本积累 职业素养	52.苦酒有泪 客户视角 49.长远奔波 客户视角 39.缘来如此 客户视角	47.报价艺术 报价技巧 45.免费讲座 客户交流 31.巧挖商机 头脑激荡	50.竞争谈判 商务谈判 33.险出奇兵 技术交流	51.典型策略 谈判策略 46.瞻瞻瞻礁 决策影响 38.自陷绝境 商务谈判 37.报价解释 报价解释 30.朝花夕拾 大单特征	54.豪夺巧取 业绩管理 53.成单图谱 打单策略 43.市场活动 市场活动 42.圈地运动 市场分析 16.塞满漏斗 漏斗管理
熟手	29.秘密武器 良好习惯 10.天降福星 团队协同	11.神秘油哥 销售风格 19.大师传经 自我感觉 14.艺之又艺 销售之道 13.水深火热 销售速迁 12.无知无畏	28.竭尽所能 成交感觉 18.倾诉之口 沟通技巧 15.倾城之殇 失败案例 20.日常悟道 销售技巧	36.鹬蚌空博 商务推进 34.抽丝剥茧 客户调研 32.初周黄辰 客户拜访 25.组团调研 需求调研 23.小试牛刀 技巧感用 21.乙方解道 理论方法	48.商务推进 控单技巧 27.深入现场 客户关系 24.职场演讲 客户演讲 22.沙场点兵 模拟拜访	
生手	1.随梦起航 职业选择 2.意外收获 商机来源	9.篝斗乱勇 销售困惑 4.那种事儿 销售价值观 3.了结销售 销售风格	6.初遇风格 销售风格 5.真名成交 不解销售	8.门朝哪开 客户定位 17.有商商机 发掘商机		7.椰城统标 标杆推广

图书在版编目（CIP）数据

销售冠军的成长与战斗笔记/夏凯著. -- 北京：中国人民大学出版社，2021.4
ISBN 978-7-300-29188-8

Ⅰ.①销… Ⅱ.①夏… Ⅲ.①销售-方法-指南 Ⅳ.①F713.3-62

中国版本图书馆CIP数据核字（2021）第054341号

销售冠军的成长与战斗笔记
夏 凯 著
Xiaoshou Guanjun de Chengzhang yu Zhandou Biji

出版发行	中国人民大学出版社		
社　　址	北京中关村大街31号	邮政编码	100080
电　　话	010-62511242（总编室）	010-62511770（质管部）	
	010-82501766（邮购部）	010-62514148（门市部）	
	010-62515195（发行公司）	010-62515275（盗版举报）	
网　　址	http://www.crup.com.cn		
经　　销	新华书店		
印　　刷	天津中印联印务有限公司		
规　　格	160 mm×235 mm　16开本	版　次	2021年4月第1版
印　　张	26 插页1	印　次	2021年4月第1次印刷
字　　数	290 000	定　价	78.00元

版权所有　侵权必究　印装差错　负责调换